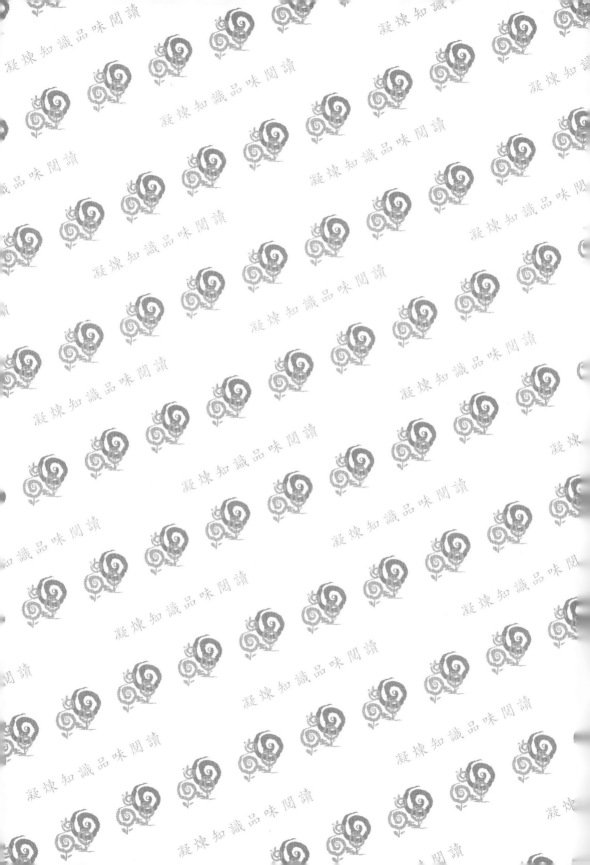

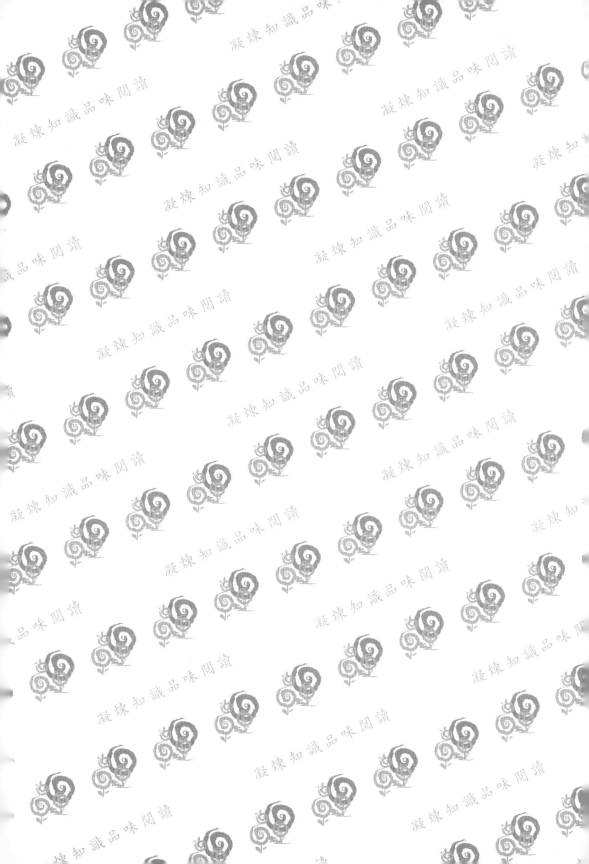

東吳大學政治學系國會研究系列

認識立法院

黃秀端、陳中寧、許孝慈 ｜著

五南圖書出版公司 印行

序

　　記得在蔣經國擔任行政院院長時，筆者曾經和班上同學們參觀立法院，當時在進行行政院院長施政方針報告後的總質詢，只見當時的資深委員上台後，只會歌功頌德，連在場的蔣院長都覺得很不好意思，只回答了一句：「委員您講的都是好話，我沒有什麼好回答的。」對照今天的立法院真是有天壤之別。今天行政院院長上不上得了台，還要看立法委員的臉色。即使上了台之後，總質詢過程中，有些委員準備充足、砲火猛烈，常讓在場的行政院院長與部長如坐針氈。

　　從1987年民進黨進入立法院，立法院開始發生劇烈的變動。雖然民進黨的十三位立委僅占全體立委的4%，但是他們的集體行動與策略對當時的政壇造成相當大之震撼，一向死氣沉沉的國會頓時成為全國鎂光燈之焦點。民進黨成立第一個國會黨團，希望扮演監督及制衡政府的角色。主要的訴求包括：突顯國會內容議事規範的不當、突顯威權體系不具正當性、抗議國會結構不合理（資深代表占絕大多數）。其訴求逐漸獲得國民黨增額立委與民眾的支持。立法院遂由橡皮圖章成為民主的種子。

　　1990年4月3日陳水扁等26位朝野立委提出「第一屆中央民意代表任期」釋憲案，同年6月21日大法官釋字第261號解釋資深代表應於1991年12月31日以前終止行使職權，並舉辦次屆選舉，所以1991年12月31日所有資深民代退職。1992年12月進行第二屆立委選舉，也就是國會全面改選。1996年3月第一次總統直接民選，自此台灣正式成為民主國家。立法院在國內政治舞台上扮演愈來愈重要的角色，因此對於立法院的運作之瞭解有其必要性。然而過去在媒體的報導下，立法院宛如成為打架與衝突的場所，卻對於立法委員扮演的角色所知甚少。當立法院成為國家重要的政治中心時，對立法院與立法委員的瞭解有其必要。

　　一位優秀的立委背後一定有一個堅強的團隊。有鑑於立法委員的角色愈來愈重要時，其身旁助理不可或缺，因此東吳大學政治學系決定擔負起訓練國會助理的工作。迄今我們已經舉辦八屆國會助理工作坊，培育無數助理

人才。但是在訓練過程中，經常苦於沒有適當的教科書供學生閱讀。基於以上這兩個理由，興起應該撰寫立法院相關書籍的念頭。

　　這本書的目的是希望用深入淺出的方式，讓讀者對於立法院有一全面性的瞭解，甚至給那些想到立法院工作的年輕學子們一些建議。因此本書第一章首先對立法院院區、立法院的憲政角色以及職權、立法院開議是指什麼，以及立法院運作經常要用到的法規簡單的介紹。第二章開始探討立法院正、副院長、院會與委員會的組織以及立法院各業務單位。第三章則將焦點放在立法委員選制的討論以及我們選出來的立法委員到底是哪些人。第四章至第八章都是在討論我們選出來的立委都在做什麼，特別著重於法案審查、預算審查和選區服務。第九章則討論國會助理的工作以及其所需要的條件。

　　本書的完成，首先要感謝另外兩位作者，陳中寧與許孝慈。中寧可以在快速時間將資料整理形成本書的骨架，孝慈在立院工作二十年，對立法院的大小事相當熟悉，提供本書精采的資料與案例。另外，對於那些經常來本系的國會助理工作坊擔任講師的朋友們，包括現任議事處處長高明秋、曾經擔任各黨助理的王為真、王珊珊、江肇國、李兆立、李昭輝、何佩珊、林木源、林正斌、吳堂成、邱奕庭、徐宏庭、許志遠、陳鈺婷、陳俊宇、陳鳳瑜、陳宏義、黃怡翎、黃淑芬、張玉漢、湯文馨、彭文龍、楊宜靜、鄭照新、簡立易、顏子傑，以及公民監督國會聯盟的張宏林、沃草的林祖儀以及口袋國會的李政剡，另外還有再怎麼遠（屏東）都要趕來的黃國榮系友。他們上課精彩的內容，帶給本書相當多的啟發，也因此豐富了本書的內容。另外系上幾位老師，陳立剛主任、林瓊珠、劉書彬、蔡韻竹等多位老師不遺餘力的協助，亦銘感在心。

　　當然要感謝我的助理高韻茹、牟筱雯、吳旻穗、黃俊瀚的協助，沒有他們，筆者就像喪失左右手一樣。最後，要感謝東吳大學政治學系66級的大系友，也是富蘭克林集團亞洲地區總裁劉吉人先生歷年來對政治系慷慨的支持，讓國會助理工作坊得以持續，並得以搭配全國獨一無二的將培育的人才送進國會的就業計畫。同時也要感謝劉學長對國會研究中心系列專書的支持，這將是劉學長所支持的國會研究系列第三本專書，心中的感激難以用言

語形容。還有，五南出版團隊的專業與用心，令人佩服。希望這本書的出版
對國會有興趣的學生與各界人士都會有所幫助。

東吳大學政治學系教授兼人社院院長　黃秀端

2017年1月2日於外雙溪

目錄

第一章　認識立法院與立法委員 ·············· 1

　一、認識立法院院區 ·························· 1

　二、從憲政體制看立法院 ···················· 5

　三、立法院的職權 ·························· 6

　四、立法院開議 ···························· 7

　五、你不可不知道的國會五法 ················ 8

第二章　揭開立院神秘面紗：立法院有哪些組織 ·········· 11

　一、院長與院長辦公室 ······················ 11

　二、院會與委員會 ·························· 20

　三、立法院裡的業務單位 ···················· 29

第三章　我們如何選出立法委員 ·············· 33

　一、立法委員選舉制度的變遷 ················ 33

　二、1992年第一次增修條文決定了第二屆立委選舉制度 ·········· 36

　三、2005年修憲之後的立委選舉制度 ············ 38

　四、我們選出的立委是哪些人？ ·············· 44

第四章　立委都在做哪些事？ ················ 55

　一、院會總質詢、委員會質詢 ················ 55

　二、審議預算與審議法案 ···················· 61

　三、行使同意權 ···························· 62

　四、對行政院院長提出不信任案 ·············· 65

五、覆議案的處理 ……………………………………… 66

六、對總統、副總統提出彈劾與罷免 ……………… 72

七、條約案的批准 ……………………………………… 74

八、提出憲法修正案 …………………………………… 82

九、領土變遷 …………………………………………… 87

十、緊急命令權之追認 ………………………………… 87

十一、副總統缺位的補選 ……………………………… 90

十二、文件調閱或調查權 ……………………………… 90

十三、行政命令之審查 ………………………………… 94

十四、選區服務 ………………………………………… 96

第五章　法案是如何審查的？ ………………………… 99

一、提案與一讀 ………………………………………… 100

二、黨團協商 …………………………………………… 117

三、二讀會與三讀會 …………………………………… 119

四、復議 ………………………………………………… 121

五、法律案的公布 ……………………………………… 125

六、屆期不連續原則 …………………………………… 128

七、聽取總統國情報告 ………………………………… 129

第六章　議場即戰場：立法院內的政黨對決 ………… 131

一、大本營：立法院黨團 ……………………………… 131

二、政黨對決與記名表決 ……………………………… 134

三、黨團大戰略 ………………………………………… 137

第七章　看緊人民的荷包：預算審議 ………………… 145

一、什麼叫預算？ ……………………………………… 145

二、需要被審議的預算有哪些？ ……………………… 147

三、預算怎麼審？ ················· 150

四、總預算的分類 ················· 155

五、預算相關的法規與應注意事項 ············· 157

六、預算審議與政治角力 ················· 158

七、預算相關提案有哪些？ ················ 161

第八章　選區經營 ················· **169**

一、為什麼國會議員要重視選區服務？ ·········· 169

二、為人民服務不打烊 ················· 171

三、行程塞滿滿 ··················· 174

四、服務案鐵律！ ·················· 175

第九章　國會議員的左右手：國會助理 ········· **181**

一、成功的委員背後是辛苦的團隊 ··········· 181

二、立委助理不是閒閒沒事幹的爽缺！ ········· 182

三、審議法案與助理工作 ················ 187

四、書面質詢稿和臨時提案 ··············· 193

五、新聞稿與媒體公關 ················· 196

六、委員的化妝師：形象塑造 ············· 198

七、預算把關很重要！ ················· 201

八、如果你想當立委助理 ················ 208

第十章　結　論 ················· **213**

附錄一　立法院組織法 ················· **217**

附錄二　立法院職權行使法 ··············· **227**

附錄三　立法委員行為法 ……………………………………………… 239

附錄四　立法院議事規則 ……………………………………………… 243

附錄五　立法院各委員會組織法 …………………………………… 251

附錄六　中央政府總預算案審查程序 ……………………………… 255

第 1 章 ▶▶▶
認識立法院與立法委員

 一、認識立法院院區

　　提到立法院，很多人想到的就是打架的鏡頭。事實上「打架」只是偶爾發生，並不是天天打。他們每天都還是很認真的在工作（當然還是有例外）。立法院的運作是相當規律的，只可惜這種規律的審查法案沒有新聞性，因此新聞記者不太會報導。但是打架本身具有衝突性，所以記者們會等著打架的鏡頭。透過媒體的放大以及不斷的播放，給人的印象就好像是天天在打架！

　　立法院1950年播遷來台時，先以台北市中山堂為臨時會址，自1960年開始遷移至目前的中山南路一號。該區在日治時期是台北第二女高的校舍，因此外觀相當不起眼。與美國國會山莊，或坐落在泰晤士河畔的英國西敏寺及坐落在多瑙河畔的匈牙利國會相比，台灣的立法院既不宏偉，也沒有什麼特色。立法院大門旁邊圍牆上的鐵欄杆還曾經在2013年8月2日被一群抗議的反核群眾所推倒。

圍牆上的鐵欄杆曾經被抗議群眾推倒

進入立法院院區，首先映入眼簾的是「立法院」三個字的匾額；該匾額曾經面臨兩次被民眾拆下的命運。[1]往前走，經過中庭，便可以看到立法委員開會的議場。議場是由原先台北第二女高的禮堂經過整修而成，供立法院召開院會之用。立法院的會議分成院會與委員會會議。只有院會在議場召開，委員會會議則在不同的會議室進行。議場裡面除了委員的席位，台前有主席台、質詢台、備詢台，以及官員與議事人員的席位。議場中的兩

立法院三個字的招牌曾經被抗議者拆掉

個大銀幕，除顯示與議事相關的資訊外，也會即時顯示記名投票的結果。另外，在委員席的後方二樓有記者席與旁聽席。除了委員、備詢官員以及議事人員之外，在開會時，其他人是無法進入議場的，連記者也不例外。也就是說，記者必須要在二樓的記者區，通常可以看到該區架滿攝影機，隨時準備捕捉精彩的鏡頭。旁聽的民眾在記者區後面，且有透明玻璃隔離，可能是怕民眾丟鞋子下去吧。

各委員會多在不同的會議室中召開，例如你可能在新聞上聽過的紅樓或群賢樓。這些會議室也會用於召開公聽會、協調會與參訪團體座談等用途。委員會的座位皆為長條形，並設有主席台、質詢台、備詢台。主席台上坐的自然就是委員會的召集委員。最靠近備詢台的位置，坐的通常是政府官員。不過這樣的安排未來有可能改變，因為目前的安排被認為是讓行政官員與委員站在不平等的地位。在大部分國家，委員會的討論通常是圓桌式或是橢圓形式的，所有參與者是站在平等的地位來討論。

---

1 立法院招牌第一次被拆是1988年5月20日農民上街頭，在立法院門前演變成激烈衝突，激動的民眾並扯下正門上「立法院」的衝牌。第二次則是三一八學運期間，反黑箱服貿的民眾趁亂拆下「立法院」招牌。

議場外

官員備詢席　　　主席台
議事人員
備詢台　　　　　　質詢台
委員席

立法院議場內

議場內委員席，上面是記者席與旁聽席

黨團辦公室外面走廊是記者隨時待命之處

委員會是審議法案非常重要的一關，然而比較容易上電視畫面的卻是委員在委員會中的質詢。畢竟質詢往往比較有梗、有畫面，相較於比較專業但也比較枯燥的法案討論，當然會更受媒體歡迎。激烈的衝突場面自然更不在話下；這也是造成很多人對立法院的印象只有「打架」的原因。實際上立法院的工作相當繁重，需要處理數以千計的法案與總額上兆的預算。當然並非每個委員都同樣認眞，但立法院的運作，也絕對不會是只有吵吵鬧鬧而已。

立法院青島會館

由於立法院院區狹小，因此為了讓委員以及委員助理有棲身工作的地方，因此立法院又在附近陸續租用或購買了幾棟大樓或房舍，包括在濟南路的中興大樓、青島東路的青島第一會館、第二會館與第三會館，以及鎮江會館等。法制局與預算中心目前都在鎮江會館辦公。除此之外，大安會館和台北會館提供中南部立委住宿之用。另外，立法院還設立了中南部服務中心和議政博物館，位於台灣省議會之原址。

立法院鎮江會館

二、從憲政體制看立法院

在我國目前的體制下，總統由人民直接選舉，但是總統無須向立法院負責。需要對國會負責的是行政院院長，而行政院院長在1997年的第四次增修條文中規定由總統直接任命，無須經國會行使同意權。就行政院院長而言，其一方面要向立法院負責、接受立法院的質詢、甚至有可能因政策問題而被倒閣；而在另一方面又因為其由總統單獨任命，完全不向總統負責似乎說不過去。當他與總統之意見不同時，該如何自處呢？總統對於「不聽話」的行政院院長是否同時擁有對行政院院長的獨立免職權呢？在

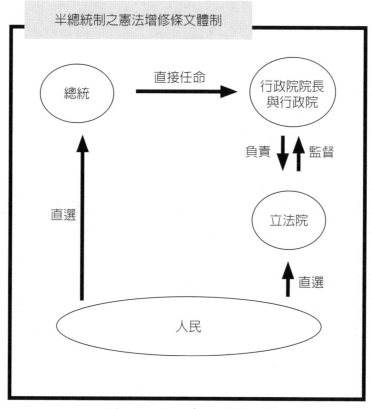

半總統制之憲法增修條文體制

總統 ──直接任命──▶ 行政院院長與行政院

負責 ↓↑ 監督

立法院

直選

直選

人民

◆圖1-1　行政與立法關係圖

過去幾年的運作上，台灣的行政院院長比較像總統的幕僚長[2]，很少會挑戰總統的權威，因此反而看不到總統與行政院院長的衝突。立法委員可以透過質詢、法案審查、預算審查等方式監督政府。但是，監督只及於行政院院長而無法直接監督總統，總統有來自選民的授權，擁有不小權力，立法院卻難以監督。前述之狀況，導致對總統政策不滿的立法委員，只能指桑罵槐，使行政院院長處於相當尷尬的局面。這有時也是朝野衝突的根源之一。另外，朝野立委過去也多次為了總統府秘書長與國安會秘書長是否到立法院備詢而有所爭執。

三、立法院的職權

根據憲法第63條，立法院的職權包含：議決法律案、預算案、戒嚴案、大赦案、宣戰案、媾和案、條約案及國家其他重要事項。除此之外，行政機關自行制定的行政命令，也需要送立法院備查。

其次，為監督政府，除了前面的職權之外，立法委員有向行政院院長及行政院各部會首長質詢之權，若是不滿意行政院院長的施政，也可以對其提出不信任案。

除此之外，在國大廢除之後，所有原先屬於國大的職權，全數歸到立法院。這些包括領土變更權、總統、副總統罷免提出權、總統、副總統彈劾案之提出、憲法修正案之提出權。另外，還包括對大法官、司法院正副院長、考試院正副院長、考試委員、監察院正副院長、監察委員的同意權在國大虛級化以及後續的廢除國大之後，皆移至立法院。

另外，還有並未在憲法規定，但是透過立法或新的解釋而衍生出來的，如對檢察總長、NCC主委、副主委與委員、中選會主委、副主委與委員、公平交易委員會主委、副主委與委員的同意權，文件的調閱權，還

2　吳玉山。2011。〈半總統制：全球發展與研究議程〉。《政治科學論叢》47：1-32。

有正在討論中的調查權。

　　本書將在第五章討論議案的審查、第六章討論預算案的審查、其他職權則放在第四章討論。

 四、立法院開議

　　每屆立法委員選上之後，於2月1日進行報到，為迎接新立委們，立法院會鋪上紅地毯，委員通常會帶著家人像星光大道一樣的走紅地毯。報到後，委員們便於議場內宣誓就職，再來個議場前大合照，隨後先舉行「預備會議」。首先進行推舉主席會議，由資深者擔任主席，若有一樣資深者，則由年長者擔任。再接著由這位資深委員主持院長、副院長選舉會議的主席推選，遊戲規則是由在場委員互推一人擔任，不受資深資格限制。但通常由多數黨再推舉已經坐在主席台主持的資深委員，繼續主持院長、副院長選舉會議。上午隨即進行院長選舉投票。院長投票結束，接著開票。下午則進行副院長投票與開票。接下來正、副院長宣誓就職，於是，立法院正式有了新的龍頭。各黨團也不能閒著，他們必須召開黨團會議，選出他們的大小黨鞭，這樣才能確定黨團的領導機制，即有人代表黨團參加協商會議。

　　立法院有了頭之後，就必須開始進行各項朝野協商決定各項事務，包括決定開議日、邀請行政院院長率同各部會首長列席進行施政方針及施政報告、議場座位分配、政黨質詢的分配。第九屆立法院經過朝野協商後，各黨團同意訂於2016年2月19日，舉行第九屆第一會期第一次會議，邀請行政院院長率同各部會首長，列席進行施政方針及施政報告；報告後隨即進行政黨質詢，質詢人數由民進黨團推派4人、國民黨團推派2人，時代力量黨團及親名黨團各推派1人。

　　在每屆開議之前，委員們和助理們還要忙著搬新辦公室。第九屆民進黨黨團更利用開議之前的其中兩天舉辦新任立委的新生訓練，研習課程以

審查預算、法案及重大政策形成爲主。

　　開議之後，除院會開始開會外，還會召開黨團協商討論各黨團推派代表組成程序委員會、經費稽核委員會、立法委員公費助理退休準備金監督委員會相關事宜。立法院新會期開議期間，各黨團也要忙著開會討論新會期優先法案、委員會分配等議題。待各委員會名單確定之後，方能召開會議，選舉各委員會之召集委員，再由召集委員召開委員會會議，才能使所有的單位都就定位，讓一切步入正軌。

五、你不可不知道的國會五法

　　要瞭解立法院，一定要知道「國會五法」。立法院於1999年進行所謂的第一波改革，在該次改革中，制定《立法院職權行使法》、《立法委員行爲法》，並大幅修正《立法院組織法》、《立法院議事規則》，以及《立法院各委員會組織法》，此五項法令被稱爲國會五法。此五法規範了立法院的組織架構、委員職權以及議事程序。

　　《立法院組織法》是五法中最先制定的，除了憲法之外，它是立法院的母法。該法中除了院長與副院長以及各常設委員會和特別委員會的規定外，還包括立法院各處局之設置以及其職掌、人員編制等。其次，《立法院議事規則》包括提案、開會、討論、表決、復議、議事日程、議事錄等。《立法院各委員會組織法》主要規範委員會席次之分配、人數之限制、召委之產生、議事之相關規定、人員編制等。

　　《立法院職權行使法》和《立法委員行爲法》都是1999年新制定的，前者是有關立法委員的各項職權之行使，包括：議案之審議、聽取總統國情報告、聽取報告與質詢、同意權之行使、覆議案之處理、不信任案之處理、彈劾案之提出、罷免案之提出及審議、文件調閱之處理、委員會公聽會之舉辦、行政命令之審查、請願文書之審查、和黨團協商等。換言之，所有有關立法院的職權皆在該法中規範，是瞭解立法院很重要的法

律。至於，《立法委員行為法》則是為「確立立法委員倫理風範及行為準則，健全民主政治發展」所制定的法律，主要規範為立法委員的行為。其內容包括立委的倫理規範、義務與基本權益、遊說及政治捐獻、利益迴避、紀律等。

　　當然除了國會五法之外，立法院還有許多相關的辦法，如：《立法委員互選院長副院長辦法》、《立法院各委員會召集委員選舉辦法》、《立法院紀律委員會組織規程》、《立法院修憲委員會組織規程》、《立法院經費稽核委員會組織規程》、《黨團所屬委員會參加常設委員會抽籤辦法》、《無黨籍及少數黨團參加常設委員會抽籤辦法》、《立法院程序委員會組織規程》、《中央政府總預算案審查程序》、《中央政府總決算審核報告審查程序》等相關法案。法制局每屆都會編印《立法委員手冊》，將憲法以及重要相關法規以及大法官相關解釋文皆編入手冊，是瞭解國會相關法規很好的工具。在「開放國會」的目標下，立法院網站已建置「法令專區」，將立法院常用法規均已公開上網（立法院首頁／關於立法院／業務服務／法令專區）。

第 2 章 ▶▶▶

揭開立院神秘面紗：
　立法院有哪些組織

 一、院長與院長辦公室

（一）立法院院長與院長、副院長選舉

　　立法院院長綜理院務，對外代表立法院，並主持立法院院會。每一屆新的立委選出，會在2月1日就職，就職後第一件事就是選出新立法院院長與副院長。根據《立法委員互選院長副院長辦法》，院長與副院長由立法委員互選之，而且每位立法委員都是候選人，因此第一輪投票時選票上會印出所有立法委員的名單。當選者必須獲得出席人數過半數之票數。如果無人達此標準，就前兩名重行投票，以得票較高者當選。第二輪選票上只印得票較高之前兩名或其同票者。

　　擔任立法院第一位院長的是孫科先生，但是孫院長做了幾個月，就被蔣中正提名為行政院院長，1948年11月27日立法院行使同意權，12月23日孫科請辭立法院院長職務，正式成為行政院院長。孫科之後，童冠賢接續擔任立法院院長，不到一年大陸就淪陷。立法院來台的第一位院長為劉健群，也就是第三位立法院院長，在此之前，他曾在1948年12月24日的副院長選舉中以高票當選立法院副院長。劉在1951年10月19日辭去院長職務，但仍繼續留任立委。劉之後為張道藩，張擔任了九年的院長，繼任的黃國書也擔任十年之久。倪文亞則擔任了十六年的院長。倪院長的夫人、台灣第一位女性財政部長郭婉容赴立法院答詢，與擔任主席的倪文

亞在立法院議壇上同台，形成獨特的畫面。倪院長時期正面臨政治轉型，特別是在1987年民進黨進入國會之後，其資深立委的地位不斷的被民進黨挑戰。最後，倪文亞選擇辭職。之後的劉闊才與梁肅戎同樣遭受挑戰。劉闊才是第一個被揮拳的院長。1988年4月7日那天立法院院會針對「中央政府總預算案」進行表決，朱高正委員不滿總預算不合乎憲法第164條「中央政府的總支出有關教育、科學、文化的部分不得低於15%」的規定，跳上主席台，拉扯當時的院長劉闊才，並揮出立法院的第一拳。接著還與把他拉下台的國民黨立委趙少康互毆，最後兩黨立委大打出手，因而爆發立法院四十一年來最嚴重的「立委群架事件」。劉闊才罩不住立院的混亂局面，終於決定辭職。

　　後來國民黨提名從事黨政協調多年、曾經為彭明敏辯論，且經常扮演國民黨與黨外或民進黨的溝通橋樑的梁肅戎擔任院長，增額立委劉松藩為副院長。由於民進黨對於整個立法院的結構不滿，對於長年不改選的資深立委冷嘲熱諷，對於軍人郝柏村擔任行政院院長更為不滿，整個立法院隨時都可能爆發衝突。梁肅戎曾經因衝突動用四次警察權維持秩序[1]，因此有人認為梁主持議事太過強硬；而梁則喊冤，他認為自己是在不得已之下才動用警察權的[2]。梁肅戎後來因為面臨資深代表必須於1991年12月底解職的大法官解釋，僅擔任一年多的院長就下台。

　　劉松藩是國會全面改選後的第一位院長，但是劉松藩的地位受到國民黨內部主流派與非主流派政爭的影響以及朝野對立嚴重的氛圍，而面臨更嚴峻的挑戰。在第一輪投票中劉松藩僅獲得73票，但是國民黨當時有95席，顯然有22位國民黨立委跑票。而民進黨推出施明德為院長候選人，不料施明德在發表政見時表示，他是代表民進黨黨團及黃信介發表政見，他呼籲立委支持尚未公告當選的黃信介。經過投票，民進黨的51票全部

---

[1] 1990年5月29日，民進黨抗議郝柏村「軍人組閣」，在行使行政院院長同意權時，朝野爆發肢體衝突，梁肅戎第一次動用警察權；1990年11月6日，民進黨立委不滿梁肅戎要郝柏村面對質詢時「敷衍兩句」算了，在確認議事錄時，引爆朝野衝突，梁肅戎第二次動用警察權；1990年12月18日民進黨立委不滿國民黨變更議程，引發衝突，梁肅戎第三次動用警察權；1991年4月12日爆發院長與委員互打耳光事件，再度爆發衝突，梁肅戎第四次動用警察權。
[2] 何智霖紀錄，1995。《梁肅戎先生訪談錄》。台北：國史館。頁245-247。

◆表2-1　歷屆立法院院長（1948-2016）

院長	屆期	在任期間
孫　科	第一屆	1948年05月17日～1948年12月24日
童冠賢	第一屆	1948年12月24日～1949年10月07日
劉健群	第一屆	1950年12月05日～1951年10月19日
張道藩	第一屆	1952年03月11日～1961年02月20日
黃國書	第一屆	1961年02月28日～1972年02月19日
倪文亞	第一屆	1972年05月02日～1988年12月20日
劉闊才	第一屆	1989年02月24日～1990年12月31日
梁肅戎	第一屆	1990年02月27日～1991年12月31日
劉松藩	第二屆～第三屆	1992年01月17日～1999年01月31日
王金平	第四屆～第八屆	1999年02月01日～2016年01月31日
蘇嘉全	第九屆	2016年02月01日～

資料來源：作者整理自立法院網站，2016。〈歷屆首長〉。http://www.ly.gov.tw/02_introduce/0202_chief/chief_expire/chiefExpireList.action。

特別署名投給黃信介，劉松藩只得到73票，未達總出席人數的一半[3]。由於當時因為花蓮發生黃信介之對手作票情況，尚未公告當選，民進黨團投給黃信介的票一律被算為廢票。根據《立法委員互選院長副院長辦法》，如果沒有人獲得出席人數過半數之票數則須進入第二輪投票，並就得票較高之前兩名重行投票。因此主席洪昭男宣布由得票第一高的劉松藩以及「第二高票」的朱高正進行第二輪投票。第二輪投票時，民進黨依舊用手寫黃信介的名字，因此該51票還是被算為廢票。劉松藩在第二輪才以86

---

[3] 第二屆立委有161位，但因為花蓮市部分投開票所為國民黨候選人作弊，黃信介尚未公告當選，因此參與投票者只有160位。參選者必須獲得81票方能當選。

票當選[4]（參看表2-2）。

◆表2-2　歷屆立法院院長、副院長選舉結果（第二屆～第九屆）

	院長選舉	副院長選舉
第二屆	**第一輪** 劉松藩73票 黃信介（民進黨推施明德）51票（被視爲廢票） 朱高正8票 其他廢票4張 黃主文3票 饒穎奇、高育仁、劉炳華各2票 蔡勝邦、洪冬桂、王金平、郭石城、陳璽安、陳哲男、廖光生、劉光華、謝深山、洪秀柱、羅傳進、吳耀寬、曾振農、洪昭男、黃正一各1票 **第二輪** 劉松藩86票 朱高正19票 黃信介51票（被視爲廢票） 其他廢票4張	王金平94票 張俊雄52票
第三屆	**第一輪** 劉松藩80票 施明德80票（民、新） 廢票4張（其中1票爲民進黨張晉城所投） **第二輪** 劉松藩82票 施明德81票 廢票1票	王金平84票 蔡中涵78票 王素筠1票 蔡正揚1票

---

[4]　林美玲，1993。〈86票劉松藩兩次投票執政黨部分立委跑票 民進黨也未杯葛 黃信介兩次都是51票 朱高正19票〉。《聯合報》1993/02/02：3版焦點新聞。

	院長選舉	副院長選舉
第四屆	王金平134票 張俊雄71票 新黨自己投自己	饒穎奇133票 施明德89票
第五屆	王金平218票 盧博基1票 洪奇昌1票 沈富雄1票 王幸男1票 江丙坤1票 無效票2票	**第一輪** 江丙坤111票 洪奇昌108票 廢票6張 **第二輪** 江丙坤115票 洪奇昌106票 廢票3張
第六屆	王金平123票 柯建銘101票 丁守中1票	鍾榮吉122票 黃宗源102票 無效票1票
第七屆	王金平85票 蔡同榮27票 （還有1票盧嘉辰尚未完成報到）	曾永權84票 翁金珠27票 王金平1票
第八屆	王金平68票 許添財43票 無效票2票	洪秀柱69票 葉宜津43票 無效票1票
第九屆	蘇嘉全74票 賴士葆35票 李鴻鈞4票	蔡其昌74票 曾銘宗35票 高金素梅4票

　　第三屆立法院，國民黨獲得85席，民進黨獲得54席，新黨獲得21席，其他者4席。國民黨的分裂，提供了民進黨與新黨兩個在野黨，共同對抗執政的國民黨的機會。在正副院長的改選上，便可以看出朝野之間的角力。國民黨推出劉松藩、王金平為正副院長候選人，在野的民、新兩黨則共同支持民進黨施明德與國民黨籍蔡中涵為正副院長候選人。在首輪投票中，劉松藩、施明德分別以80對80票平手，因此必須進入第二輪投

票。顯然國民黨還是有人跑票。在第二輪中，劉松藩才以82比81票的一票之差擊敗施明德。而在副院長選舉方面，國民黨籍的王金平則以84比78票，打敗在野兩黨所支持的蔡中涵。

第四屆立法院選舉，國民黨獲得了123席，民進黨70席，新黨獲得11席次，其他為21席，席次比依序為54.6%、31.1%、4.8%與9.5%。國民黨推出王金平與饒穎奇為正副院長候選人，民進黨則是「原則性推舉」資深立委張俊雄為立法院院長提名人，支持施明德競選副院長。

至於新黨方面，內部多數意見認為，除非民進黨的副院長候選人施明德能夠找到有力的國民黨人士搭配參選正副院長，新黨才可能支持與施明德搭配的院長人選；而在副院長方面，除非施明德能夠拉攏足夠的國民黨立委，有足夠勝算，新黨將予支持，否則採取「自己投自己」的立場。新黨在當時的席次為11。

選舉結果，王金平在首輪投票中便以134票打敗張俊雄的71票，順利當選為院長。而在副院長選舉方面，國民黨籍的饒穎奇則以133比89票，打敗施明德。其中新黨最後決議在院長部分「自己投自己」，副院長則一致支持施明德。

第五屆國會選舉結束，民進黨的席次大幅增加至87席，成為國會中的第一大黨，而國民黨的席次則滑落剩68席，成為第二大黨，親民黨則獲得46席，新黨只剩1席，另外新加入的政黨——台灣團結聯盟則獲得13席，而民、國、親與台聯的席次比為38.6%、30.2%、20.4%、5.7%。

在當時執政的民進黨為討好國民黨，因此並沒有推出自己的院長候選人，選擇支持王金平，以期換得國民黨支持民進黨的副院長候選人洪奇昌。在2月1日早上的院長選舉，王金平因得到藍、綠雙方的支持，在首輪投票中便以218票獲勝，得票率高達96.89%。此種超高得票率，未來的候選人很難望其項背。然而在院長選舉完後，國民黨主席連戰祭出黨紀，經過兩輪激戰，國民黨籍的江丙坤最後以115票比106票，打敗洪奇昌，當選為副院長。民進黨質疑王金平院長並未信守承諾，以致讓洪奇昌無法

當選副院長[5]。

　　有鑒於第五屆立法院院長選舉，民進黨一廂情願的將選票都投給國民黨的王金平，但是在副院長投票時，國民黨並未支持民進黨推出的洪奇昌。因此，第六屆時民進黨無論如何要推出自己的正、副院長候選人。國民黨推出王金平與鍾榮吉，民進黨推出柯建銘與黃宗源。在院長選舉方面，王金平獲123票、柯建銘101票，丁守中1票，王金平繼續擔任院長。副院長方面，鍾榮吉獲122票、黃宗源102票、無效票1票，鍾榮吉當選為副院長。柯建銘101票獲得的票數正好是民進黨立委和台聯立委席次的總和。

　　第七屆立委席次減半，國會選舉結果，國民黨一舉囊括81席，形成一黨獨大現象，而原先國會的最大黨民進黨僅獲得27席，無盟有3席，親民黨1席。國民黨推出王金平與曾永權為正、副院長候選人。為展現小黨的意志，民進黨推出蔡同榮、翁金珠為正、副院長候選人。此次選舉相對單純。選舉結果：王金平獲85票、蔡同榮27票，王金平繼續擔任院長。副院長方面：曾永權獲84票、翁金珠27票、王金平1票，曾永權當選為副院長。

　　第八屆立法院，國民黨依舊為過半的政黨，獲得64席，民進黨則得40席，另外親民黨、台聯和無黨聯盟則各3席。國民黨推出王金平與洪秀柱為正、副院長候選人、民進黨則提出許添財與葉宜津為正、副院長候選人。最後，綠營的民進黨與台聯之43票全數支持民進黨候選人。藍營的70票中，有68票支持王金平，但是卻有兩張無效票，一度引起議場一陣騷動，不過此並未對王金平連任造成影響。五度連任立法院院長的王金平，成為立法院有史以來任期最長的院長。直到他第八屆任期結束，他總共擔任了十七年的院長，超越前院長倪文亞的十六年。王院長能擔任立法院龍頭這麼多年自然有其過人之處，包括他對議事的嫻熟、對預算的瞭解，更重要的是他調和鼎鼐、處事細膩的功夫[6]。不過，在第九屆立委選

---

[5] 何振忠，2002。〈「哪來的承諾默契」新院長面無喜色〉。《聯合報》2002/02/02：2版要聞。

[6] 蔡佩芳，2012。〈順利蟬聯：王金平放眼政壇無敵人〉。《聯合晚報》2012/02/01：A3版話

舉過程中，王院長也被對手批評其過度主導黨團協商、密室作業。

　　第九屆立委選舉結果，國民黨慘敗，僅獲得35席；民進黨獲得68席，第一次掌握國會過半席次，自然要推出他們自己的候選人。最後，民進黨推出蘇嘉全、蔡其昌為正、副院長候選人、國民黨推出賴士葆與曾銘宗；親民黨也推出李鴻鈞、高金素梅；時代力量表示該黨不推出候選人，將支持民進黨推出之候選人。選舉結果各政黨的選票皆歸隊，並沒有任何意外。民進黨推出之蘇嘉全、蔡其昌各獲得74票，正式成為正、副院長，為首位民進黨籍的國會正副院長。國民黨推出的賴士葆與曾銘宗各獲35票；親民黨推出的李鴻鈞、高金素梅各獲4票。為表達國會改革以及議長中立化的決心，蘇嘉全在當選後立刻辭去民進黨中常委職務。國會開啟了十七年來首度沒有王金平院長的國會。

（二）議長中立化？

　　最近幾年來，特別是2016的總統與立委選舉，大家都在喊議長中立化，包括兩位總統候選人。但是所謂的中立化指的是什麼？我們是否能真正的達到中立化？還是只是架空正副院長的權力而已？

　　如果只是主持議事的嚴守中立，那比較容易。然而顯然，當時蔡主席指的不只是如此。2016年1月總統與立委選舉之後，在總統當選人蔡英文的指示下，民進黨中常會決議通過「國會議長中立化」三項原則：第一，未來立法院正、副議長不應參與政黨活動；第二，立法院正、副議長不應擔任所屬政黨任何層級職務，包括中常委、中執委、中評委；第三，正、副院長除依憲法代表立法院，參與總統召集行政、立法之間解決爭執的相關會議外，不應參與黨政協調平台機制的相關會議。[7]因此蘇嘉全與蔡其昌在當選正、副院長之後，便立刻辭去民進黨中常委職務，並表示不參加任何政黨活動。

　　未來中立化可能會衍生一些問題，就如同郭正亮所說的，蘇院長與

題。

[7] 郭瓊俐，2016。〈國會議長中立化　綠確立3原則〉。《聯合新聞網》。2016/01/21。http://udn.com/news/story/9290/1456494。2016/04/02。

蔡副院長兩人雖然在當選後立即辭去在民進黨的黨職，但除非將來兩人都不再連任，否則四年之後，蘇院長還是要民進黨提名不分區，蔡副院長也需要回台中參選，不是都還是需要民進黨提名嗎[8]？若要真正的議長中立化，勢必要有配套措施，且不僅僅是民進黨的配套措施，而是需要所有政黨都有共識的制度化措施。否則，未來其他政黨的立委當選院長時，還會遵守中立化原則嗎？

提到議長中立，大家想到的應該是英國。英國國會議員當選議長之後，退出原本的政黨，不再過問黨內事務。在英國議長尋求連任時，在他的選區不是以他原先所屬的政黨的旗幟下來參選，而是用「尋求連任的國會議長」的標籤來參選，而其他主要政黨在該選區不會推選候選人，因此議長不用為他連任之途而煩心。英國議長最主要的工作便是主持會議、維持秩序，當雙方火氣很大時，議長還要適時幽默一下，來緩解氣氛。現任下議院議長約翰・伯考（John Bercow）碰到議場混亂時，總會要求同仁們維持秩序，並要他們為人民民主的表率。對於破壞議場秩序者，也會嚴厲禁止。其次，議長也要維持某種程度的公平性與平衡性，讓不同黨派的議員都有機會適度的表達。

在美國，即使採取權力分立原則，但是作為一個國會議長，他還是要協助讓執政黨的預算或重要法案通過；尤其是面對分立政府時，雖然議長與總統不同政黨，但是還是要相互妥協讓國家預算以及相關法案通過。同時，眾議院議長為多數黨的政治人物，自己也會投身於較具爭議的辯論中。德國聯邦議會的主席通常由執政黨的資深議員出任，持續在黨派事務上扮演活躍角色。

至於有關「不應參與黨政協調平台機制的相關會議」，顯然是可再討論的。身為院長不能參加與立法直接相關的政策之形塑、立法形成之前置討論過程，那他還能做什麼呢？過去大家要談議長中立化主要是因為所有的議案都送到黨團協商，以致院長權力過大；當委員會正常化之後，大

---

[8] 郭正亮，2016。〈「議長中立化」註定自討沒趣〉。《ETtoday新聞雲》。2016/02/08。http://www.ettoday.net/news/20160208/643971.htm。2016/02/08。

部分協商在委員會層次進行，院長權力自然縮小，無須有過大的擔憂。將來比較需要院長參與的協商，包括：新的立院開議時，政黨之間勢必要進行協商有關委員會的安排、質詢方式與時間的安排或者是預算案的協商。中央政府總預算是一體的，在各委員會審查之後，還是需要進行整體的協商，以免各自爲政。經過了將近二個會期的運作，各版本提出的《立法院組織法》修正案，僅通過了「立法院院長、副院長不得擔任政黨職務，應本公平中立原則行使職權，維持立法院秩序，處理議事」，沒有列入「不應參與黨政協調平台機制的相關會議」。

 二、院會與委員會

　　立法院需要透過會議來行使職權，這就是所謂的「合議制」。立法院的會議分成院會和委員會會議。院會是由所有立法委員一起開會，委員會則類似於分組討論。所有提案會依照不同專業領域將其送到不同委員會審查。院會由院長或副院長來主持，委員會則是由各委員會召集委員擔任會議主席。

　　目前立法院共有8個常設委員會，分別是：內政、外交及國防、經濟、財政、教育及文化、交通、司法及法制、社會福利及衛生環境。法案會根據其性質被送到相關的委員會。由於每個委員會都涉及一項專業領域，因此，如果委員長期待在同一個委員會，他就會被視爲是該領域的專業立委。在第四屆至第六屆立法院還是225席立委時，立法院有12個常設委員會，分別是：內政及民族委員會、外交及僑務委員會、科技及資訊委員會、國防委員會、經濟及能源委員會、財政委員會、預算及決算委員會、教育及文化委員會、交通委員會、司法委員會、法制委員會、衛生環境及社會福利委員會。在立委人數減半後，委員會的數目因此降爲8。

　　除常設委員會之外，還有4個特種委員會：管理立法院自身經費的經費稽核委員會、處理修憲提案的修憲委員會、安排議程的程序委員會與處

理紀律問題的紀律委員會。此4個特種委員會開會的頻率不一，程序委員會因為安排議程，因此每星期皆要開會，修憲委員會與紀律委員會則是必要時才會開會。

經費稽核委員會成員為9人，依政黨比例決定[9]，例如：第八屆第五會期時，依比例國民黨黨團推派5人、民進黨黨團3人、台灣團結聯盟黨團1人組成。經費稽核委員會有3位召委，由委員會成員互選。第九屆第一會期開議時，國民黨大黨鞭賴士葆對於5、2、1、1的比例有所不滿；最後民進黨讓步，改由民進黨黨團推派4人、國民黨黨團推派3人、時代力量黨團及親民黨黨團各推派1人代表組成經費稽核委員會。[10]

 黨團協商結論有關各黨團參與特種委員會代表比例

立法院第八屆第五會期第四次會議紀錄

主席：現在處理黨團協商結論。

立法院朝野黨團協商結論：

時間：103年3月11日（星期二）下午

決定事項：

一、本（第五）會期經費稽核委員會依政黨比例由國民黨黨團5人、民進黨黨團3人、台灣團結聯盟黨團1人推派代表組成，各黨團成員名單請於3月20日（星期四）下午5時前送至議事處彙整，上述名單送交議事處後即不予更換。

二、有關行政院函請推薦學者專家擔任國家金融安定基金管理委員會委員乙案，依政黨比例由國民黨黨團推薦3人、民進黨黨團推薦2人、台灣團結聯盟黨團推薦1人，各黨團推薦名單請於3月20日（星期四）下午5時前送交議事處彙整，逾時視同放棄。

修憲委員會掌理憲法修正案之審議及相關事項，只有當立法院要開啟修憲的提案討論時才會成立，目前只有在第五屆與第八屆曾經成立修憲委

---

[9] 依據《立法院經費稽核委員會組織規程》第3條規定。
[10] 立法院第九屆第一會期黨團協商會議紀錄，2016年2月19日。

員會。根據《立法院修憲委員會組織規程》第3條之規定，修憲委員會委員為立法委員總額三分之一加1人，由各政黨（政團）依其院會席次比例分配，並依保障少數參與原則來組成。依此計算委員會總額為39名。另外該委員會置召委5名，由委員會成員互選之。開會時由5位召委輪值擔任主席。該委員會會議須有委員三分之一之出席；且須有出席委員二分之一之同意才能議決[11]。

紀律委員會由每會期選出之各常設委員會召集委員組成。由於目前有8個委員會，每委員會有2位召委，因此有16位召委參與紀律委員會。根據《立法院紀律委員會組織規程》規定，該委員會置召集委員8人，由各委員會召集委員互推1人擔任之。每個月有輪值召委。開會時以當月輪值召集委員為主席。紀律委員會每月召開一次，處理院會主席或院會議決交付之懲戒案，各委員會主席亦可將懲戒案移送院會議決後交付紀律委員會處理。院會議決時議可以提交黨團協商，並有一個月的冷凍期。

根據《立法委員行為法》第28條規定，紀律委員會得按情節輕重做出口頭道歉、書面道歉、停止出席院會四次至八次、經出席院會委員三分之二以上同意，得予停權三個月至半年。對於違反《立法委員行為法》有關規定者，立法院紀律委員會亦可主動調查、審議，作成處分建議後，提報院會決定之。紀律委員會對應行審議之懲戒案，未能於三個月內完成審議並提報院會者，懲戒案不成立。例如：在第六屆時，李敖於程序委員會以攻擊性催淚瓦斯噴灑會場，紀律委員會因逾審議期限，最後是提報院會存查，未做任何處置。

通常會由院會決定是否將委員違法行為送交紀律委員會處理，有時候院會會交由黨團協商。紀律委員會接到院會或主席交付懲戒案，作成處分建議後，還要提報院會決定之。若作成停權三個月至半年之建議，必須經由院會出席委員三分之二絕對多數的同意方能成立。立委若被停權，停權期間禁止進入議場及委員會會議室、不得行使專屬於立法委員之選舉權與被選舉權、且停權期間停發歲費及公費。由於停權事關立委權益，因此必

---

[11] 依《立法院修憲委員會組織規程》第6條規定。

須謹慎行之。

第一位被懲戒的委員是萬年國會時代的1969年，魏惜言立委曾因大罵院長黃國書「混帳」，遭紀律委員會處以「停止出席院會六次」懲戒，並經院會通過。第一位被處以停權的立委是在2001年3月在教育委員會中出拳毆打李慶安委員的羅福助委員，由於當天有電視即時轉播到毆打的畫面，引起民眾譁然。為平息眾怒，院會在無異議的情況下將該案送交紀律委員會處理。委員會於2001年4月30日依《立法委員行為法》第28條第4款作成停權半年之處分建議，院會以壓倒性的155人同意，3票反對、2位棄權通過該懲戒案。

民進黨立委管碧玲曾於2008年10月22日的教育及文化委員會，為了爭取黨團提案權，而怒摑國民黨立委洪秀柱。該案先交由黨團協商，一個月後協商未果，因此交付院會表決。院會以36票贊成25票反對，決議將管碧玲委員送交紀律委員會處理。在該會期所有的紀律委員會委員均為國民黨籍下，作成將其停權三個月之決議，引發民進黨委員不滿。由於當時正值審查中央政府總預算案時期，國民黨黨團為避免旁生枝節，而未立刻處理，結果就不了了之，始終未議決此一懲戒案。

依照目前的立法院《程序委員會組織規程》，程序委員會有委員19人，由各黨團依其在院會席次之比例分配之。但每一黨團至少1人。例如：第八屆第五會期時，立法院只有三個黨團，依各政黨在院會的比例，國民黨黨團11人、民進黨黨團7人、台灣團結聯盟黨團1人，共19人。在每會期一開始時，會先進行朝野協商，討論總質詢和每週五及次週二視為一次院會；國是論壇及臨時提案時間之外，其次在單數會期（一、三、五……）便再討論各黨團在程序委員會的人數，而名單則由各黨團自行決定。在第七屆時，由於國民黨擁有81席（71.7%），民進黨只有27席（23.9%），另外還有無黨團結聯盟4席，因此根據比例，國民黨黨團分配到14名、民進黨黨團4名、無黨團結聯盟黨團1名。第九屆則是完全不同的組成，民進黨黨團11人、國民黨黨團6人、時代力量黨團及親民黨黨團各推派1人代表組成程序委員會。

❖ **新會期開始的朝野黨團協商結論** ❖

立法院第八屆第五會期第一次會議議事錄

壹、103年2月17日朝野黨團協商結論，經決定如下：

一、本會期自2月21日（星期五）起，每週五及次週二視爲一次院會；國是
　　論壇及臨時提案均依往例處理（週五上午9時至10時爲國是論壇時間；
　　質詢期間，週二下午1時50分至2時30分處理臨時提案）。

二、本會期第一次程序委員會，依例不處理各黨團及委員所提增列之議案。

三、本（第五）會期程序委員會依政黨比例由國民黨黨團11人、民進黨黨團
　　7人、台灣團結聯盟黨團1人推派代表組成，各黨團成員名單請於3月6日
　　（星期四）下午5時前送至議事處彙整，上述名單送交議事處後即不予
　　更換。

　　　程序委員會置召集委員2人，由該委員會委員互選之。開會時，由召
集委員輪流擔任主席。第七屆時，由於民進黨黨團只有4人，八個會期中
所有的程序委員會召委皆是由國民黨立委擔任。第八屆時，政黨比例略有
變動，因此每一個會期選出來的召委，皆是國民黨一名，民進黨也一名。
依規定程序委員會每週舉行例會二次，必要時得舉行臨時會議[12]，通常是
在星期二和星期五中午開會。另外，由於程序委員會牽涉到議程安排，因
此立法院《程序委員會組織規程》第7條規定該委員會開會時，議事處處
長應該要列席，必要時，得邀請秘書長或副秘書長列席。

　　　每個星期二、星期五爲立法院院會時間，通常於每會期初都會先協
商，並由院會作成決定，將星期五跟隔一個星期二算成一次會。故僅會在
星期二中午召開程序委員會來決定院會議程。星期一、三、四則是召開常
設委員會會議。委員會的議程由各委員會召委來安排。

　　　立法院每年會分成兩個會期，就像是學校會分上學期與下學期。根據
憲法第68條規定，每年度的第一個會期是2-5月，主要業務是審查法案，
因此也被稱作「法案會期」。第二個會期是9-12月，該會期著重於審查預

---

[12] 依據《立法院程序委員會組織規程》第6條規定。

算，因此被稱作「預算會期」。不過，立法院常常延會，等於是叫立法委員加班。這一部分也是因為委員們會期之初往往比較懶散、抑或僅先安排各部會首長的業務報告、預算報告等，相對排擠法案審查時間，所以期末只好一直趕進度。如果休會後，針對有急迫性的重大議案進行審議，就會召開「臨時會」。

　　根據憲法第69條規定，立法院召開臨時會的情況有兩種，一是總統之咨請，另一是立法委員四分之一以上之請求。會期中以及延會，討論的議案沒有任何限制，但是臨時會討論事項的範圍則以當時決定召開臨時會的特定事項為限[13]。無論是總統之咨請或是立法委員四分之一以上之請求，要召開臨時會總是有特定的事項急須處理。但是第七屆與第八屆的臨時會愈來愈常態，兩個屆期皆分別開了六次臨時會（參看表2-3），有些法案本應在常會或延會期間審議。在第八屆第五會期時，召開兩次臨時會，在2014年6月13日至7月4日召開第一次臨時會，沒想到在7月28日至8月8日又召開了第二次臨時會。第二屆時雖然沒有召開臨時會，但是六個會期中每一個會期都延會。

　　立法院自行憲以來至2016年7月底總共召開23次臨時會，包括第九屆新國會在2016年7月20日至7月29日召開的第一會期第一次臨時會；其中21次皆由立委連署請求召開，只有2次為總統咨請。一次是由蔣中正總統咨請召開第一屆第二次臨時會（1952/7/15-8/8）審議中華民國與日本之間的《和平條約案》；另外一次則由陳水扁總統咨請召開第四屆第四會期第一次臨時會審查六項與金融改革相關之法律案。

　　對於臨時會將如何召開，現行立法院內規並沒有規定。依照以往議事慣例，立法委員提出請求召開臨時會之提案後，議事處審核認為合乎提案要件後，即簽報院長就臨時會召開相關事宜召集朝野黨團協商。朝野黨團協商會就臨時會是否召開以及召開之期間、臨時會處理之特定事項之議

---

[13] 根據《立法院組織法》第6條規定，「立法院臨時會，依憲法第六十九條規定行之，並以決議召集臨時會之特定事項為限」。另外，大法官解釋釋字第735號「針對中華民國憲法增修條文第三條第二項第三款規定之不信任案得否於為其他特定事項召開之立法院臨時會提出？」指出立法院在臨時會中審議不信任案，非憲法所不許。換言之，不信任案雖未列為臨時會之特定事項，確定可於臨時會中提出對行政院院長之不信任案。

案範圍等交換意見。朝野黨團協商後，接著召開談話會就前項臨時會討論之問題加以確認。如果先前之黨團協商已有共識結論，即由談話會予以確認，如協商無共識，則由談話會以表決方式決定。下頁框框內顯示的為立法院第七屆第五會期全院委員談話會的會議紀錄，當天有三個提案，其中一個提案為國民黨黨團提出的，建請於2010年7月8日下午2時30分至2010年7月14日全天召開臨時會，在當場沒有異議的情況下通過臨時會的召開。接下來處理國民黨黨團所提將「海峽兩岸經濟合作架構協議」及「海峽兩岸智慧財產權保護合作協議」等十一項議案列為該次臨時會特定議案。民進黨有異議，因此便交付表決。雙方都要求記名表決，由於國民黨人數占優勢，因此表決結果同意臨時會審查國民黨的提案。

◆表2-3　立法院臨時會或延會次數統計

屆期	會期數	臨時會次數	延會次數
一	90	2	88
二	6	0	6
三	6	1*	3
四	6	2	6
五	6	3	6
六	6	2	3
七	8	6	7
八	8	6	5
九**	1	1	1

資料來源：整理自立法院國會圖書館，2016。〈立委問政／屆會期對照表〉。
　　　　　http://npl.ly.gov.tw/do/www/appDate?status=0&expire=09&startYear=0。
　　　　　2016/03/28。
*第三屆第三會期第一次臨時會，出席委員均未足法定人數，該次臨時會無法舉行。
**第九屆僅計算到第一會期。

❖ **全院委員談話會處理召開臨時會的會議紀錄** ❖

立法院第七屆第五會期全院委員談話會會議紀錄

時間　中華民國99年7月8日（星期四）上午11時16分
地點　本院議場　主席　王院長金平　秘書長　林錫山

主席：現在進行本會期全院委員談話會，處理本院委員林益世、林鴻池、林
　　　滄敏等39人提請召開臨時會，審議「海峽兩岸經濟合作架構協議」
　　　及「海峽兩岸智慧財產權保護合作協議」等11項議案暨蔡委員同榮等
　　　33人提請將「臺灣與中國締結協議處理條例草案」、成立「兩岸事務
　　　因應對策小組」及成立「兩岸事務調閱委員會」列入臨時會之特定議
　　　案。

主席：現在分別請兩位提案委員進行提案說明。首先請國民黨黨團代表林委
　　　員鴻池說明……

主席：現在請民進黨黨團代表李委員俊毅說明。

……

主席：……現在處理國民黨黨團所提兩個提案。先處理國民黨黨團提案定
　　　於7月8日下午至7月14日舉行臨時會，並視為一次會。本院國民黨黨
　　　團，為相關重大議案亟待審議，建請於99年7月8日（星期四）下午2
　　　時30分至99年7月14日（星期三）全天召開臨時會，並視為一次會，
　　　審議相關重大議案（如附件）。是否有當？敬請公決。

提案人：中國國民黨團代表林委員鴻池。

主席：請問各位，對本案有無異議？（無）無異議，通過。
　　　現在處理國民黨黨團所提將「海峽兩岸經濟合作架構協議」及「海
　　　峽兩岸智慧財產權保護合作協議」等11項議案列為本次臨時會特定議
　　　案。
　　　本院委員林益世、林鴻池、林滄敏等39人，有鑑於行政院大陸委員
　　　會授權財團法人海峽交流基金會與大陸海峽兩岸關係協會簽署之「海
　　　峽兩岸經濟合作架構協議」及「海峽兩岸智慧財產權保護合作協議」
　　　等重大議案（如附件）亟待審議通過，爰依憲法第69條及立法院組織
　　　法第6條規定，建請本院召開臨時會，俾利重大法案儘速完成立法程
　　　序。是否有當，敬請公決。

提案人：林益世、林鴻池、林滄敏。

連署人：楊麗環 費鴻泰 李復興 楊瓊瓔 林德福 趙麗雲 江義雄 吳清池 謝國樑
　　　　呂學樟 林正二 林建榮 蕭景田 徐少萍 王廷升 徐中雄 鄭金玲 李明星
　　　　洪秀柱 蔣乃辛 孔文吉 楊仁福 侯彩鳳 吳育昇 羅淑蕾 馬文君 林明溱
　　　　許舒博 蔡錦隆 黃義交 盧秀燕 簡東明 劉盛良 廖國棟 林郁方 潘維剛

主席：請問各位，對本案有無異議？（有）有異議。既有異議，交付表決。
　　　現在進行表決，按鈴7分鐘。（按鈴）
主席：國民黨黨團及民進黨黨團提議採記名表決方式。……
主席：現在進行表決。贊成國民黨黨團提案者請按「贊成」，反對者請按
　　　「反對」，棄權者請按「棄權」，計時1分鐘，現在進行記名表決。
　　　（進行表決）
主席：報告表決結果：在場委員67人，贊成者66人。
表決結果名單：……

主席：民進黨黨團針對方才表決結果要求重付表決。……
主席：現在進行重付表決。贊成國民黨黨團提案者請按「贊成」，反對者
　　　請按「反對」，棄權者請按「棄權」，計時1分鐘，現在進行記名表
　　　決。
（進行表決）
主席：報告表決結果：在場委員70人，贊成者68人，反對者2人，贊成者多
　　　數，本案通過。臨時會國民黨黨團所提特定議案通過。
表決結果名單：……

主席：現在處理民進黨黨團提案。民進黨黨團提請將臺灣與中國締結協議
　　　處理條例草案、成立兩岸事務因應對策小組及成立兩岸事務調閱委員
　　　會，列入本次臨時會之特定議案。
……
主席：請問各位，對本案有無異議？（有）有異議。既有異議，交付表決。
主席：民進黨黨團及國民黨黨團提議採記名表決方式。
主席：現在進行表決。贊成民進黨黨團提案者請按「贊成」，反對者請按
　　　「反對」，棄權者請按「棄權」，計時1分鐘，現在進行記名表決。
（進行表決）
主席：報告表決結果：在場委員97人，贊成者30人，反對者67人，贊成者少
　　　數，本案不通過。

表決結果名單：……

主席：民進黨黨團針對方才表決結果要求重付表決。……

主席：現在進行重付表決。贊成民進黨黨團提案者請按「贊成」，反對者
請按「反對」，棄權者請按「棄權」，計時1分鐘，現在進行記名表
決。

（進行表決）

主席：報告表決結果：在場委員99人，贊成者31人，反對者68人，贊成者少
數，本案不通過。

資料來源：立法院公報，2010。〈立法院第七屆第五會期全院委員談話會會議紀
錄〉。《立法院公報》第99卷第49期院會紀錄，頁393-400。

三、立法院裡的業務單位

　　立法院內部有很多業務單位，像是：秘書處、議事處、公報處、總
務處、資訊處、人事處、主計處。秘書處處理立法院的對外關係，包括國
會外交的幕僚事物、外賓與民眾之參訪、新聞編輯與發布、其次是公文之
收發與用印、公文系統之管理等。議事處理會議相關事務，包括：議程編
擬、處理提案、委員的簽到、請假質詢與發言順序、議場之出入、議案文
件之準備、登記、分類及保管；公報處負責立法院會議及委員會會議之錄
影錄音、速記以及公報之編印及發行。總務處除了辦理物品採購、招標及
單據核銷等事務工作外，該處還負責全院財產、房舍、物品之保管及房舍
之建造、修繕、委員的研究會館、住宿會館之分配與管理、負責安全之警
衛隊之管理、薪資發放、健保之辦理等。資訊處負責立法院內所有資訊系
統之整體規劃、系統分析、設計、建置及維護。人事處負責關於委員及公
費助理的人事以及職員的平時訓練、進修、考核、考績、獎懲、退休、撫
卹等事項。主計處處理關於歲入、歲出概、預算之籌編、審核、執行、控
制以及會計事物之處理等。

　　另外，為了強化立法院的能力，在1999年的國會改革於《立法院組

織法》第15條增設三個專業支援系統，即法制局、預算中心及國會圖書館，並分別在第20條、第21條、第22條增訂定其掌理事項。法制局是立法院內的研究單位，也可說是立法委員們的智庫。法制局會對法案與政策提出研究報告，並且會對外國立法例及制度進行研究、編譯及整理。法制局的研究成果目錄，請參閱法制局研究成果全文檢索系統（網址：http://www.ly.gov.tw/05_orglaw/law_intro.jsp）。

　　預算中心，顧名思義專注於研究預算，有關於中央政府預算和決算之研究、分析、評估及諮詢皆屬於該中心之職務。該中心除設主任與副主任外，下分五組，此五組分別與不同的委員會對應，例如：第一組負責的預算或決算與內政委員會和交通委員會審查之機關，第二組負責外交國防委員會與司法法制委員會審查之機關等。預算中心的研究成果目錄，請參看預算中心研究成果全文檢所系統（網址：http://www.ly.gov.tw/06_lyacc/search/accSearchNew.action）。

　　每年行政院中央政府總預算案送達立法院後，預算中心會針對各單位的預算進行評估，最後會有一個該年度之中央政府總預算案整體評估報告，譬如：105年度中央政府總預算案整體評估報告分歲出與歲入部分，總共列出洋洋灑灑的一百三十五條意見。預算中心指出行政部門處理預算的問題，這些都是值得立法委員更進一步去監督與把關的部分。有關105年度中央政府總預算案，政府的融資理財部分受到預算中心嚴厲的批判，包括高達17兆餘元之潛藏負債未列為《公共債務法》債限規範；未來年度待償利息已逾9,000億元，但是政府並未依照規定於總預算書揭露；結構性赤字預算未能有效改善，有違健全財政原則。105年度中央政府總預算案入不敷出約2,000多億元，但是中央機關出國經費龐鉅且逐年增加，s顯出國計畫浮濫未審慎編列，恐浪費公帑之虞。此外，預算中心對於各項社會福利補助經濟篩選制度、各項社會保險及退休撫卹制度之給付條件與標準、社會福利資源之配置並未符合社會公平正義原則有很多的意見。[14]

---

[14] 參看預算中心，2015。〈105年度中央政府總預算案整體評估報告〉。http://www.ly.gov.tw/06_lyacc/search/accList.action?thisYear=+104&id=1&d-5419-p=5。2016/01/23。

　　預算中心更不客氣的指出105年度中央政府總預算案中各機關委辦費共編列342億7,130萬9,000元，較104年度法定預算數289億餘元增加50億餘元，部分機關委辦費占業務費比例甚至超過50%，且有高達近98%者，儼然成為「發包中心」。問題是根據預算中心報告「政府公務人力並未隨委辦費預算成長而有所降低」，因此「整體委辦效益顯待檢討」。

　　另外，預算中心對於財團法人之預算有蠻多意見的，譬如：「預算法對於財團法人預算編製、審查及執行等程序規範不足」和「財團法人預算宜由行政院彙案函送本院審議，以符合憲法賦予行政院之預算提案權」。立委若要進到預算把關的責任，預算中心扮演的角色相當重要。透過他們專業的分析，立委及其助理們得以瞭解政府預算的缺失，強化監督力道，並看緊人民的荷包。

　　法制局跟預算中心是立法院內的研究單位，可說是立法委員們的智庫。法制局會對法案與政策提出研究報告，預算中心專注於研究預算。這兩者並不是聽委員吩咐做事，他們會自行尋找議題、提出報告。委員們可以從其研究成果中，尋找對自己有用的部分。但也有少數的例子是由委員發函，請法制局協助提供資訊。比較可惜的是法制局跟預算中心的研究成果目前並沒有公開，在網路上只能看到目錄，一般民眾無法取得。

　　有鑑於原有的立法院圖書資料室並無固定員額編制，且僅聘僱數十名人員，實難以發揮圖書館之功能，才有國會圖書館之設立。其設立有助於立法委員隨時取得相關之圖書資料及立法資訊之服務。國會圖書館收藏了很多參考資源：立法院公報、議事錄、新聞報導、政府預決算、行政院施政報告、各部會業務報告專業報告、統計月報、相關學術研究、國外立法例等各種在立法時可能用得上的資料。國會圖書館也會把蒐集到的資料建置成電子資料庫。除了部分功能是院內專屬以外，一般民眾都可以使用國會圖書館的網站查詢資料。除此之外，立法委員問政專輯、新聞網服務、立法報章資料專輯出版品等都是其他圖書館所沒有的。國會圖書館的網站（http://npl.ly.gov.tw），是瞭解立法院不可或缺的工具。

　　法制局、預算中心與國會圖書館是立法院的「支援幕僚系統」。目前，其成員都是公務員。由於這些單位涉及專業的研究工作，所以曾有人

提議，希望這些單位能跟學術界交流，讓大學講師、教授定期去作研究，但這意見並沒有實行。

2004年在立法院各黨團的共同連署之下提出《立法院組織法》部分條文修正草案成立中部服務中心以及議政博物館。立法院於同年12月24日三讀通過增訂《立法院組織法》第22條之1與22條之2有關中南部服務中心掌理事項以及議政博物館掌理事項，並於2005年1月12日總統公布。中南部服務中心乃是比照行政院中南部成立聯合服務中心及各部會之中部辦公室之便民服務措施，加強對中南部民眾請願陳情之便利性，及對民眾意見之處理時效。議政博物館主要是有關議政史料之蒐集、整理、典藏、展覽、分析、研究。史料之典藏從訓政時期立法院自1928年成立於南京，歷經對日抗戰、勝利復原、制憲、行憲，乃至國共內戰、中央政府遷台迄今，其間累積豐富的議事文物及檔案史料，係我國民主政治發展之最佳見證，也是最佳的民主教育場所。兩者之地點皆設在原來台灣省議會之原址。

立法院院這些業務單位，有個大總管，就是立法院秘書長，承院長之命，處理立法院事務，並指揮監督所屬職員。秘書長之下還有副秘書長，承院長之命，襄助秘書長處理立法院事務。秘書長為特任官、副秘書長職務為簡任十四職等，均由院長遴選報告院會後，提請任命之。

第 3 章 ▶▶▶
我們如何選出立法委員

 一、立法委員選舉制度的變遷

　　1947年12月25日中華民國憲法開始施行。1948年選出行憲第一屆立法委員760人，並於5月8日自行集會於南京國民大會堂，選出孫科為院長、陳立夫為副院長，至5月18日立法院第一屆第一會期第一次會議正式開議。其時，並分設21個常設委員會開始運作。1950年初，立法院隨著中央政府輾轉播遷來台；同年2月24日在台北市中山堂舉行第一屆第五會期第一次會議，與會委員約380餘人。其後並通過修改《立法院組織法》，將21個常設委員會縮編為12個常設委員會及其他特種委員會。幾年之後，也就是1960年，立法院才遷入台北市中山南路現址。

　　第一屆立法委員的任期，原應於1951年5月屆滿，在當時為了讓立法權持續所採取的權宜措施，是經行政院會議通過建議總統核可，由總統咨商立法院同意由第一屆立法委員暫時繼續行使立法權一年，以後1952年及1953年均循同一模式延長立法權職權之行使。1954年監察委員的任期也到期，因此行政院將立法委員與監察委員的任期問題一併函送司法院大法官解釋。1954年1月29日大法官作成著名的釋字第31號解釋「惟值國家發生重大變故，事實上不能依法辦理次屆選舉時，若聽任立法、監察兩院職權之行使陷於停頓，則顯與憲法樹立五院制度之本旨相違，故在第二屆委員未能依法選出集會與召集以前，自應仍由第一屆立法委員、監察委員繼續行使其職權」。這也是後來資深立委不改選的由來，也就是所謂的

「萬年國會」。

　　雖然根據大法官解釋使得第一屆在中國大陸選出之立委得以繼續行使職權，然而隨著時間過去，這些立委逐漸凋零，人數愈來愈少。同時，不改選的立委是無法反映民意的，更何況他們的選區絕大多數不在台灣。1969年依《動員戡亂時期臨時條款》增補選出11位立法委員，與第一屆立法委員共同行使職權，增補選之立委是因為台灣人口增加而增補的名額，他們同1948年選出之立委一樣無須改選。1971年中華民國退出聯合國，在面臨國際的孤立，為提高政府的正當性，因此修改《動員戡亂臨時條款》，賦予總統訂頒辦法充實中央民意代表機構之權。1972年依修正後之《動員戡亂時期臨時條款》，選出增額立法委員51名，為立法院注入新血，但是這些增額立委必須每三年定期改選。1975年繼續辦理增額立法委員改選，選出增額立法委員52名。1978年12月的增額立法委員選舉因為中美斷交，總統頒布緊急命令而暫時中止，直到1980年11月20日始予恢復，並依《動員戡亂時期公職人員選舉罷免法》規定擴增為97人。其後皆定期改選，分別於1983年改選98名、1986年改選100名、1989年改選130名（請參看表3-1）。從表3-1中我們可以發現資深立委逐漸凋零，其人數隨著時間在下降，再加上增額立委數目在增加，因此資深立委由原先在1969年占所有立委的97.7%，1983年減為73.4%，到1989年只剩53.6%。即便如此，在國會全面改選之前，資深立委所占的比例還是多於增額立委。

　　爾後，由於民眾對於國會全面改選的呼聲愈來愈高，又有1990年3月的野百合學運。於是立法院以陳水扁為首之26位朝野立委於1990年4月3日提出「第一屆中央民意代表任期」釋憲案，大法官於同年6月21日做出釋字第261號解釋。該解釋文表示其實自1969年以來，中央政府已在自由地區辦理中央民意代表之選舉，逐步充實中央民意機構，「為適應當前情勢，第一屆未定期改選之中央民意代表除事實上已不能行使職權或經常不行使職權者，應即查明解職外，其餘應於民國八十年十二月三十一日以前終止行使職權，並由中央政府依憲法之精神，本解釋之意旨及有關法規，適時辦理全國性之次屆民意代表選舉以確保憲政體制之運作」。

◆表3-1　立法院的資深與增額立委比例（1969-1989）

選舉年	資深立委		增額立委		總數
	N	%	N	%	N
1947-48	760	100.0			760
1969	468	97.7	11	2.3	479
1972	419	89.1	36	7.7	470
			15[a]	3.2	
1975	377	87.8	37	8.6	429
			15[a]	3.5	
1980[b]	309	76.1	70	17.2	408
			27[a]	6.7	
1983	270	73.4	71	19.3	368
			27[a]	7.3	
1986	224	69.1	73	22.5	324
			27[a]	8.3	
1989	150	53.6	101	36.1	280
			29[a]	10.4	

a.海外遴選代表，由總統任命，並非由選舉產生。
b.1978增額立委選舉因為發生美國與中華人民共和國建交而引發政治危機，因此選舉
　暫停，一直到1980年才恢復。

　　1991年12月31日依大法官解釋，第一屆資深立法委員全部退職，由
130位增額立法委員行使立法權。1992年12月依憲法增修條文選出161位
第二屆立法委員，也就是所謂的國會面改選。1995年12月選出164位第三
屆立法委員，1998年配合精省第四屆立法委員名額增為225位，第五屆與
第六屆也都維持225席之立法委員。

　　然而在民眾普遍對於國會表現不滿的情況之下，國會減半的呼聲不斷，2004年8月23日，立法院通過憲法修正案，並於2005年6月7日經國民大會複決通過，再由總統於2005年6月10日公布。此次的修憲對立法院影響相當重大，不僅立法委員自第七屆起減為113席、任期由三年改為四年，且選舉制度也由複數選區單記相對多數制，改為單一選區相對多數制與比例代表制的混合，俗稱單一選區兩票制。之所以稱為兩票制，是因為選民有兩票，一票投給選區的候選人，另一票投給政黨。除此之外，國民大會被廢除，其主要職權皆移到立法院，立法院自此真正成為我國之單一國會。

二、1992年第一次增修條文決定了第二屆立委選舉制度

　　1991年國民大會通過第一次憲法增修條文，其中最重要的部分便是立法委員選舉制度的修改。在區域方面每省、直轄市各2人，但是其人口超過20萬人的地區，每增加10萬人增1人；超過100萬人的地區，每增加20萬人增1人。原住民代表則平地原住民及山地原住民各3人。另外還有以政黨比例方式選出之僑居國外國民6人以及全國不分區30人。該次修憲也是第一次採取全國不分區政黨比例代表的方式，不過當時的全國不分區是代表所謂的全中華民國[1]，以維護法統，與今天我們談比例代表是為了反應多元的利益以及讓選票與席次比例相符的思考邏輯並不同。另外，在該次修憲中，並未將立委的人數定額，也就是會因為人口數的增加而調整名額，第二屆時為161人，第三屆時增加為164人。

　　1997年因為精省，為了讓省議員有去處，因此第四次增修條文規定立法院立法委員自第四屆起為225人，也就是一口氣增加了61位名額。在區域方面直轄市、縣市168人。每縣市至少1人，原住民部分則平地原住

---

[1]　也就是包括大陸地區。

民及山地原住民各4人。另外還有以政黨比例方式選出之僑居國外國民8人以及全國不分區41人。不過區域代表還是多數，占所有席次之78.2%。

對於婦女保障名額部分，兩次基本上是一樣的，也就是都規定各政黨當選之名額，在5人以上10人以下者，應有婦女當選名額1人；超過10人者，每滿10人應增婦女當選名額1人。政黨登記之候選人名單人數少於應分配之當選名額時，或婦女候選人數少於應分配之婦女當選名額時，均視同缺額。

在第二屆至第六屆的立法委員選舉一個選區有多名應選名額，但一人只有一票，根據候選人得票多寡來排列，也就是所謂的複數選區單記相對多數制，或稱為單記非讓渡投票制（Single-nontransferable vote system, SNTV）。至於在全國不分區比例代表部分，政黨票的計算是以立法委員區域及原住民選舉，各政黨所推薦候選人得票數之和，為各政黨之得票數。也就是選民只有一票，那一票不僅決定該選區立委的選票，也同時決定了政黨比例的票。不過，各該政黨之得票比例未達5%以上者，不予分配不分區名額。其得票數不列入政黨得票和計算。無黨籍及未經政黨推薦之候選人之得票數，不列入政黨得票和計算，也不得分配席次。1992年趙少康未經國民黨推薦而自行在台北縣參選，當時他一舉囊括了235,877張選票，但是他的選票卻未能計入國民黨之選票。

政黨在複數選區單記相對多數制如何提名，並不是很容易的事。政黨在策略上提名人數不可過多也不可過少；太多，可能造成選票不足，而讓多位候選人皆以些微之票數落選；太少，則造成選票之浪費。除此之外，若有政治明星參選，還要避免選票全部集中於該位明星候選人身上，而導致同黨其他候選人落選。議席比例與投票率之間是否成適當比例，往往因政黨之策略與推出之候選人不同而有所變動。配票或策略投票乃此種制度使然。對有組織的大黨較有利。國民黨由於基層組織穩固，因此過去常用組織動員配票的方式，讓選票不致過度集中於某位候選人身上。民進黨缺乏像國民黨一樣的基層組織，因此採取用各種文宣方式鼓勵支持者自動配票的方式。如果該選區民進黨提名五位候選人，他們便會希望支持者依照身分證字號最後一碼的數字來配票，如果提名四位或三位候選人，則以自

身的出生月份來配票。

　　由於選票無法轉移，無法充分利用每一票，容易造成選票之浪費（waste vote），如：1992年立委選舉，台北縣之趙少康獲得235,877票，而最後一名上榜之周伯倫則只得36,845票，兩人相差199,032票，這些選票等於是未能充分利用，如能充分利用這些選票，可以讓同黨候選人增加上榜機會。

　　政黨認同觀念較難建立，因為同黨候選人為了爭取選票，必須相互競爭，造成兄弟鬩牆。候選人之利益與政黨的利益並不一定一致，可能是衝突的。其次，當選之候選人可能只獲得該選區很小一部分選民之支持即可當選，意識型態極端的候選人也有機會當選。另外，容易造成金錢政治與派系政治，也是該選制常被批評之處。最後，候選人過多，選民不容易認識候選人。1992年台北縣為一大選區，應選名額為17名，有49位候選人參選，要從49位參選人中挑選一位候選人並非易事。

　　複數選區單記相對多數制也有一些優點，不同意識型態之候選人皆有機會當選，反映社會之多元利益。小黨集中力量亦有機會當選，不似單一選區相對多數制，只有在該選區拿到最高票者方能當選。另外，在單一選區多數代表制中，走中庸路線者才有機會當選，走極端路線者無法獲得選民青睞；在此制中則皆有機會當選。

 ## 三、2005年修憲之後的立委選舉制度

　　對於複數選區單記相對多數的選舉方式，有相當多學者表示不滿。包括前面所提的造成候選人的極端言論、派系紛爭、政黨政治難以形成。而與我們採取同樣選舉制度的鄰國，韓國於1988年、日本於1994年，都已進行改革。單一選區相對多數制加上政黨比例表制兩票是當時思考的主流，但是對於是否採取德國的聯立制或是日本的並立制則有不同的看法。德國的聯立制是以政黨比例代表來決定該政黨的席次，因此較接近比例代

2016年立委選舉的政黨票

表制的特質，最後兩大黨傾向於採日本的並立制。

　　根據2005年所公布的憲法修正案，立法委員的席次減為113席。區域選區73人，平地原住民與山地原住民各3人。全國不分區與僑選立委共34人。每一屆的任期是四年，可連選連任。

　　立委的選舉方式是單一選區兩票制。選民投票時，會有兩張票，一張投給選區立委，一張投給政黨。每個選區會選出一名委員，得票最多的那個人當選，不管是贏多少票。例如2016年的第九屆立委選舉中，桃園第四選區的鄭寶清只贏其對手楊麗環160票；但在台南市第五選區王定宇大贏其對手林易煌101,811票。不分區的選票上則沒有候選人，只有政黨名稱。但政黨會在選前就公布不分區名單。名單是有順序的，排名愈前面的人，愈優先取得立委身分。另外，政黨名單部分有婦女保障名額，各政黨當選名單中，婦女不得低於二分之一。如果有一政黨分配到10席，正常情況下會有5席女性、5席男性。如果該政黨名單前面10席不到5位女性，則跳過其他男性，到下一位女性名單。若該政黨名單總共只有提名4位女性，其他男性也無法遞補，那麼該黨就懸缺一名立委。

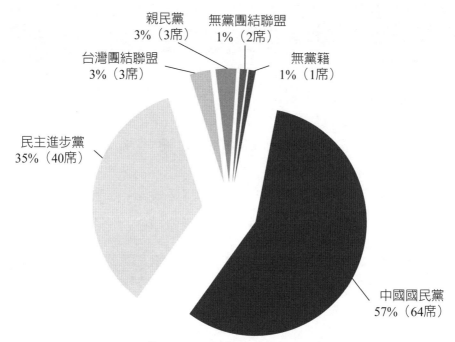

親民黨
3%（3席）

無黨團結聯盟
1%（2席）

台灣團結聯盟
3%（3席）

無黨籍
1%（1席）

民主進步黨
35%（40席）

中國國民黨
57%（64席）

◆圖3-1　第八屆立委席次比例圖（第三會期）

資料來源：中央選舉委員會。

　　不分區立委的席次會按照政黨在政黨票所得之票數比例分配，只能分給得票率5%以上的政黨。也就是說，當政黨沒有拿到5%以上的選票，是分不到席次的，因此5%的標準被視爲進入立法院的「門檻」。第八屆立委選舉有11個政黨提出比例代表名單，競爭34席的政黨比例代表，最後只有國民黨、民進黨、台灣團結聯盟和親民黨獲得席次。第九屆立委選舉總共有18個政黨競爭，其中只有4個政黨跨過5%的門檻：民進黨、國民黨、時代力量與親民黨；新黨、台灣團結聯盟與綠社盟等政黨或政黨聯盟都未跨過5%。

◆表3-2　立委選舉制度之比較

	第二屆至第三屆立委選制	第四屆至第六屆立委選制	第七屆開始的立委選制（2008實施）
總席次	161席（第二屆）164席（第三屆）	225席	113席
選區席次與選舉方式	119席和121席複數選區單記相對多數	168席複數選區單記相對多數制	73席採單一選區相對多數制
原住民席次	平地原住民3名山地原住民3名	平地原住民4名山地原住民4名	平地原住民3名山地原住民3名
政黨比例代表席次與選舉方式	36席僑居國外國民6人以及全國不分區30人政黨的總得票依其在區域和原住民選舉的得票總額來分配，政黨的總得票率達5%的門檻時，方能分配席次	49席僑居國外國民8人以及全國不分區41人政黨的總得票依其在區域和原住民選舉的得票總額來分配，政黨的總得票率達5%的門檻時，方能分配席次	34席政黨票，政黨必須獲得5%以上的選票，方得分配席次

資料來源：作者自行整理。

◆表3-3　第八屆不分區立委選舉政黨得票數與得票率

政黨名稱	政黨得票數	政黨得票比率	政黨席次
中國國民黨	5,863,379	44.55%	16
民主進步黨	4,556,526	34.62%	13
台灣團結聯盟	1,178,896	8.96%	3
親民黨	722,089	5.49%	2
綠黨	229,566	1.74%	0
新黨	195,960	1.49%	0

政黨名稱	政黨得票數	政黨得票比率	政黨席次
健保免費連線	163,344	1.24%	0
台灣國民會議	118,632	0.90%	0
人民最大黨	84,818	0.64%	0
台灣主義黨	29,889	0.23%	0
中華民國台灣基本法連線	19,274	0.15%	0

資料來源：中央選舉委員會。

◆表3-4　第九屆立法委員選舉不分區政黨得票數與得票率

政黨名稱	政黨得票數	政黨得票比率	政黨席次
民主進步黨	5,370,953	44.06%	18
中國國民黨	3,280,949	26.91%	11
親民黨	794,838	6.52%	3
時代力量	744,315	6.11%	2
新黨	510,074	4.18%	0
綠黨社會民主黨聯盟	308,106	2.53%	0
台灣團結聯盟	305,675	2.51%	0
信心希望聯盟	206,629	1.70%	0
民國黨	197,627	1.62%	0
軍公教聯盟黨	87,213	0.72%	0
無黨團結聯盟	77,672	0.64%	0
樹黨	77,174	0.63%	0
中華統一促進黨	56,347	0.46%	0
健保免費連線	51,024	0.42%	0

政黨名稱	政黨得票數	政黨得票比率	政黨席次
自由台灣黨	47,988	0.39%	0
和平鴿聯盟黨	30,617	0.25%	0
台灣獨立黨	27,496	0.22%	0
大愛憲改聯盟	15,442	0.13%	0

資料來源：中央選舉委員會。

註：得票率計算方式：各政黨得票數／總投票數。

　　如果說，區域立委代表選區民眾，那不分區立委所代表的便是政黨的形象與良心。這是評量政黨形象的一項重要指標。好的不分區名單能讓專業與弱勢的聲音進入國會，但現實上，不分區名單很容易成為政黨權力分配的工具。

　　立法委員的任務是監督行政部門，因此憲法第75條規定其不能兼任行政官員。有時候，我們會看到有委員入閣去當部長，這時候他們就必須辭掉委員職務。當委員離職，如果是不分區，就會根據名單依序遞補；如果是區域立委則要進行補選。第七屆委員由於中途離職的情況特別多，共有20位，因此補選也特別頻繁。有的因為賄選被法院判當選無效而被迫去職，如：苗栗縣的李乙廷、雲林縣的張碩文、台中縣的江連福、桃園縣的廖正井、平地原住民選區的林正二。除原住民選區為複數選區缺額不到二分之一，無須補選之外，其他四區為單一選區，因此重新補選。其次，因競選縣市長或當選縣市長而辭職的有台東縣選舉區黃健庭、花蓮縣選舉區的傅崑萁、嘉義縣第二選舉區的張花冠、新竹縣選舉區的邱鏡淳、桃園縣第三選舉區吳志揚、台南市第二選舉區的賴清德，其選區皆重新補選。苗栗縣第一選舉區康世儒於2012年竹南鎮鎮長的補選中當選而辭職，而康世儒本身是因為李乙廷的辭職而補選上來的，由於康辭職後任期已經不到一年，因此該席次維持缺額。另外，有幾位因轉任行政官員而辭職的，李紀珠轉任金融監督管理委員會副主委、李嘉進轉任國家安全會議諮詢委員而辭職，兩位皆為不分區立委，固其缺由同黨之名單依法遞補。南投縣

第一選舉區吳敦義轉任行政院院長、高雄縣第三選舉區陳啟昱轉任高雄市副市長而辭職，兩人的席次皆須補選。彰化縣第一選舉區陳秀卿，因病去世而離開，惟因其所遺任期不足一年，故該席次並未補選。最後，有兩件比較特殊的離職情況：台北市第六選舉區李慶安因涉雙重國籍而離職，由蔣乃辛補選而上；台中市第七選舉區的簡肇棟因涉嫌酒駕過失致死、肇事逃逸，而被迫辭職，惟因其所遺任期不足一年，故未補選。

第八屆立委也有12位中途離職的，包括台中市第六選區的林佳龍、南投縣第二選區林明溱、苗栗縣第二選區徐耀昌、彰化縣第四選區魏明谷、屏東縣第三選區潘孟安皆因為當選縣市長而辭掉立委職務，其所遺職缺皆須補選。台聯的3位不分區立委林世嘉、許忠信、黃文玲全數在其任職兩年後辭職，換上葉津鈴、賴振昌、周倪安。台中市第二選區的顏清標因被判刑且被褫奪公權而失去立委職務。親民黨的張曉風因無法適應立委生活而辭職，改由同黨的陳怡潔遞補。親民黨的林正二再度因為賄選案而下台。但是林正二之選區平地原住民選區，是複數選區，缺額未超過一半，因此就不用補選。不分區立委紀國棟因被國民黨開除黨籍，而喪失立委職務，其缺由詹滿容遞補。第九屆至目前已有4位不分區立委離職，鄭麗君與李應元委員入閣，顧立雄委員出任「不當黨產處理委員會」主任委員，徐國勇擔任行政院發言人，其缺由民進黨比例代表名單遞補。

 ## 四、我們選出的立委是哪些人？

第七屆立委選舉結果由於選制的改變以及席次的減少，由表3-5中可以發現立法院的組成結構發生相當的變化。根據杜佛傑法則（Duverger, 1954），單一選區不利小黨，容易形成兩黨制，因為一個理性的人不會投票給一個他認為毫無勝選機會的政黨。從表3-5可以看出除了幾位在基層實力相當雄厚的候選人——台中縣的顏清標、澎湖縣的林炳坤、山地原住民的高金素梅三席無黨團結聯盟，無黨籍的金門縣的陳福海，加上一席

親民黨的林正二之外，其他小黨包括台聯、新黨等在區域選舉中都一席未得。

◆表3-5　歷屆主要政黨席次與席次百分比

屆次	執政黨	國民黨	民進黨	新黨	親民黨	台聯	時代力量	其他*	總計
2-1	國民黨	95 (59.0%)	51 (31.6%)	/	/	/		15 9.4%)	161 (100%)
3-1	國民黨	85 (51.8%)	54 (32.9%)	21 (12.8%)	/	/		4 (2.4%)	164 (100%)
4-1	國民黨	123 (54.6%)	70 (31.1%)	11 (4.8%)	/	/		21 (9.5%)	225 (100%)
4-3	民進黨	115 (52.0%)	68 (30.8%)	9 (4.1%)	18 (8.1%)	/		11 (5.0%)	225 (100%)
5-1	民進黨	68 (30.2%)	87 (38.6%)	1 (0.4%)	46 (20.4%)	13 (5.7%)		10 (4.7%)	225 (100%)
6-1	民進黨	79 (35.1%)	89 (39.6%)	1 (0.4%)	34 (15.1%)	12 (5.3%)		10 (4.4%)	225 (100%)
7-1	國民黨	81 (71.7%)	27 (23.9%)	0	1 (0.88%)	0		4 (3.5%)	113 (100%)
8-1	國民黨	64 (56.6%)	40 (35.4%)	0	3 (2.7%)	3 (2.7%)		3 (2.7%)	113 (100%)
9-1	民進黨	35 (31.0%)	68	0	3 (2.7%)	0	5 (4.4%)	2	113 (100%)

資料來源：歷屆立法委員選舉實錄、中央選舉委員會網站。

註：表中數字為席次數目，括弧內為席次百分比。*其他代表無黨籍、未經政黨推薦與其他小黨，如第二屆的中華社會民主黨（1席），第四屆的建國黨（1席）、民主聯盟（4席）、全國民主非政黨聯盟（3席）與新國家連線（1席）、第七屆的無黨聯盟等。

在不分區部分目前採取的是政黨名單比例代表制，一般而言比例代表制對小黨相較之下會比單一選區相對多數制有利，但是目前不分區僅有34席，且設有5%的門檻，使得國民黨與民進黨以外的其他政黨在第七屆皆未能衝破5%的門檻。新黨獲得4%，算是得到的政黨票最多的小黨，台聯則僅獲得3%。國民黨一舉拿下71.7%的席次，民進黨僅獲得23.9%之席次。民進黨的失利除因執政績效欠佳、大環境不利於該黨之外，選區的劃分亦對該黨不利。憲法增修條文中規定每縣市至少一人，造成票票嚴重不等值，連江縣、金門縣等人口較少的縣也都可以各自選出一席，而這些縣傳統上都不是民進黨可以獲得席次之地區。

第八屆選舉，國民黨獲得64席，較前屆少17席，民進黨得40席，較上次增加13席，台聯則在李前總統的帶動下，以「總統投蔡英文，政黨投台聯」的口號，成功的衝破5%門檻，得到寶貴的3席。親民黨則在宋楚瑜的帶動下，在不分區獲得2席，原住民1席。

第九屆立委選舉則出現翻轉的情況，民進黨得68席，較上屆增加28席，成為單獨過半的第一大黨，國民黨得35席，較上屆減少29席，親民黨得3席，太陽花學運之後才成立的新政黨時代力量不僅在不分區部分突破5%門檻拿到2席，更在區域選舉中擊敗強敵，獲得寶貴的3席，初試啼聲便一舉拿下5席，成為國會第三大黨。

在複數選區相對多數制下政黨的得票變化並不是很大，席次的變化主要在於政黨有無分裂以及提名策略是否成功的問題。民進黨從第二屆到第六屆的得票百分比都在三成多左右，國民黨因為歷經多次分裂，但是若觀察泛藍得票與席次亦多維持在五成多左右。所以儘管第五屆與第六屆民進黨在總統選舉獲勝，但是在國會席次上卻一直居於劣勢。在第七屆的新選制之下，選舉結果發生很大的變化。從第二屆國會全面改選之後，國民黨從未獲得如此高百分比的席次，即使在第二屆國民黨尚未分裂時，該黨也僅有59.0%的席次，而民進黨也有31.6%之席次。

第三屆立委選舉時，由國民黨分裂而出的新黨一舉拿下21席（12.8%），國民黨勉強獲得過半之席次（51.8%），民進黨還是維持在三成的席次。此時期雖然執政黨擁有過半席次，但是反對黨民進黨與新黨

的席次與執政黨席次相當接近，因此若反對黨在某些法案聯合是有機會擊敗執政黨的。第四屆立委選舉席次增加至225席，但是新黨勢力衰微，國民黨掌握54.6%之席次，民進黨的席次比例並沒有多大變化。民進黨與新黨席次的加總，與過半數仍有相當距離，國民黨穩固掌握過半數的席次。但是2000年的總統大選，政治形勢大變，民進黨候選人陳水扁擊敗代表國民黨的連戰與無黨籍的宋楚瑜，成為執政黨，因此在國內第一次出現執政黨在國會無法掌握國會多數的情況。總統大選後，國民黨再度分裂，親民黨成立。在第五屆立委選舉，親民黨一舉獲得46席，占20.4%，國民黨僅得到68席（30.2%），新成立的台聯則得到13席（5.7%），民進黨獲得87席（38.6%），成為國會第一大黨。民進黨席次雖然增加，成為第一大黨，但是與過半仍有一段距離，台聯在立法上雖大多與執政黨聯盟，執政黨卻仍舊無法掌握國會過半席次，但至少在席次上已與泛藍相當接近。第六屆立委選舉，國民黨席次增加，相對的親民黨席次減少，民進黨與台聯的席次變化不大，藍綠雙方席次仍相當接近。第七屆立委選舉，過去脫離國民黨的親民黨與新黨紛紛回國民黨，國民黨不只奪回第一大黨，且成為一黨獨大的情況。

　　若我們觀察英國與美國實施單一選區的制度效果，如果執政黨做不好，翻轉的程度可能很大。例如：2005年英國保守黨只有198席次，工黨有355席；但是五年之後的2010年，保守黨獲得306席，工黨卻僅獲得258席次。在實施並立制的日本也看到此種快速翻轉，2009年國會選舉，民主黨一舉獲得308席，打敗執政的自民黨（當時只得到119席），沒想到三年之後，自民黨反而以294席次，擊敗僅得到57席次的民主黨。台灣也在2016年翻轉。儘管單一選區對大黨有利，但是對於大黨的懲罰也是非常快速，做不好就被民眾唾棄。該次共有46位新人，換血率超過三分之一。

　　理論上，任何中華民國的公民只要年滿23歲就可以參選立法委員，但是事實上參選的人可能會考量各種因素，而政黨提名候選人時也會進行各種評估。是否有某種社會歷練或社會聲望與知名度，經常是大家考量的因素。剛出社會的年輕人，可能較無財力又無社會歷練，因此不會選擇立

刻投入選戰，或者是他們會從更基層的選舉開始。從表3-6中我們可以看到歷屆24-29歲，也就是30歲以下的年輕人參選比例占所有候選人的比例相當低。除了2016年之外，每一年30歲以下的年輕人參選數目皆是屈指可數，經常是連1%都不到。2016年受太陽花學運之影響有較多的年輕人出來參選，30歲以下的有29位，占5.22%；30-39歲有72位，占12.95%，算是歷年來年輕人參選最多的一次。

◆表3-6　歷屆參選人年齡分布

年度	參選人數	24-29歲	30-39歲	40-49歲	50-59歲	60歲以上
1992	403	7 (1.74)	94 (23.33)	172 (42.68)	105 (26.05)	25 (6.20)
1995	397	1 (0.25)	72 (18.14)	186 (46.85)	109 (27.46)	29 (7.30)
1998	498	4 (0.80)	68 (13.65)	218 (43.78)	156 (31.33)	54 (10.84)
2001	584	4 (0.68)	59 (10.10)	223 (38.18)	214 (36.64)	84 (14.38)
2004	492	5 (1.02)	66 (13.41)	171 (34.76)	178 (36.18)	72 (14.63)
2008	423	8 (1.89)	74 (17.49)	98 (23.17)	173 (40.90)	70 (16.59)
2012	410	2 (0.49)	46 (11.22)	116 (28.29)	139 (33.90)	107 (29.10)
2016	556	29 (5.22)	72 (12.95)	166 (29.86)	176 (31.65)	113 (20.32)

註：本表的參選人數包括區域選舉、原住民以及全國不分區。

　　在參選人的性別方面，所有的參選人中，女性遠低於男性。表3-7中顯示歷屆區域立委選舉不同性別者之參選人數與比例，我們可以看出女性的參選比例遠低於男性。在第二屆時，女性候選人僅占所有參選者的10.60%而已，此種比例有逐漸升高的趨勢，在第九屆時，已增為25.71%，不過，仍舊不成比例。在當選率方面，除了第二屆外，女性候選人的當選率皆高於男性候選人。例如：第九屆立委選舉，男性候選人當選率只有19.01%，女性候選人卻有25.27%。由此可見女性參選人是相當受到選民青睞的。

　　隨著女性參選比例提高，女性立委在立法院所占比例也愈來愈高（參看表3-8）。從第二屆的10.56%到第八屆的33.63%，第九屆更增為38.05%。女性國會議員由原來的一成增為直逼四成。在區域代表方面，儘管根據過去研究，與複數選區單記投票制相比，單一選區相對制對女性

◆表3-7　區域立委參選人與當選人性別比例

屆別	當選名額	年度	參選人數與比例			當選人數與當選率			
			男	女	女性比例	男	男性比例	女	女性比例
第二屆	161	1992	295	35	10.60%	107	36.27%	12	34.29%
第三屆	164	1995	276	38	12.10%	104	37.68%	18	47.37%
第四屆	225	1998	319	63	16.49%	133	41.69%	34	53.97%
第五屆	225	2001	353	81	18.66%	131	28.24%	37	45.68%
第六屆	225	2004	306	62	16.85%	138	45.10%	30	48.39%
第七屆	113	2008	226	57	20.14%	57	25.22%	16	28.07%
第八屆	113	2012	202	65	24.34%	54	26.73%	19	29.23%
第九屆	113	2016	263	91	25.71%	50	19.01%	23	25.27%

資料來源：中央選舉委員會。

註：本表只包括區域立委，不包括不分區立委與原住民立委。

◆表3-8　不同性別立委在區域與不分區所占之席次與比例

	女性			男性		
	區域	不分區	總數	區域	不分區	總數
第二屆	12	5	17	113	31	144
	9.60	13.89%	10.56%	90.40%	86.11%	89.44%
第三屆	19	4	23	109	32	141
	14.84%	11.11%	14.02%	85.16%	88.89%	85.98%
第四屆	35	8	43	141	41	182
	19.89%	16.33%	19.11%	80.11%	83.67%	80.89%
第五屆	39	11	50	137	38	175
	22.16%	22.45%	22.22%	77.84%	77.56%	77.78%
第六屆	32	15	47	144	34	178
	18.18%	30.61%	20.89%	81.82%	69.39%	79.11%
第七屆	17	17	34	62	17	79
	21.52%	50.00%	30.09%	78.48%	50.00%	69.91%
第八屆	20	18	38	59	16	75
	25.32%	52.94%	33.63%	74.68%	47.06%	66.37%
第九屆	25	18	43	54	16	70
	31.65%	52..94%	38.05%	68.35%	47.06%	61.95%

資料來源：筆者統計自中央選舉委員會網站資料。

候選人較為不利，因為此種選制具有勝者全拿的特性，使得政黨較無動機承擔提名女性之風險，同時選民也對於支持女性候選人較為猶豫[2]。但是

---

[2] 黃長玲，2001。〈從婦女保障名額到性別比例原則—兩性共治的理論與實踐〉。《問題與研究》40，3：69-82。

根據選舉結果，第七屆在區域選舉女性獲得所有區域席次的21.52%，在第八屆增加為25.32 %，第九屆更增為31.65 %，完全不遜於採取複數選區單記投票制的結果，顯現女性近幾年來的努力，已經逐漸無須仰賴保障名額[3]，且選民也願意投票支持女性，使得女性候選人的當選率高於男性。

在政黨比例代表方面，根據第四次憲法增修條文，各政黨當選之名額在5人以上10人以下者，應有婦女當選名額1人，超過10人者，每滿10人應增婦女當選名額1人。而第七屆立委之後，根據憲法增修條文第4條第2項規定，在比例代表方面各政黨當選名單中婦女不得低於二分之一，因此第七屆選出的不分區立委中男女性別各占二分之一。過去的婦女保障名額較低，因此在第二屆至第五屆皆未能突破25%，有些人不禁質疑婦女保障名額究竟是保障還是對婦女名額的限制。

接下來觀察立委的學歷與年齡。就教育程度而言，立委的學歷是相當高的。大學學歷以下，在近兩屆的立法院中，都已經低於一成。2001年以後，有碩、博士學位者皆超過五成。2012年選出的立委，竟然有75.21%的立委擁有碩、博士學位，應該少有國家有如此多擁有碩、博士的議員。這可能和傳統上學而優則仕或者是對於學位的迷思等觀念所造成的。

至於在年齡方面，平均年齡最低時為1992年國會全面改選時的46歲，最高為1969年補選時的58歲，不過當時補選時只有11位。2016年新科立委的平均年齡為50歲。若我們更進一步分析，30歲以下當選立委者少之又少，1998年與2004年有2位，是最多的兩次，2001年、2008年、2016年則各有1位。此次年紀最小的為27歲的呂孫綾，年紀最大者為75歲的王金平。不過此兩位是特殊情況，立委最主要的年齡層分布為50-59歲，其次為40-49歲（參看表3-10）。總而言之，立法委員主要為高學歷的中年男性（50-59歲），且為政黨所提名者。

除了黨派分配之外，我們會在意國會議員組成，是因為其牽涉到民意代表的代表性問題。通常有描述的代表性（descriptive representation）與

---

[3] 對女性主義學者，他們不願意用婦女保障名額一詞，而主張用性別平等原則。

實質代表性（substantive representation）兩種說法。描述的代表性強調唯有具有某些特徵的人才能代表他所屬的團體。例如：唯有女性代表才能真正瞭解女性的需求、保障女性的權益。依此理念，國會議員的組成應反映出選民的人口結構，如有20%的黑人、10%的亞洲人，那麼議員中就應有20%的黑人與10%的亞洲人。實質代表性是指國會議員實質上為某些團體發聲的情況，與該國會議員本身的背景無關。例如：愛德華甘迺迪參議員出身於麻州最有錢的家族之一，但是他卻常常代表窮人發聲。因此不一定說女性立委才會關心女性權益，年輕人才會關心年輕人利益，原住民立委才會關心原住民利益。

◆表3-9　立法委員成員年齡與學歷背景資料

年度	席位	平均年齡	教育程度			
			博士	碩士	學士	其他
1969	11	58	4(36.37)	0(0)	6(54.55)	1(9.09)
1972	51	49	6(11.76)	2(3.92)	21(41.18)	22(43.14)
1975	52	51	8(15.38)	2(3.85)	22(42.31)	20(38.46)
1980	97	49	10(10.31)	6(6.19)	50(51.55)	31(31.96)
1983	98	48	13(13.27)	15(15.31)	42(42.86)	25(25.51)
1986	100	49	18(18)	19(19)	42(42)	21(21)
1989	130	48	25(19.24)	19(14.62)	60(46.15)	26(20)
1992	161	46	26(16.15)	39(24.22)	66(40.99)	30(18.63)
1995	164	47	48(29.27)	25(15.24)	74(45.12)	17(10.37)
1998	225	49	61(27.11)	30(13.33)	101(44.89)	33(14.67)
2001	225	49	77(34.22)	44(19.56)	85(37.78)	19(8.44)
2004	225	49.4	47(20.89)	103(45.78)	45(20)	30(13.33)

年度	席位	平均年齡	教育程度			
			博士	碩士	學士	其他
2008	113	52	20(17.70)	55(48.67)	25(22.12)	15(13.27)
2012	113	52	26(23.00)	59(52.21)	19(16.81)	9(7.96)
2016	113	49.9	21(18.58)	56(49.56)	25(22.12)	11(9.73)

註：1969-1989只包括增額立委，為包括資深立委。

◆表3-10　各屆立委年齡分布表（1992-2016）

	24-29歲	30-39歲	40-49歲	50-59歲	60歲以上
1992	0 (0.0)	34 (21.12)	68 (42.23)	51 (31.68)	8 (4.97)
1995	0 (0.0)	26 (15.85)	76 (46.34)	53 (32.32)	9 (5.49)
1998	2 (0.89)	29 (12.89)	93 (41.33)	77 (34.22)	24 (10.67)
2001	1 (0.44)	24 (10.67)	98 (43.56)	77 (34.22)	25 (22.12)
2004	2 (0.89)	26 (11.56)	86 (38.22)	86 (38.22)	25 (22.12)
2008	1 (0.88)	11 (9.73)	26 (23.01)	51 (45.13)	24 (21.24)
2012	0 (0.0)	8 (7.08)	39 (34.51)	41 (36.28)	25 (22.12)
2016	1 (0.88)	11 (9.73)	41 (36.28)	42 (37.17)	18 (15.93)

第 **4** 章 ▶▶▶

立委都在做哪些事？

我們選出來的立法委員都在做什麼呢？憲法規定立法委員對行政院院長以及各部會首長有質詢權、有審議法案和審議預算之權、對總統或行政院院長提名的人選行使同意權、對行政院院長提出不信任案、處理總統提出之覆議案、對總統提出彈劾與罷免、條約案的批准、提出憲法修正案、領土變遷的同意、緊急命令權之追認、副總統缺位的補選、還有並未載明於憲法而是經由大法官解釋的文件調閱或調查權。最後，還有既未在憲法也未在法律規定的選民服務。

 一、院會總質詢、委員會質詢

立法委員有向行政院院長及行政院各部會首長質詢之權，總質詢期間，官員會由行政院院長領軍，在院會面對委員提出的各項問題。總質詢往往免不了一陣唇槍舌劍、刀光劍影，因此媒體很愛捕捉總質詢的鏡頭。這也使得質詢愈來愈精采與激情，立委會有各式各樣的道具，包括綁頭巾、製作各種海報、甚至用powerpoint、放照片、影片等。

在台灣很多政府首長一定很痛恨到立法院接受質詢。Robert Rogers及Rhodri Walters談到英國國會的質詢，表示「質詢時間對部會首長來說究竟是天堂還是地獄，取決於自己在當時能夠多快進入狀況、或者在事前的準備有多充分，以及反對陣營議員提出的追加問題有多尖銳。」[1]例如立

---

[1] 羅傑斯、瓦特斯（Robert Rogers and Rhodri Walters），2006。谷意譯。《英國國會》（How Parliament Works）。台北：五南，頁446。

委蔡其昌拿了九張中共政治局常委照片詢問首度到立法院備詢的剛上任的陸委會主委王郁琦，結果王竟然只認得當時的中國國家主席胡錦濤、副主席習近平，連在台灣曝光度頗高的全國政協主席賈慶林都認不出，引發是否專業的質疑。[2]此例子顯現王主委是在完全沒有準備之下，被上了一場震撼教育課。

部會首長負有解釋說明其政策、決定與行動的義務，因此委員要求部長向國會提供的資訊必須精確與符合事實，並且盡可能地讓國會知悉其所知的一切，唯有在公開無助於公共利益的前提下，才可拒絕提供資訊。

眾多資訊都會因為國會質詢而揭露，也可能因此促使政府改善不合理的政策。二二八事件因為黃爾璇立委在立法院的質詢，才開啟民間對此事的討論以及政府必須面對過去的責任，才會有後來一連串的道歉、賠償等行動。2012年10月15日民進黨立委管碧玲在立法院院會質詢陳冲院長時指出，當時請領月退俸的44萬5,708名退休軍公教及國營事業人員，每年仍領取1.5個月的「年終慰問金」，年耗國庫202億餘元，而且如此涉及重大公共利益分配的經費預算，卻毫無法源依據，僅靠一紙「軍公教人員年終獎金（慰問金）注意事項」，就花掉國庫每年202億元。[3]她認為這完全不合法、不合理，更違反公平正義。在此壓力下，陳院長答應回去研究，2013年9月初根據立法院決議，制定並公布「退休（伍）軍公教人員年終慰問金發給辦法」，取代過去每年訂定的「注意事項」，明定月退俸2萬元以下、因公傷殘等退休人員方可領慰問金，讓國庫省下至少100多億元。

第九屆新科立委顧立雄在第一次總質詢時詢問內政部長陳威仁在集會遊行時常見的蛇籠、拒馬等危險器械的法源依據；陳威仁部長答復表示：「依照警察職權。」不過顧立雄委員立刻表示他翻查過《警察機關配備警械種類及規格表》，根本沒有列出以上器械。翻遍了所有的法律條文，顧

---

[2] 蘇永耀、施曉光、李宇欣、顏若瑾，2012。〈誇張！王郁琦掌陸委會 竟不識賈慶林〉。《自由時報》2012/10/03。http://news.ltn.com.tw/news/focus/paper/619792。2016/03/20。

[3] 顏若瑾，2012。〈軍公教退休照領年終 國庫年耗200億〉。《自由時報》2012/10/16。http://news.ltn.com.tw/news/focus/paper/623055。2016/03/20。

委員發現，只有在《各級警察機關安全防護工作實施要點》中提到，「重要防護建築物周圍，設置壕溝、圍牆、鐵絲、刺網、拒馬及電網」，但其設置目的卻是「防止敵人滲透破壞」。於是顧委員詢問陳威仁：「人民和平遊行集會，是敵人嗎？」陳威仁答：「不是敵人。」[4]在不久之後的4月27日的漁民赴日本流協會抗議，發現刺網、拒馬不見了，取代的是禁止通行的欄杆，肅殺之氣減少許多。

　　行政院院長在立法院每次會期開始時都必須要到立法院提出施政方針及施政報告，此乃依憲法增修條文第3條第2項第1款明文規定。立法委員對於行政院院長及各部會首長之施政方針、施政報告及其他事項，得提出口頭或書面質詢。另外，行政院遇有重要事項發生時，在立法委員提議，15人以上連署或附議，經院會議決，亦得邀請行政院院長或有關部會首長向立法院院會報告，並備質詢。行政院院長、副院長及各部會首長應親自出席立法院院會，以備質詢；如因故不能出席者，須向立法院請假，於開會前檢送必須請假之理由及行政院院長批准之請假書。[5]但各部會首長因故不能出席請假時，非政務官員之部會副首長不得上備詢台備詢，必要時，得提供資料，由行政院院長答復。另外，各部會首長除非出國或有特別重要且迫切的公務需要其親自處理，不宜請假而委由副首長代表出席立法院院會，以示對憲法之尊重，和對立委質詢權力之重視。

　　行使口頭質詢之會議次數，由程序委員會決定。但是通常會先經過政黨之間的協商，每週星期五及次週星期二視為一次會議。每週星期五上午9時至10時為國是論壇時間（行政官員需列席），次週星期二下午1時50分至2時30分為處理臨時提案時間。下頁框框中的第七屆第二會期第十七次會議議事錄第七項紀錄呈現出黨團對於質詢的協商結論，包括哪一天邀請行政院院長率同各部會首長列席報告施政方針及施政報告並答復質詢以及各政黨推派之質詢人數。

---

[4]　政治中心，2016。〈警方動用拒馬於法有據？顧立雄爆：依動員戡亂時期規定〉。《三立新聞網SETN.com》2016/02/26。http://www.setn.com/News.aspx?NewsID=126626。2016/02/26。
[5]　《立法院職權行使法》第26條。

❖　黨團協商結論　❖

立法院第七屆第二會期第十七次會議議事錄

壹、98年1月5日、1月6日及1月8日朝野黨團協商結論，經決定如下：

一、有關本院議事轉播系統定於第三會期開議日開始實施第一階段324立法院第七屆第二會期第十七次會議議事錄作業，以本院多媒體隨選視訊系統設備及播出內容為基礎，對全國民眾公開，相關服務上線人數限制及未來改善之時程，授權主辦單位依議事轉播委員會之決議權責處理。

二、同意「立法院會議錄影錄音管理規則第二條條文修正草案」及「立法院網際網路多媒體隨選視訊系統使用及管理要點草案」依議事轉播委員會所作決議通過。

三、有關議事轉播系統第二階段之施行時程，請本院議事轉播委員會再行討論後，提報朝野黨團協商會議處理。

四、同意本院議事轉播所須預算，由本院依法編列。

五、民進黨黨團對第十六次會議議程報告事項第十四案委員呂學樟等26人擬具之「中華民國刑法施行法增訂第十條之二條文」之決定所提復議案，同意列入1月9日（星期五）第十七次會議議程討論事項第十案，復議通過後並將委員呂學樟等之提案逕付二讀。

六、本院第三會期定於 2 月 20 日（星期五）召開第一次會議。

七、定於2月20日（星期五）邀請行政院院長率同各部會首長列席報告施政方針及施政報告並答復質詢，質詢人數由國民黨黨團推派5人、民進黨黨團推派2人及無黨團結聯盟黨團推派1人進行，當日質詢順序及第三會期施政總質詢順序及人數，均授權議事處依例辦理，國是論壇及臨時提案均依往例處理。

八、第三會期依例每週星期五及下週星期二視為一次會。

九、第三會期第一次程序委員會，依例不處理各黨團及委員所提增列之議案。

十、第二會期第十七次會議不處理臨時提案。

　　口頭質詢分為政黨質詢及立法委員個人質詢，並得採用2至3人之聯合質詢，均以即問即答方式為之[6]。質詢應事先登記，並得將其質詢要旨

6　《立法院職權行使法》第18條。

以書面轉知行政院。政黨質詢先於個人質詢進行。每一政黨詢答時間，以各政黨黨團提出人數乘以三十分鐘行之。但其人數不得超過該黨團人數二分之一。由於時間有限，因此代表政黨質詢之立法委員，不得提出個人質詢。[7]政黨質詢時，行政院院長及各部會首長皆應列席備詢。但實務上，很少有在質詢前以書面提出質詢要旨的。

　　至於立法委員個人質詢應依各委員會之種類，以議題分組方式進行，此時就不需要所有部會首長都在場，而是由行政院院長及與議題相關之部會首長列席備詢。[8]議題分組進行質詢，依立法院組織法第10條第1項各款的委員會順序，依序為內政、外交及國防、經濟、財政、教育及文化、交通、司法及法制、社會福利及衛生環境。但是若有委員15人連署，經議決後得變更議題順序。立法委員個人質詢，以二議題為限，詢答時間合計不得逾三十分鐘。如以二議題進行時，各議題不得逾十五分鐘。書面質詢由行政院於20日內以書面答復。質詢之內容除於國防、外交有明顯立即之危害或依法應為秘密者外，行政院不得拒絕答復。

　　除了院會的總質詢之外，各委員會也可以邀請官員備質詢。在每個會期開始時，各委員會通常會邀請相關部會作業務報告，並備質詢。委員會的質詢受到的限制沒有院會那麼多。憲法67條第2項規定：「各種委員會得邀請政府人員及社會上有關係人員到會備詢」，也就是跟委員會議題相關的非官員，得經由委員會（實際上就是召委）的邀請，到立法院備詢，就所詢事項說明事實或發表意見。[9]因為有些議題可能需要其他專家的意見，以幫助立法審查。

　　當然對於目前的質詢制度也有不少的批評，例如有些人認為行政首長常常實問虛答、也有些人認為對於重大政策欠缺深度的辯論，無助於事實的釐清。另外，在高雄氣爆之後，經濟部長張家祝成為眾矢之的，在經濟委員會被立委罵「冷血」、「沒有人性」，張部長認為此種國會文化過於

---

[7]　《立法院職權行使法》第19條。
[8]　《立法院職權行使法》第20條。
[9]　同時請參看《立法院各委員會組織法》第8條。

惡質,憤而辭職。[10]

　　之前學生陳為廷在委員會中批評教育部長蔣偉寧並提出質問。除了被報紙用大大的標題寫說「不禮貌」之外,還被批評侵犯質詢權。但是事實上,當天陳為廷的身分是「備詢」,是立委站在質詢台,把陳為廷叫上去提問。而委員所問的問題就是:「你有什麼話想對教育部長說?」不是只有官員需要備詢,其他社會相關人士也可以被邀到委員會備詢。讓社會人士備詢稱不上是侵犯質詢權,這反而能夠強化質詢權,增加委員在提問時的力道。最容易構成侵犯質詢權的,恐怕是政府官員。他們避重就輕、實問虛答,才會讓立委的質詢權無法落實。

　　例如2012年社福環衛委員會討論禽流感議題時,長期追蹤此議題的紀錄片導演李惠仁被邀請備詢。在現場,立委交互詢問李惠仁導演跟當時的防檢局局長許天來,形成了某種「對質」般的效果。最後確實發現有隱匿疫情的情況,許天來因而辭職下台[11]。所以善用社會人士備詢的權力,實際上可以增加委員質詢的力道。透過專業人士,委員可以補自身之不足,提出更有力、更確實的批評跟意見。

　　在九月政爭之後,在司法與法制委員會中,劉櫂豪委員質詢檢察總長黃世銘監聽的原則,結果檢察總長竟然表示,在實務上如果在監聽過程中,發現另外一件案件時,他們選擇繼續監聽,而不是另外立一個案號去聲請監聽票。而總長根據的竟然是法務部頒布的一個分案報結的行政命令。該回答引發劉委員的不滿,認為憲法第42條保障人民秘密通訊的自由,而《通訊保障及監察法》第2條規定監聽是最後的手段,就是怕國家機器伸進憲法所保障人民有秘密通訊自由。秘密通訊自由是基本不能撼動的基本人權。另外,對於黃世銘檢察總長在刑事案件進行當中向總統報告,是否違反偵查不公開原則,總長竟然引用憲法第44條來支持他的向馬總統報告,且報告是在該案尚未偵查簽結之前,完全違反偵查不公開原

---

[10] 胡宥心,2014。〈直言集/惡犬啃咬式問政 容不下理字〉。《聯合報》2014/8/12。http://udn.com/NEWS/NATIONAL/NAT1/8865218.shtml。2016/03/20。

[11] 聯合報,2012。〈禽流感擴大 瞞疫情 防檢局長下台〉。《聯合報》2012/03/05:A1版要聞。

則。劉委員藉此給總長及聽眾上了一課，也因此在網路上爆紅，該質詢至少有超過50萬人點閱。在過去委員會的質詢，大概很少有如此受矚目的。這件事情的討論也讓大家重視違法監聽的問題，不能讓行政部門為了圖方便而濫權。最後，黃世銘因揭發司法關說案被控洩密遭一審判刑，他信守承諾請辭，在檢察總長任滿前15天提前下台[12]。

 ## 二、審議預算與審議法案

　　立法委員要負責看緊人民的荷包，所以要做預算審議的工作。每年的8月底、9月初會開始進行預算審議。先由行政院各部會報告自己的年度預算，接著立委對各部會進行質詢，進而正式的提出預算刪減、凍結案。各項提案會印製成一本一本，按「款、項、目、節」編列的預算刪減提案，據以討論。

　　預算為政府施政之根本，審議預、決算案，是立法院監督政府施政的最佳途徑。根據憲法規定行政院於會計年度開始三個月前，應將下年度總預算案提出立法院審議；而根據《預算法》立法院應於會計年度開始一個月前議決；並於會計年度開始15日前由總統公布。立法院對於行政院所提預算案，不得為增加支出之提議，亦不得就預算科目間予以增減移動。至於總決算之審核報告則由審計長提出。詳細的預算審查討論，請見第六章。

　　立法委員就是要立法，因此要審查法案。同時委員也需要撰寫提案。如果是要寫出一份全新的法案，往往相當耗時費力。立委助理必須找學術研究資料、國外立法例或參考法制局意見、請教學者專家，做很多研究工作才有辦法產生出一部新的法案。在提案前，也可能會需要跟相關團體進行溝通。很多法案關係到特定團體的利益或理念，例如特定職業團體或社福團

---

[12] 蕭博文、陳志賢，2014。〈總統令免職 檢察總長黃世銘下台〉。《中國時報》2014/04/04。

體。有時這些團體也會委請委員進行提案。詳細的法案審查程序請見第五章。

三、行使同意權

　　總預算審議和法案審議算是立法院比較常態性的工作。除此之外，還有「同意權」這種臨時性的業務。原先憲法的設計上，立法院只有對行政院院長和審計長行使同意權[13]，其他同意權的行使都不屬於立法院。大法官、司法院正副院長、考試院正副院長、考試委員的同意權在原始設計中屬於監察院。監察委員則由省市議會議員選舉之，而監察院正副院長則由監察委員互選之。後來1992年的修憲將監察院改制，原先由監察院行使同意權的大法官、司法院正副院長、考試院正副院長與考試委員的同意權，改由國民大會行使。在國大虛級化以及後續的廢除國大之後，這些同意權皆移至立法院。

　　除了憲法上的規定外，由於相關法律的制定或修正，立法院又增加對一些獨立機關等官員的同意權行使。這包括根據2006年1月13日修正的《法院組織法》第66條之規定，檢察總長由總統提名，立法院行使同意權。另外，有一些是由行政院院長提名，立法院行使同意權的職位。這些包括根據2009年新制定的《中選會組織法》第3條，中選會的主委、副主委以及委員；根據《國家通訊傳播委員會組織法》第4條，國家通訊傳播委員會之主委、副主委以及委員；根據《公平交易委員會組織法》第4條，主任委員和副主任委員和委員皆由行政院院長提名經立法院同意任命。

　　立法院行使憲法規定之人事同意權時，不經討論直接交由全院委員會來審查。全院委員會可以就被提名人之資格以及是否適任等事宜進行審查

---

[13] 根據憲法第107條的規定。

與詢問[14]。審查之後，提到院會以無記名表決進行投票。若是被提名人未獲同意，總統應另提他人咨請立法院同意[15]。另外，依相關法律規定所行使之同意權，則是交由相關委員會審查，審查後再提報院會以無記名投票表決，獲得同意之門檻為出席委員過半數同意。

同意權的意思是說：總統或行政院院長先去找人，但找來的人能不能當，是立委說了才算數。陳水扁總統第一次提名之檢察總長被提名人謝文定檢察官，旋即被立法院否決。後來，總統改提高雄分檢檢察長陳聰明，在民進黨力挺以及國民黨開放投票下才通過。

監察委員的同意權在立法院的命運多舛，2004底陳水扁總統提名之監察院正副院長以及監察委員皆被反對黨多次阻擋在立法院的程序委員會，以致監察院長達三年沒有院長、副院長以及監察委員的狀態。司法院大法官於2007年8月15日作成釋字第632號解釋，認定立法院不將此案排入議事程序已經牴觸憲法，使憲政制度的完整性受到破壞，要求立法院進行適當處理。但是，因為朝野政黨對立太嚴重，以至在陳總統卸任前皆沒有處理。

2008年馬總統上台後，提名新黨前秘書長王建煊任監察院院長，前民進黨立法委員沈富雄任監察院副院長以及27名監察委員，全部人事立法院於2008年7月4日進行表決，表決結果副院長被提名人沈富雄以及其他三位被認為色彩偏綠的監委被提名人許炳進、陳耀昌、尤美女遭到否決。在當時國民黨擁有超過七成的立委席次，卻仍有四位被提名人未獲通過，有人認為是總統府欠缺與立法委員適當的溝通所致。該屆監察委員任期於2014年7月31日結束。2014年馬總統再度依據憲法職權提出監察院正副院長以及監委委員，然而該名單引起輿論譁然，被稱為「史上最爛名單」。最後在反對黨強烈要求國民黨「不亮票、不監票」之下，7月29日投票結果，院長與副院長被提名人張博雅和孫大川分別以57票和60票低空過關[16]。而在下午的27位監委被提名人，竟然有11位被否決，只有16位

---

[14] 參看《立法院職權行使法》第四章同意權的行使。
[15] 參看《立法院職權行使法》第31條。
[16] 蘋果日報，2014。〈監委提名 刷掉11個 史上最爛名單 朝野聯手打臉〉。《蘋果日報》

過關。在國民黨擁有64席立委的情況下，得出這樣的投票結果，顯現國民黨立委對於總統提名名單的不滿。後來總統雖然另外補提了11名，但是一直未完成同意程序。

　　在行使大法官同意權方面，也不是總統提名就算數。2003年陳總統首度依中華民國憲法增修條文第5條第2項提名大法官人選，名單為：林永謀、曾有田、徐璧湖、林子儀、法治斌、廖義男、許玉秀、余雪明、許宗力、王和雄、翁岳生、城仲模、彭鳳至、楊仁壽、賴英照。其中翁岳生為院長、城仲模為副院長。法治斌教授突然猝死，總統改提謝在全。此次雖然為分立政府時期，但是所有被提名人全數過關。四年之後，任期四年者期限已到，陳總統提名賴英照為司法院院長、謝在全為副院長，並提名葉賽鶯、林錫堯、池啟明、蔡清遊、劉幸義、李震山、許志雄、葉俊榮為大法官，但是葉賽鶯、劉幸義、許志雄及葉俊榮因被泛藍立委質疑色彩偏綠，而未獲得全體立法委員二分之一以上之同意票，因此被否決。[17]

　　馬總統上台針對大法官缺額進行提名，2008年10月3日立法院針對大法官被提名人黃茂榮、陳敏、葉百修、陳春生與陳新民進行同意權投票，雖然民間對提名人黃茂榮私德有些非議，但是在國民黨動員下仍全數過關。

　　2010年7月16日司法院院長賴英照與副院長謝在全雙雙請辭，其理由是為了當時法官涉嫌集體收賄案風暴持續擴大[18]。馬總統提名賴浩敏、蘇永欽為司法院院長與副院長，立法院在10月8日順利通過該項提名案。2011年3月31日，馬總統提名4位大法官人選，包括司法院司法人員研習所所長陳碧玉、最高行政法院法官黃璽君、最高法院刑事庭庭長邵燕玲及台大科際整合法律學研究所講座教授羅昌發。該名單一出及引起媒體、人權團體、民間司改團體強烈批判，主要是被提名人之一邵燕玲法官曾經對三歲女童遭性侵案做出「無法證明違反意願」之判決，引發為恐龍法官爭

2014/07/30。http://www.appledaily.com.tw/appledaily/article/headline/20140730/35990018/。2015/09/20。

[17] 立法院，2006。《立法院公報》，第96卷第63期。

[18] 劉昌松，2010。〈法官集體收賄 司法院長 高院院長 同時下台〉。《蘋果日報》2010/7/17。http://www.appledaily.com.tw/appledaily/article/headline/20100719/32671682/。2015/7/18。

議[19]。最後，馬總統改提中央研究院法律所所長湯德宗接替邵燕玲。該提名創下大法官人選陣前換將以及總統兩度道歉的先例。

 ## 四、對行政院院長提出不信任案

　　為維持政權穩定，在原始憲法中並沒有倒閣及不信任案機制的設計，1997年的第四次修憲才正式引入立法院對行政院的倒閣權，以及總統在倒閣案通過後解散立法院之權。

　　根據憲法增修條文第3條第2項第3款規定，立法院經全體立法委員三分之一以上連署，可以對行政院院長提出不信任案。不信任案提出後，隨即由主席報告院會，不經討論即交付全院委員會審查。不信任案提出72小時後，應於48小時內以記名投票表決之。如經全體立法委員二分之一以上贊成，行政院院長應於10日內提出辭職，並得同時呈請總統解散立法院。總統於立法院通過對行政院院長之不信任案後10日內，經諮詢立法院院長後，得宣告解散立法院。但總統於戒嚴或緊急命令生效期間，不得解散立法院。

　　立法院到現在為止，總共提出三次倒閣案，但是三次都沒有成功。第一次倒閣案是在1999年2月26日，因當時台灣爆發本土金融風暴及白曉燕命案，民進黨、新黨立委連手對當時擔任行政院院長的蕭萬長提出不信任案，3月2日針對此一不信任案進行記名表決，結果142票反對83票贊成，沒有通過。第二次倒閣案的提出，是在2012年9月18日提出，民進黨與台聯立院黨團指出對內閣不信任案的理由，包括指責陳冲內閣號稱財經內閣，反而讓台灣經濟陷困境、高舉安心大旗當局卻帶頭油電雙漲等。但立法院於22日以46票贊成66票反對，倒閣失敗。最近一次倒閣案是2013年10月11日提出，當時民進黨與台聯立院黨團針對民調施政滿意度僅15.8%

19 王寓中、項程鎮。2011。〈提名恐龍大法官 馬蕭道歉〉。《自由時報》2011/04/01。http://news.ltn.com.tw/news/focus/paper/480943。2015/07/18。

◆表4-1　歷年不信任案提案與表決結果

年份	提案日	表決日	被提案院長	提案政黨	表決結果
1999	2月26日	3月2日	蕭萬長	民進黨 新黨	83票贊成 142票反對
2012	9月18日	9月22日	陳冲	民進黨 台聯	46票贊成 66票反對
2013	10月11日	10月16日	江宜樺	民進黨 台聯	45票贊成 67票反對

的江宜樺行政院院長，提出「換內閣、救經濟」的口號，但倒閣案以45票對67票被否決。

　　值得一提的是，若是不信任案沒有通過，一年內不得對同一行政院院長再提不信任案。換言之，不信任案未獲通過，被提倒閣的行政院院長在一年內可以高枕無憂，不用擔心立委再度提不信任案。而記名投票表決的規定，也被認為是在保障執政黨對於黨紀的執行。有意思的是，扁政府時代的6位行政院院長，雖然是在分立政府的情況，反而都沒有被提出不信任案。可能那時候身為反對黨的國民黨，在複數選區之下，倒閣後被解散，恐怕付出的選舉代價太高，因而卻步。

五、覆議案的處理

　　如果行政院認為立法院的決議窒礙難行，便可以提出覆議，要求立法院再次進行討論。覆議案有點像總統制的總統否決權，此乃美國總統對抗國會的重要制度工具。在我國原先的憲法設計就有覆議權的制度設計。憲法57條第3款對於覆議的規定為：「行政院對於立法院之決議之法律案，預算案，條約案得經總統之核可，於該決議案送達行政院十日內，移請立

法院覆議。覆議時，如經出席立法委員三分之二維持原案，行政院院長應即皆受該決議或辭職。」在原始設計中，如果行政院覆議失敗，行政院院長有兩條途徑可尋，也就是接受該決議或者是辭職。其次，要經出席立法委員三分之二才能維持原案。蘇永欽認為當時會有覆議制度的設計，乃是避免此種修正式內閣制因為倒閣頻仍、造成政局不穩，因而賦予行政部門對抗立法部門的武器[20]。

　　然而在1997年的增修條文中取消立法院對行政院院長之同意權，行政院院長由總統直接任命、引入立法院對行政院的倒閣權，以及總統在倒閣案通過後解散立法院之權，然而在同時將經出席立法委員「三分之二」才能維持原案的門檻調降為「二分之一」。同時，如果行政院提出「覆議」後，全體委員的二分之一以上認為應維持原決議，那行政院就必須接受。除此之外，憲法增修條文第3條第2項第2款之規定中增加對於立法院處理覆議案的期限，明定「立法院對於行政院移請覆議案，應於送達十五日內作成決議」，立法院若逾期未能作成議決，原決議便失效，也就等於行政院覆議成功。

　　行政院提出覆議案送到立法院後，院會於報告事項所列覆議案作成交付「全院委員會」審查。全院委員會雖然是全院委員一起開，但它跟例行的院會功能不同。只有在處理以下事項時會召開全院委員會：1.司法院院長、副院長、大法官；考試院院長、副院長、考試委員；監察院院長、副院長、監察委員及審計長的任命。2.審查總統發布之緊急命令。3.審查罷免或彈劾總統或副總統案。4.審查對行政院院長提出之不信任案。5.處理覆議案。

　　全院委員會審查時得先邀請行政院院長列席說明。並於報告事項結束後，立即進行全院委員會審查；審查後，隨即再開院會，進行表決。全院委員會討論完之後會再送到院會處理，即便開會的人是相同的，但在程序上，這仍是不同的會議。根據《立法院職權行使法》第34條的規定，該表決必須是記名投票表決。經過表決結果，如果贊成維持原決議者，超過

---

[20] 蘇永欽，2002。〈法律案跨屆覆議的憲法問題〉。《法令月刊》，53，2：79-88。

全體立法委員二分之一，即維持立法院原議，表示行政院覆議失敗；如未達全體立法委員二分之一，即不維持原議，表示行政院的覆議成功。

前面提到立法院收到行政院的覆議案必須於15日內作成決議。另外，若是正值立法院休會期間，立法院應於7日內自行集會，也就是要召開臨時會，並於開議15日內作成決議。若立法院未能於15日內作成決議，則原決議失效[21]。歷史上曾經有過一次立法院無法於法定期限內作成議決，導致原決議失效的情形，那是於1997年7月28日，行政院院長連戰提出的《漢翔航空工業股份有限公司設置條例》覆議案，而那次又是正值立法院休會期間。立法院曾於7月28日、8月1日、8月5日、8月8日、8月11日召開臨時會會議，但是出席委員均未達法定人數，臨時會議無法舉行，因此無法完成議決，表示行政院覆議成功，立法院原決議無法維持。

表4-2為政府遷台之後，歷屆行政院提出覆議案在立法院審查的結果。在十一次的行政院覆議案中，有四次行政院提出的覆議案，在超過全體立委二分之一以上立委支持原決議，因而行政院之覆議失敗。而此四次都是在民進黨執政的分立政府期間，主要原因還是民進黨無法掌握國會的半數。另外有五次，行政院提出之覆議案是成功的，一次是剛討論過的漢翔案因立法院無法如期完成開會，以致原決議失效，但另外還有一次行政院撤案。

1993年1月15日立法院第九十會期延會的最後一天修正修正通過《立法院組織法》第18條第3項規定，「為確保立法權之行使，得設專案小組，向行政院及其各部會調閱其所發布之命令及各種有關文件」。同時洪奇昌等17位立法委員提案聲請大法官解釋「監察院改為準司法機關後，國會調查權應否回歸立法院？」行政院當然不希望立法院有這樣的權力，當時行政院院長郝柏村於1月28日提出覆議。爾後2月1日新的行政院院長連戰上台，由於原始憲法第57條並未明文規定立法院議決覆議案的期限，且當時《立法院職權行使法》尚未制定，在行政院與立法院各自堅持「先修法再撤案」與「先撤案再修法」的爭議中，一直未能排入院會議程。其後

---

[21] 參看《立法院職權行使法》第34條。

大法官於7月23日作出釋字第325號解釋，立法院「得經院會或委員會之決議，要求有關機關就議案涉及事項提供參考資料，必要時並得經院會決議調閱文件原本」，行政院因於同年9月23日呈請總統核可，函請立法院撤回該覆議案[22]。對此，立法院准予撤回，並咨請總統公布該條文。

◆表4-2　歷年行政院覆議案結果（1949-2015）

日期	法案名稱	表決結果	說明	行政院院長	總統
1954/11/23	兵役法施行法第14條	原案不予維持覆議成功	在場委員156人，贊成維持原條文者37人，不足憲法規定出席委員三分之二，行政院覆議成功		
1990/10/17	勞基法第84條	原決議不予維持覆議成功	在場197位委員，有效票193，維持立法院原決議者25票，政院覆議成功	郝柏村	
1993/10/01	立法院組織法	文案准予撤回，並咨請總統公布該條文	1993/09/23行政院函立法院撤回		李登輝
1996/10/18	核四覆議案	原決議不予維持覆議成功	贊成原決議0票，反對83票，行政院覆議成功	連戰	
1997/07/28	漢翔航空工業股份有限公司設置條例	覆議案無法議決，原決議失效	7/28、8/1、8/5、8/8、8/11召開臨時會會議，出席委員均未足法定人數，臨時會議無法舉		

---

[22] 立法院公報，1993。立法院公報院會記錄，第82卷第51期，頁3-4。

日期	法案名稱	表決結果	說明	行政院院長	總統
			行。該次覆議因立法院15日內未作成決議,行政院覆議成功		
2002/02/19	財政收支劃分法第8條及第16條之1條文	原決議不予維持覆議成功	贊成原決議109票,未達半數	游錫堃	
2003/12/19	公民投票法	維持原決議覆議失敗	贊成原決議118票,否決覆議	游錫堃	
2004/09/14	三一九槍擊事件真相調查特別委員會條例	維持原決議覆議失敗	贊成原決議114票,否決覆議	游錫堃	陳水扁
2007/06/12	農會法第46條之1修正條文	維持原決議覆議失敗	贊成原決議115票,否決覆議	張俊雄	
2007/06/12	漁會法第49條之1修正條文	維持原決議覆議失敗	贊成原決議115票,否決覆議	張俊雄	
2013/6/13	會計法	原決議不予維持覆議成功	贊成原決議0票,未達半數	江宜樺	馬英九
2014/01/27	地政士法	原決議不予維持覆議成功	贊成原決議45票,未達半數	江宜樺	馬英九

資料來源:立法院國會圖書館,2015。〈歷次覆議案〉,http://npl.ly.gov.tw/do/www/onlineRefDetail?id=12&keyword。2016/03/20。

　　民進黨執政期間,曾經提出五次覆議案,但是只有行政院院長游錫堃提出的《財政收支劃分法》覆議成功,其他四次皆失敗。《財政收支

劃分法》的覆議案表決時，支持原決議的有109票多於泛綠的103票，但是由於憲法規定，若立法院要維持原議案，必須要有全體立委二分之一以上半數（113票），方能推翻行政院的覆議案，因此行政院覆議成功。由於當時朝小野大，立法院通過了《公民投票法》的一些鳥籠公投條文、《三一九槍擊事件真相調查特別委員會條例》中調查委員的產生問題以及《農會法》第46條之1修正條文及《漁會法》第49條之1修正條文改為三審定讞才解職，行政院無法接受而提覆議。在當時朝野嚴重對立之下，在野黨四次皆以超過半數（113票）的票數否決行政院的覆議。

　　比較特別的是2013年6月13日江宜樺院長所提的《會計法》修正案之覆議。該法案雖為委員提案，但依媒體事後報導，院會處理時是以行政部門提供的文字進審議，且經過立院三讀通過，為何行政院院長還要提覆議，且在覆議案投票中卻無立委支持自己所通過的法案，也就是反對行政院的覆議為0票。原因是該法企圖將學術研究費及民代特別費除罪化，特別是民代特別費除罪化有替顏清標量身打造之嫌，引發民眾反彈。行政院院長原先表示不會提覆議，但是不敵民意的壓力，而立法委員也因此無人敢投反對票。參與協商的台聯立委林世嘉，也因為此事辭去立委職務。

　　《地政士法》則是在三讀通過後，媒體披露說：讓地政士可更改所登錄的地價，會讓實價登錄機制破功，成為一些人操弄地價登錄的後門，因此引發反彈。不過，參與修法的立委則表示：那是因為地政士可能會因為登錄錯誤而受重罰，所以要給他們補救的機會。而且地政士，也就是一般所說的土地代書，他們只是幫忙跑程序。如果買賣雙方給他們不實資訊導致登錄錯誤，買賣雙方不會受罰，卻會罰到這些代書，反而有失公平，因此要修法給他們修正錯誤的機會。

　　行政院院長江宜樺對《地政士法》非常生氣，堅持要提出覆議，並表示法案內容通過後他才知道。但這說法非常奇怪，院長似乎沒有行政官員或國會聯絡體系幫他回報立法院的修法進度。而且院長雖然不用出席委員會，可是內政部是《地政士法》的主管機關，故會參與修法過程。難道說內政部的所有官員都沒有跟院長回報過相關進度嗎？如果真的是，那就代表行政院內部的溝通相當不良。此外，立法院的會議除協商外都是公開

的，要掌握修法進度，可以看新聞，沒有新聞也有iVOD跟立法院公報。但大概是整個行政院都太忙了，所以都沒人有時間關心吧！

　　以上所談的覆議案中都是針對「法律案」為之，在我國憲政史上第一次針對「重大政策」所為之覆議案是現在仍炒得沸沸揚揚的核四興建問題。在1996年5月24日因為當時在野的民進黨與新黨成功動員以及部分國民黨立委倒戈下，立法院以76比42的懸殊比數通過「廢止核四廠興建計畫決議」（簡稱「廢核案」）。行政院院會遂向立院提出核電廠興建計畫覆議案，立法院於10月18日以83票對0票推翻立法院所通過的廢止核四廠興建計畫決議，反對黨當場抗議並未投票，行政院覆議成功[23]。

　　這邊要特別注意的是，「覆議」跟「復議」差很大！「覆議」是行政院要求立法院對已經做出的決議再一次進行討論。「復議」則是院內的委員或黨團要求重新審議，在本書下一章會討論復議提出的情況。另外還有「附議」。當某個委員提出一個動議，主席會問說「有沒有人附議」，那是問說：有沒有人持同樣的意見。如果沒有人附和，動議就不會成立。

 ## 六、對總統、副總統提出彈劾與罷免

　　依照原先中華民國憲法第30條與第100條之規定，彈劾總統與副總統之權屬於監察院。在全體監察委員四分之一以上之提議，全體監察委員過半數之審查議決，向國民大會提出對總統或副總統的彈劾案。國民大會收到監察院之決議，應召開臨時會來審查。在此段期間曾經有過一次的彈劾案，那就是對當時滯美不歸的李宗仁副總統所進行的彈劾案。

　　國民大會廢除之後，對總統的彈劾改由立法院提出，立法院對於總統、副總統之彈劾案，須經全體立法委員二分之一以上提議，以書面詳列彈劾事由，交由程序委員會編列議程提報院會，並不經討論，直接交付全

---

[23] 立法院公報，1996。立法院公報，第85卷第51期，頁51-52。

院委員會審查。全院委員會審查時得由立法院邀請被彈劾人列席說明，審查後提出院會以無記名投票表決，如經全體立法委員三分之二以上贊成，即作成決議[24]。立法院作成決議後，聲請司法院大法官審理，經憲法法庭判決成立時，被彈劾人應即解職。彈劾與否最後由大法官來定奪，到目前為止，並沒有總統被立法院提出彈劾。

　　總統、副總統之罷免案，也是由立法院提出。立法院提出罷免總統或副總統案，須經全體立法委員四分之一提議，附具罷免理由，交由程序委員會編列議程提報院會，並不經討論，交付全院委員會於15日內完成審查。全院委員會審查前，立法院應通知被提議罷免人於審查前7日內提出答辯書。立法院於收到答辯書後，應即分送全體立法委員。被提議罷免人不提出答辯書時，全院委員會仍得逕行審查。全院委員會審查後，即提出院會以記名投票表決，經全體立法委員三分之二同意，罷免案成立，當即宣告並咨復被提議罷免人。罷免案成立之後，中央選舉委員會必須於60天內舉辦全國之總統或副總統罷免投票。罷免投票須經中華民國自由地區選舉人總額過半數之投票，有效票過半數同意罷免時，才算通過。立法院提出對總統的罷免案，必須交付給人民投票決定。

　　自總統、副總統的罷免案改由立法院行使以來，立法委員對總統提出罷免案共有三次，全都是針對陳水扁總統所提出，惟三次罷免案表決結果，皆未能成立。2006年6月1日國民黨立委丁守中等112人、羅世雄等70人、呂學樟等57人提出對陳水扁總統的三個罷免案，其連署人數皆達到225名立委四分之一的57名提議門檻。該案於6月13日併案提報院會審查，一併交付全院委員會。立法院全院委員會審查經過十場立法院院外公聽會及四場院內審查會。面對立法院之正式罷免提議書，依據法律規定，總統陳水扁並無答辯之義務。因此總統選擇舉辦「向人民報告」記者會，並公開電視談話。演說於6月20日晚上進行，歷時二小時。該演講中，他仍堅持本身無涉及任何弊案，並對罷免案所提出的「十大罪狀」一一反駁。不過，並沒有對弊案本身加以澄清。在舉辦完公聽會和審查會後，於

---

[24] 中華民國憲法增修條文第4條第7項。

6月27日提案交付立法院院會進行記名表決。投票人數為133席、88席缺席（總共221席），86席之民進黨立委全數缺席。表決結果共119票贊成罷免案、14票空白票，並未達到同意罷免三分之二門檻之148票，因此立法院院長王金平在院會中宣告該罷免案不成立，因此不舉行該罷免案之罷免投票。89名國民黨、23名親民黨及6名無黨團結聯盟、1名無黨籍共119票贊成罷免提案。另外，12位台聯與2位無黨籍則投空白廢票。

國民黨立委再接再厲的提出第二次總統罷免案，於2006年9月29日立法院第六屆第四會期第二次會議，由呂學樟委員等60人，提出對總統的罷免案，經交付全院委員會審查後，提報2006年10月13日第六屆第四會期第三次會議處理。表決結果，出席投票委員130人，同意罷免案116票，不同意罷免案1票，無效票13票，罷免總統案不成立。

第三次總統罷免案則於2006年11月10日立法院第六屆第四會期第七次會議，蔡錦隆委員等92人及鄭金玲委員等61人三度提出對陳水扁總統罷免案，經交付全院委員會審查後，於2006年11月24日第六屆第四會期第九次會議表決。結果為出席投票委員131人，同意罷免案118票，不同意罷免案1票，無效票12票，罷免案還是不成立。

罷免係指人民對於總統政治責任的追究，不必有違法的事由。為避免反對者任意提出罷免，造成國家動盪，因此《總統副總統選舉罷免法》第70條第1項規定就職未滿一年者，不得罷免。其目的在於，至少要讓總統有機會證明他是否適任。彈劾通常是有違法失職的狀況，才能提出，比較傾向於法律責任的追究，因此將彈劾總統的審理機關放在司法院大法官所組成的「憲法法庭」，並以判決方式為之；而罷免案是由人民投票決定。兩者性質並不相同。

 ## 七、條約案的批准

憲法中對於條約案的批准有兩部分：一是憲法第58條第2項條約案必

須提出於行政院會議議決之。另外一部分則是憲法第63條立法院有議決
條約案之權。而對於條約案議決的程序等同於法律案，因此國會在條約訂
定的角色顯而易見。或許是脫離國際組織過久、不僅行政部門對締結條約
不重視，立法部門也是一樣。我國對於條約締結，並無任何的法律規範，
外交部一直仰賴《條約及協定處理準則》，但是該準則只是個行政命令；
《立法院職權行法》並沒有任何對於條約批准權的行使方式。一直到太陽
花學運之後，條約締結才受到重視，因此終於在2015年6月12日通過《條
約締結法》。

　　由於我國國際地位艱困，目前並非聯合國會員國，因此2009年立法
院雖然批准《公民與政治權利國際公約》與《經濟社會文化權利國際公
約》兩個國際公約，並向聯合國秘書長送交存放書時遭到退回。為此，台
灣將存放義務與條約生效義務脫鉤處理，在條約的國內批准程序完成後，
訂定《兩公約施行法》，使其具有國內法律之效力。至於聯合國《消除對
婦女一切形式歧視公約》（Convention on the Elimination of All Forms of
Discrimination against Women, CEDAW），我國於2007年2月9日簽署加
入，並於2011年5月20日通過施行法。法案通過後，政府每四年要提出國
家報告，檢討推動狀況，政府各機關也要在三年內全面檢視相關法規。

　　比較特別的是立法院於於2014年5月20日通過《兒童權利公約施行
法》，並於同年8月1日通過《身心障礙者權利公約施行法》，但是卻沒
有批准兩個權利公約。第九屆開始，行政院已函送立法院批准該兩公約。

　　對於我國憲法中所稱的「條約」究竟是狹義的還是廣義的，時有爭
議。狹義的條約是指與其他國家或國際組織所締約之正式國際書面協定，
用條約或公約之名稱者。至於廣義的條約還包括專約、協定、議定書、換
文等。

　　1992年立法院與行政院曾經對於協議是否送交立法院審查而有爭
議，立法院因此將行政部門拒絕將協議、協定送立法院審議聲請釋憲。
1993年大法官釋字第329號解釋文中，認為「憲法所稱之條約係指中華民
國與其他國家或國際組織所締約之國際書面協定，包括用條約或公約之名
稱，或用協定等名稱而其內容直接涉及國家重要事項或人民之權利義務且

具有法律上效力者而言。其中名稱為條約或公約或用協定等名稱而附有批准條款者，當然應送立法院審議，其餘國際書面協定，除經法律授權或事先經立法院同意簽訂，或其內容與國內法律相同者外，亦應送立法院審議」。顯然大法官較傾向於廣義解釋。

至於台灣與中國簽訂的各種協議或協定是否為憲法中所稱的「條約」，大法官僅就立法院審議聲請釋憲的部分加以回答，並不願意就兩岸之間所簽訂的協議表達意見。大法官在第329號解釋文中認為「對於臺灣地區與大陸地區間訂定之協議，因非本解釋所稱之國際書面協定，應否送請立法院審議，不在本件解釋之範圍」。

❖　　　　　　　　　　　**條約審議**　　　　　　　　　　　❖

二十一、本院外交及國防、司法及法制兩委員會報告審查行政院函請審議
　　　　「中華民國與聖克里斯多福及尼維斯間引渡條約」案。（本案經提
　　　　本院第八屆第四會期第八次會議報告決定：交外交及國防、司法及
　　　　法制兩委員會審查。茲接報告，爰於本次會議提出討論。）
主席：現在宣讀審查報告。

立法院外交及國防、司法及法制委員會函

受文者：議事處
發文日期：中華民國103年5月20日
發文字號：台立外字第1034100394號
速別：普通件
密等及解密條件或保密期限：普通
附件：如說明
主旨：院會交付審查行政院函請審議「中華民國與聖克里斯多福及尼維斯間
　　　引渡條約」案，業經審查完竣復請查照，提報院會公決。
說明：
一、復　貴處102年11月13日台立議字第1020705170號函。
二、附審查報告乙份。
正本：議事處
副本：司法及法制委員會

行政院函請審議「中華民國與聖克里斯多福及尼維斯間引渡條約」案審查報告

一、行政院函請審議「中華民國與聖克里斯多福及尼維斯間引渡條約」案經本院第八屆第四會期第八次會議，決定「交外交及國防、司法及法制兩委員會審查」。

二、外交及國防、司法及法制兩委員會於103年5月15日舉行第一次聯席會議進行審查，會議由外交及國防委員會召集委員陳鎮湘擔任主席，外交部部長林永樂、國家安全局局長李翔宙、司法院刑事廳副廳長蔡名曜、法務部常務次長蔡碧玉、內政部警政署副署長林國棟、內政部入出國及移民署副署長張琪、法務部調查局局長汪忠一等應邀列席說明、備詢。茲將政府代表提案說明概述如下：

（一）外交部部長林永樂：

1.簽署之背景與過程
……

2.條約之主要內容
……

3.條約之效益
……

（二）法務部常務次長蔡碧玉：

1.簽署之必要性：
……

2.臺克簽訂之引渡條約與國際上引渡條約之原則大致相符，茲略述如下：
……

3.本條約除能建立司法威信及維護法律尊嚴，並可強化我國與邦交國間之司法互助活動，進而促進兩國之合作及情誼。

三、與會委員於聽取說明及詢答後，旋即進行實質審查，就外交部、法務部所提意見充分討論後，將全案審查完竣。審查結果：條約名稱及各條條文，均照案通過。

四、爰經決議：

（一）「中華民國與聖克里斯多福及尼維斯間引渡條約」案審查完竣，審查結果提報院會。

（二）院會進行二讀前，不須交黨團協商。

（三）院會討論本案時，由外交及國防委員會陳召集委員鎮湘作補充說明。

> 五、檢附「中華民國與聖克里斯多福及尼維斯間引渡條約」乙份。
> 主席：審查報告已宣讀完畢，請陳召集委員鎮湘補充說明。（不說明）召集
> 　　　委員無補充說明。
> 　　　本案經審查會決議：「不須交由黨團協商」，請問院會，有無異議？
> 　　　（無）無異議。本案遂依審查會意見處理。並依條約案處理例遂作以
> 　　　下決議：「駐南非共和國臺北聯絡代表處南非聯絡辦事處刑事司法互
> 　　　助協議照案通過。」請問院會，有無異議？（無）無異議，通過。

資料來源：立法院公報，2014。立法院公報第103卷第43期，頁176-207。

　　《臺灣地區與大陸地區人民關係條例》第4條之2第2項明訂：「本條例所稱協議，係指臺灣地區與大陸地區間就涉及行使公權力或政治議題事項所簽署之文書；協議之附加議定書、附加條款、簽字議定書、同意紀錄、附錄及其他附加文件，均屬構成協議之一部分」。同法第5條第2項亦規定：「協議之內容涉及法律之修正或應以法律定之者，協議辦理機關應於協議簽署後三十日內報請行政院核轉立法院審議；其內容未涉及法律之修正或無須另以法律定之者，協議辦理機關應於協議簽署後三十日內報請行政院核定，並送立法院備查」。所以，兩岸關係的協議「內容未涉及法律之修正或無須另以法律定之者」，只需要送交立法院備查而不是審查，唯有協議之內容涉及法律之修正，才送立法院審議。

　　引發太陽花運動的兩岸服貿協議，其內容影響數百萬於服務業工作的台灣人民，行政部門卻不願意送交立法院審議，後來在各方的疑慮和抗議之下，立法院在2013年6月25日達成朝野協商共識，同意強制逐條審查並且表決通過，未經實質審查通過前協議不得啟動生效。朝野協商並同意要舉辦16場公聽會。然而在2014年3月17日內政委員會的審查，主席張慶忠在一片混亂之中，用已暗藏的無線麥克風宣布開會，認定先前召開3場的《海峽兩岸服務貿易協議》聯席審查會議無效；並且表示由於《海峽兩岸服務貿易協議》送交立法院審查已經超過三個月的期限，因此依法視為已經審查並且改交由「立法院院會存查」[25]。此乃成為太陽花運動的導火

---

[25] 陳偉婷，2014。〈張慶忠：服貿協議視為已審查〉。《中央通訊社》2014/03/17。http://

線[26]。

　　如果我們觀察從2008年至今的兩岸相關協議（參看表4-3），立法院的監督相當薄弱或是近乎沒有監督。就事前的監督而言，完全缺乏正式的監督機制。在2015年制定的《條約締結法》第6條明定：「主辦機關於條約草案內容獲致協議前，得就談判之方針、原則及可能爭議事項，適時向立法院說明並向立法院相關委員會報告。」〈條約締結法施行細則〉第4條亦規定：「涉及國家經濟利益重要事項之條約草案內容獲致協議前，主辦機關視情形就可能爭議、產業影響及民眾關心等事項，向產業代表或利害關係人說明溝通，宜舉行諮詢座談會或公聽會等方式，聽取利害關係人與學者專家之意見；並應適時向立法院說明相關進展。」

　　但是前面提到大法官釋字第329號之解釋，不願意就兩岸關係協議是否適用國際條約之處理作解釋。行政部門幾乎每次都是在協議簽訂後，再由行政院函立法院備查或審查。這些簽訂的兩岸協議或備忘錄達二十六項之多，除最新簽訂的兩項還在立法院之外，只有《海峽兩岸經濟合作架構協議》以及《海峽兩岸智慧財產權保護合作協議》比照國際條約審議，其他行政院都以內容未涉及法律之修正或無需另以法律定之者，送立法院備查。如立法院未於三個月內完成審查，則引用《立法院職權行使法》中對行政命令審查之規範視為已經審查，法案自動生效。張慶忠在處理服貿協議時，便是想要用同樣的方式，而說「服貿協議已逾三個月，可視為已審查，並送院會存查」，無視於先前的黨團協商決議。服貿協議所引發的太陽花運動，在王金平院長答應學生「先立法再審查」之下，於4月10日退場。然而兩岸協議監督條例目前仍在立法院審議，因此服貿協議也未能審議。

　　國會除了條約的議決權之外，當然還可以透過其他管道來影響境外的協定，包括通過法律案、控制預算、質詢等。最著名的案例為美牛案，台美雙方2009年10月22日於華府簽署「美國牛肉輸台議定書」，允許30月

---

www.cna.com.tw/news/firstnews/201403175006-1.aspx。2016/03/10。
[26] 曾韋禎，2014。〈王金平重批：協調好的 都沒遵守〉。《自由時報》2014/03/19：焦點新聞。

齡以下帶骨牛肉、絞肉、加工肉品，去除特殊危險物質、中樞神經系統、機械取下的肉屑輸台。輿論譁然，朝野立委強力要求重啟談判，但行政部門不為所動，在此情況之下，立法院因此於2010年1月5日修定《食品衛生管理法》，明文禁止進口美國牛肉骨髓、絞肉等高風險部位。此外，很多條約的履行需要預算，譬如對外的援助，須要國會通過預算，此時國會亦有權決定是否通過該預算。

◆表4-3　兩岸相關協議簽訂後的處理方式

時間	協議名稱	結果
第一次江陳會談簽署協議文件		
2008-06-13	海峽兩岸包機會談紀要	自簽署日起7日後生效
2008-06-13	海峽兩岸關於大陸居民赴台灣旅遊協議	自簽署日起7日後生效
第二次江陳會談簽署協議文件		
2008-11-04	海峽兩岸空運協議	送交立法院備查。立委覺得該四項協議皆應審查，因此四項協議皆由院會送到委員會聯席會審議；國民黨旋以優勢人力通過，引發民進黨立委抗議，而交付黨團協商。然而迄今未再處理，四項協議已經自動生效
2008-11-04	海峽兩岸食品安全協議	
2008-11-04	海峽兩岸海運協議	
2008-11-04	海峽兩岸郵政協議	
第三次江陳會談簽署之三項協議，並就「陸資來台投資」事宜達成共識		
2009-04-26	海峽兩岸共同打擊犯罪及司法互助協議	在委員會人數不足而未完成審查，協議皆自動生效
2009-04-26	海峽兩岸空運補充協議	
2009-04-26	海峽兩岸金融合作協議	
2009-12-07	海峽兩岸保險業監督管理合作瞭解備忘錄	11月16日簽署，12月7日送立法院備查，60日內生效

時間	協議名稱	結果
2009-12-07	海峽兩岸銀行業監督管理合作瞭解備忘錄	
2009-12-07	海峽兩岸證券及期貨監督管理合作瞭解備忘錄	
第四次江陳會談簽署協議文本		
2009-12-22	海峽兩岸農產品檢疫檢驗合作協議	
2009-12-22	海峽兩岸標準計量檢驗認證合作協議	付委逾三個月未審查，視同已經審查，協議皆自動生效
2009-12-22	海峽兩岸漁船船員勞務合作協議	
第五次江陳會談簽署協議文本		
2010-06-29	海峽兩岸經濟合作架構協議	比照國際條約，逐條審議、包裹表決，立院照案通過
2010-06-29	海峽兩岸智慧財產權保護合作協議	
第六次江陳會談簽署協議文本		
2010-12-23	海峽兩岸醫藥衛生合作協議	付委逾三個月未審查，視同已經審查，協議已自動生效
第七次江陳會談簽署協議文本		
2011-10-20	海峽兩岸核電安全合作協議	付委逾三個月未審查，視同已經審查，協議已自動生效
第八次江陳會談簽署之兩項協議，並就人身自由與安全保障事宜達成共識		
2012-08-09	海峽兩岸海關合作協議	付委逾三個月未審查，視同已經審查
2012-08-09	海峽兩岸投資保障和促進協議	

時間	協議名稱	結果
兩岸兩會第九次高層會談簽署協議		
2013-06-21	海峽兩岸服務貿易協議	立院審查中，尚未生效
兩岸兩會第十次高層會談簽署協議		
2014-02-27	海峽兩岸地震監測合作協議	6月23日雙方均收到對方通知後24日起生效
2014-02-27	海峽兩岸氣象合作協議	
兩岸兩會第十一次高層會談簽署協議		
2015-08-25	海峽兩岸避免雙重課稅及加強稅務合作協議	行政院於2015年9月3日函送立法院審議
2015-08-25	海峽兩岸民航飛航安全與適航合作協議	行政院於2015年9月3日函送立法院備查

資料來源：陸委會，2016。〈兩岸協議〉。http://www.mac.gov.tw/ct.asp?xItem=67145 &CtNode5710&mp=1。2016/03/25。

 八、提出憲法修正案

　　憲法原條文就賦予立法院憲法修正的提案權，惟當時立法院並非唯一可以提出憲法修正的機關。國民大會既可以提案也可以做最後的議決，所以修憲的責任主要在國民大會。目前唯一一次由立法院通過憲法修正案，然後再依政黨比例代表選舉國民大會代表來複決立法院的修正案，就是2005年之憲法修改。該次的憲法修正，先於2004年8月23日在立法院通過憲法修正案，於2005年6月7日經國民大會複決通過，並經總統於2005年6月10日公布。該次憲法修正，也使得立法院完全取代國民大會之所有職能，真正為我國之單一國會。

　　2005年的憲法修正，讓修憲的門檻變得非常高。憲法修正案須經立

法院立法委員四分之一之提議，四分之三之出席，及出席委員四分之三之決議提出，並於公告半年後，經中華民國自由地區選舉人投票複決，有效同意票過選舉人總額之半數，方能通過。根據《立法院職權行使法》第14條之規定，憲法修正案審議之程序準用法律案之規定。但是一般法律案提案在一讀時會送交相關之常設委員會審查，修憲提案則是送到特種委員會──修憲委員會討論。

　　太陽花運動之後，有一批人認為代議失靈應從根本的變革開始，包括憲法的修正、選舉制度的改革、國會席次的問題。此也與運動時期3月23日議場內學生提出之四點訴求有關，其中之一為「召開公民憲政會議因應當前憲政危機」。台灣守護民主平台並召開記者會聲明《民主必需重生 支持召開公民憲政會議》以為響應。4月6日，運動團體在青島東路與濟南路上舉行「公民憲政會議」千人公民論壇。討論完經過整理後，4月8日，議場內舉行記者會發表《占領立院行動對『公民憲政會議』的初步構想、目標與願景》，其主要希望藉由草根力量集結成的體制外會議，形成對政治部門有拘束力的，大規模修憲與修法的共識，促成體制內的憲政改革。討論的議題憲政體制、選舉與政黨體制、兩岸關係法治基礎、社會正義與人權保障、經濟政策與世代正義[27]。經過數個月籌畫，「公民憲政推動聯盟」在2014年11月10日正式成立，並從草根論壇開始展開一連串的活動[28]。該聯盟成立之後，展開各地的草根論壇主持培訓，包括宜蘭、花蓮、台東、台北、台中、台南、高雄等。接著，開始進行草根論壇，蒐集各方意見，最後目標是召開全國性公民憲政會議，建立修憲與修法共識。

　　在民間這股壓力之下，國民黨立委江啟臣於2014年12月提案要求立法院啟動修憲工程，成立「修憲委員會」，該提案獲得跨黨派36位立委連署，並很快獲得院會同意。按照立院席次，組成一個39人的修憲委員會，其中22位為國民黨籍、14位民進黨籍、1位台聯黨籍、1位親民黨

---

[27] 中央通訊社，2014。〈公民憲政會議 初步願景出爐〉2014/04/08。http://www.cna.com.tw/news/aipl/201404080350-1.aspx。2015/07/01。

[28] 「公民憲政推動聯盟」由綠色公民行動聯盟、台灣守護民主平台、經濟民主連合、台灣少年權益與福利促進聯盟、台灣教授協會、小米穗原住民文化基金會、台灣人權促進會、人權公約施行監督聯盟等20多個團體組成。聯盟網站：http://www.new-tw.org/。

籍、1位無黨籍。由江啟臣、呂學樟、吳育昇、李俊俋、鄭麗君5人擔任召委（參看下方框框）。

　　2015年3月21日下午，公民憲政推動聯盟於立法院濟南路口舉辦街頭憲政草根論壇，以「國會選制改革：民主是多元的還是多數的？」爲議題，雖然參加的人數不如預期，但是現場的討論非常熱烈。整場論壇具有高度共識的意見爲：改並立制爲聯立制、在增加總席次的前提下，增加不分區席次達1：1、下修各級民選首長之選舉保證金，斟酌聯立或並立、人數、縣市等因素，重新考量選區劃分（憲法增修條文第3條）。

❖　　　**修憲委員會第一次全體委員會議選舉召委**　　　❖

立法院第八屆修憲委員會第一次全體委員會議議事錄

時　間：104年3月26日（星期四）下午12時15分至1時38分

地　點：本院群賢樓9樓大禮堂

出席委員：廖國棟　賴振昌　丁守中　李應元　吳秉叡　李昆澤　李俊俋　趙天麟
　　　　　陳唐山　尤美女　鄭麗君　管碧玲　費鴻泰　江惠貞　柯建銘　高志鵬
　　　　　陳亭妃　鄭汝芬　呂學樟　李桐豪　賴士葆　吳育昇　楊瓊瓔　江啟臣
　　　　　吳育仁　陳雪生　林鴻池　李貴敏　陳其邁　蔡錦隆　林德福　盧秀燕
　　　　　姚文智　徐少萍　顏寬恒　李慶華　林滄敏　曾巨威

委員出席38人

列席委員：羅明才

委員列席1人

請假委員：張嘉郡

委員請假1人

紀錄議事處秘書：張智爲

推選會議主席

經推選由呂委員學樟擔任本次會議主席。

報告事項

一、議事處彙報本院各黨（政）團推派組成「立法院修憲委員會」名單，業經提報本院第八屆第七會期第五次會議在案。

二、宣讀本院第八屆修憲委員會召集委員選舉人名單。

選舉事項

選舉本會召集委員。

選舉結果：

1. 出席投票委員38人，發出票數38票、開出票數38票、有效票數38票、無效票數0票。

2. 各委員得票數如下：呂委員學樟9票、李委員俊俋7票、鄭委員麗君7票、吳委員育昇7票、江委員啟臣6票、盧委員秀燕1票、賴委員振昌1票。

3. 呂委員學樟、李委員俊俋、鄭委員麗君、吳委員育昇、江委員啟臣當選為本會召集委員。

散會

資料來源：立法院公報，2015。立法院公報第104卷第24期委員會紀錄，頁1-2。

　　在各地的草根論壇之後，該推動聯盟於2015年5月2日在立法院群賢樓召開台灣憲改藍圖會議。這次會議經政黨領袖、立委、民間團體、草根論壇參與者等各方討論，達成兩階段完成全面憲政改革高度共識[29]。第一階段優先處理降低修憲門檻、降低投票門檻與被選舉年齡、降低不分區立委門檻至3%、擴大人權保障與強化人權保障機制。第二階段憲改再處理總統制、內閣制等攸關中央政府體制問題。

　　在立法院，當時總共有三十四個憲法修正案提出，內容包括投票年齡降至18歲、增加立委席次、選制改為選票聯立制、降低修憲門檻、內閣制、廢除考監兩院等重點。公民參政年齡由20歲降低為18歲是比較有共識的，無論藍綠皆提出修正憲法第130條降低公民參政年齡的草案。修憲委員會經過10場公聽會的召開以及11次全體委員會議的討論，但是最後結果為所有修憲提案無一通過委員會審查，只能逕送「朝野協商」。忙了半天最後只是一場空，令人不勝唏噓。

---

[29] 陳仔軒，2015。〈台灣憲改藍圖會議籲立院：本會期通過修憲草案〉。《自由時報》2015/05/03。http://news.ltn.com.tw/news/politics/paper/876990。2015/03/25。

修憲委員會會議

立法院第八屆修憲委員會第十次全體委員會議議事錄

時間：104年6月4日（星期四）上午9時3分至11時16分

地點：群賢樓9樓大禮堂

出席委員：李桐豪 江啟臣 李貴敏 賴振昌 鄭麗君 陳亭妃 管碧玲 李俊俋
　　　　　徐少萍 鄭汝芬 呂學樟 林鴻池 李昆澤 姚文智 吳秉叡 廖國棟
　　　　　柯建銘 丁守中 林德福 吳育昇 吳育仁 賴士葆 陳唐山 陳其邁
　　　　　李慶華 尤美女 陳雪生 楊瓊瓔 高志鵬 費鴻泰 趙天麟

委員出席31人

請假委員：張嘉郡 蔡錦隆 顏寬恒 曾巨威 盧秀燕 李應元 江惠貞 林滄敏

委員請假8人

列席委員：鄭天財 Sra.Kacaw 陳歐珀 周倪安 簡東明 邱文彥 蔣乃辛 呂玉玲
　　　　　陳淑慧 陳節如

委員列席9人

主席：呂委員學樟

紀錄：秘書張智焄

報告事項

一、宣讀上次會議議事錄。

決定：確定。

討論事項

一、審查委員陳亭妃等33人擬具中華民國憲法第一百三十條條文修正草案。

二、審查委員賴士葆等33人擬具中華民國憲法增修條文第三條條文修正草
　　案。

三、審查委員盧秀燕等38人擬具中華民國憲法第一百三十條條文修正草案。

四、審查委員鄭麗君等33人擬具中華民國憲法第一百三十條條文修正草案。

……

……

三十四、審查委員李貴敏等32人擬具中華民國憲法增修條文部分條文修正草
　　　　案。

決議：

有關討論議題「憲法修正案之提出——憲法修正程序」（以下稱本議題），

決議如下：

一、本議題委員鄭麗君等29人提案、委員李應元等29人提案其中第12條之內容、委員尤美女等33人提案、委員李俊俋等30人提案、委員柯建銘等40人提案其中第12條之內容及委員廖國棟等7人針對委員鄭麗君等29人提案所提修正動議，因討論無共識，均保留送院會朝野黨團協商。

二、委員李應元等29人提案及委員柯建銘等40人提案內，其餘非涉及本議題之內容，均暫不予處理。

……

……

立法院公報，2015。立法院公報第104卷第53期委員會紀錄，頁330-368。

九、領土變遷

　　中華民國憲法第4條規定，「中華民國領土，依其固有疆域，非經國民大會之決議，不得變更之。」這也是原始憲法中唯一提到領土變遷的條文。國大廢除後，領土變更案轉由立法院處理，領土之變更，須經全體立法委員四分之一之提議，全體立法委員四分之三之出席，及出席委員四分之三之決議，提出領土變更案。但是立法院僅止於提案權，其提案並於公告半年後，必須交由公民複決。也就是要經中華民國自由地區選舉人投票複決，有效同意票過選舉人總額之半數，始得變更。不過截至目前為止，立法院尚未有機會行使該項權力。

十、緊急命令權之追認

　　中華民國憲法第43條規定，總統有權發布緊急命令，當國家發生天然災害或國家財政經濟上有重大變故時，「可以依緊急命令法，發布緊急命令，為必要之處置，但須於發布命令後一個月內，提交立法院追認，如

立法院不同意時該緊急命令立即失效。」總統發布緊急命令有幾個條件，包括當國家發生天然災害、瘟疫或國家財政經濟上有重大變故時、必須依行政院會議的決議、須依照「緊急命令法」，須於一個月內提交立法院追認。但是立法院一直都未曾制定「緊急命令法」。

　　該緊急命令條文很快就在1948年5月為《動員勘亂時期臨時條款》所取代。在《動員戡亂時期臨時條款》中，憲法第43條被凍結，總統行使緊急處分權所頒布的命令名稱為「緊急處分令」，且無須經由立法院追認。

　　國民政府播遷來台之後，總統曾經發布四次緊急命令。前面三次皆是依照《動員勘亂時期臨時條款》所發布的「緊急處分令」，因此未經過立法院追認。第一次是為了1959年的「八七水災」，當時災民高達30多萬人，蔣中正總統發布緊急處分令，變更稅法及預算措施，以幫助救災和重建工作。第二次是1978年台美斷交，由於民眾當時情緒激昂，為防止社會失序，蔣經國總統因此發布緊急處分令，停止當時正在進行的增額民意代表選舉，以穩定國情。1988年，蔣經國總統去世，擔心引起兩岸關係變化，繼任總統李登輝發布緊急處分令，停止所有的聚眾集會、遊行請願活動。1991年5月1日《動員戡亂時期臨時條款》正式由國民大會廢止。新的緊急命令則規定於憲法增修條文第2條第3項。

　　1999年九二一地震，重創中台灣，李登輝總統發布緊急命令，讓災區重建、醫療人員招募、交通搶修、調派國軍等工作不受法令限制。此次也是目前唯一依據憲法增修條文所頒布的緊急命令。緊急命令擁有急難救助的時效性與全面性，確實碰到國家危機時有其存在的必要，但也是個危險的權力。如果有總統趁重大危機發生，或是誇大危機的影響，濫用緊急命令，浪費國家資源，侵害人民權利，反而造成國家的混亂。為了避免上述情形發生，所以憲法同時規定，總統的緊急命令，需要經過行政院院會決議，並且發布後，在10天內由立法院追認，如果立法院不同意，緊急命令就失效。[30]總統若於立法院休會期間提交緊急命令追認時，立法院應

---

[30] 憲法增修條文第2條第3項。

立即召開臨時會處理。若該緊急命令係於立法院解散後發布，立法院應於3日內自行集會，並於開議7日內追認之。但於新任立法委員選舉投票日後發布者，應由新任立法委員於就職後追認之。如立法院不同意時，該緊急命令立即失效。[31]

　　1999年九二一地震，行政院召開臨時行政院院會，討論通過緊急命令範圍，並呈請總統發布緊急命令。李登輝總統9月25日發布緊急命令，該命令共十二條，為期六個月，至2000年3月24日止。立法院於9月27日進行黨團協商，決定於9月28日第四屆第二會期第二次會議上午進行全院委員會審查，以及審查時各政黨發言的時間比例[32]。9月28日早上全院委員會審查緊急命令時，按國民黨、民進黨、新黨、無黨籍聯盟、民主聯盟、非政黨聯盟依7、4、3、3、2、2比例發言，每人發言五分鐘。審查後，隨即提出院會，以無記名投票表決。院會表決前，不再發言與討論。出席投票委員共204人，投票表決結果同意追認緊急命令者有201票，不同意追認緊急命令者2票，無效票數1張。[33]第四屆立法院於第二會期完成了立法院首度對總統緊急命令的追認，也顯現出為救災，立法院不分黨派的展現了超高效率。

　　2009年莫拉克颱風造成南台灣災情慘重，許多立委和民眾都質疑中央遲遲不發布緊急命令，讓救災慢半拍。不過總統馬英九認為因為九二一大地震時，已將部分緊急命令納入《災害防救法》[34]，即使發布緊急命令，彈性和範圍也不會擴大，因此並沒有發布緊急命令。不過，立法院於2009年8月27日特別為八八風災制定《莫拉克颱風災後重建特別條例》，來幫助災區重建。

---

31 參看《立法院職權行使法》第15條。
32 立法院公報第第88卷41期院會記錄，頁69。
33 立法院公報第第88卷41期院會記錄，頁69。
34 台灣地區位處於西太平洋颱風區及環太平洋地震帶上，於歐亞與菲律賓板塊夾縫中，颱風、地震、豪雨、乾旱等天然災害發生率極高，加上隨著國家經濟高度成長，人口及產業紛向都市集中，超高層大樓等複雜且規模龐大之建築物櫛比鱗次，易燃易爆等危險物品超量儲存，易造成災害。有鑑於當時的有關災害防救之法規，缺乏涵括所有重大災害均可適用之完整法令。加上九二一大地震，使得當時災害防救體系及緊急應變能力遭受空前未有之考驗，經檢討災害實際狀況，並參酌美、日等先進國家立法例，制定了《災害防救法》，於2000年6月30日在立法院通過。

十一、副總統缺位的補選

原始憲法中補選副總統的權力在國民大會，在國民大會成為歷史之後，該項權力移至立法院。憲法增修條文第2條第7項規定：「副總統缺位時，總統應於三個月內提名候選人，由立法院補選，繼任至原任期屆滿為止」。截至目前為止，立法院尚未有機會行使此項權力。

對於該項權力如何行使，目前並沒有任何規範，《立法院職權行使法》中也沒有提及任何有關補選副總統的規定。是否比照同意權行使的程序？還是應該有不同的程序？有沒有任何門檻？是否記名投票？這都是未來必須解決的問題。

 十二、文件調閱或調查權

在五權憲法的體系中，一般原來屬於國會的調查權移至監察院，但是國會為了能完整的監督，調查權是否為必要呢？此部分在大法官的解釋下，已經逐漸形成，就要看立法院本身是否有決心。

1992年第二次憲法修正，監察院改制已不具有民意機構的特質，1993年1月21日立委洪奇昌等17人提案，共73位立委連署聲請大法官解釋，喪失國會性質的監察院，其原有之國會調查權及糾彈權是否應回歸立法院。1993年7月23日釋字第325號解釋認為五權的架構並未改變，監察院仍擁有調查權，但是「立法院為行使憲法所賦予之職權，除依憲法第五十七條第一款及第六十七條第二項辦理外，得經院會或委員會之決議，要求有關機關就議案涉及事項提供參考資料，必要時並得經院會決議調閱文件原本，受要求之機關非依法律規定或其他正當理由不得拒絕。」[35]

大法官解釋之後，立法院修改組織法，爾後在《立法院職權行使法》

---

[35] 參看大法官釋字第325號解釋。

中明定調閱的程序。立法院經院會決議，得設調閱委員會，或經委員會之決議，得設調閱專案小組，要求有關機關就特定議案涉及事項提供參考資料。[36]同時規定受要求調閱文件之機關，除依法律或其他正當理由得拒絕外，應於5日內提供之。[37]若是政府機關或公務人員於立法院調閱文件時拒絕、拖延或隱匿不提供者，得經立法院院會之決議，將其移送監察院依法提出糾正、糾舉或彈劾。[38]立法院所調取之文件亦須受到一些規範，如限由各該調閱委員會、調閱專案小組之委員或院長指派之專業人員親自查閱之。對於機密文件，查閱人員不得抄錄、攝影、影印、誦讀、錄音或為其他複製行為，亦不得將文件攜離查閱場所。[39]調閱委員會或調閱專案小組應於文件調閱處理終結後20日內，分向院會或委員會提出調閱報告書及處理意見，作為處理該特定議案之依據。但是在調閱委員會或調閱專案小組未提出調閱報告書及處理意見前，院會或委員會對該特定議案不得為最後之決議，除非已經超過院會或各該委員會議決之時限。[40]

　　沒想到因為大法官在2004年12月15日對「三一九槍擊事件真相調查特別委員會條例」是否違憲的第585號解釋文，給予了立法院想要的調查權。司法院大法官釋字第585號解釋[41]傾向於認為，國會調查權是為了確保國會職權之發揮所必要之輔助性權力，亦即視其為國會之潛在權力或國會之固有權力。在該解釋文中，大法官認為立法院為有效行使憲法所賦予之立法職權，得享有一定之調查權，調查權行使之方式不以要求有關機關提供參考資料或調閱文件原本之文件調閱權為限，必要時並得經立法院院會決議，要求有關人民或政府人員，陳述證言或表示意見，其程序應以法律為適當之規範。依照第585號解釋，調查權並非監察院所獨有，立法

---

36 參看《立法院職權行使法》第45條。
37 參看《立法院職權行使法》第46條。
38 參看《立法院職權行使法》第48條。
39 參看《立法院職權行使法》第50條。
40 參看《立法院職權行使法》第51條。
41 第585號解釋文係因立法委員柯建銘等93人對於立法院通過的《三一九槍擊事件真相調查特別委員會條例》（以下稱真調會條例），認為其逾越憲法所賦予之立法院權限，爰就其行使職權適用憲法發生疑義，並就通過之真調會條例是否牴觸憲法之疑義，來聲請大法官解釋憲法。沒想到卻因此對調查權作了更進一步的解釋。

院為有效行使其國會的權力，亦可享有調查權。在第七屆與第八屆時，雖然有立法委員提出為因應大法官解釋，來修正《立法院職權行使法》，但是這些法案均未處理；第九屆立法院開議沒多久亦有不少提案與調查權有關，或許將來有機會處理。

❖　　**外交及國防委員會討論成立調閱專案小組**　　❖

立法院第九屆第一會期外交及國防委員會第五次全體委員會議紀錄

時間　中華民國105年3月14日（星期一）9時至12時41分
地點　本院紅樓301會議室
主席　劉委員世芳

主席：出席委員已足法定人數，現在開始開會。
　　　今天本委員會要召開的會議是關於「國軍老舊眷村改建工作實施至今之執行狀況與檢討」，很多委員的選區內也有相當多的眷村，到底為何眷村的改建工作會產生那麼多問題？雖然改建工作已經進行二、三十年，其過程似乎還算順利，但為何仍有那麼多在眷村的退休人士或尚在服役者向立法院或民意代表陳情及抗議，甚至引動大法官釋憲及監察院調查，因此就排了今天的報告案，等會先看看報告案狀況後，再來詢問後續執行狀況。
　　　進行報告事項。

報告事項
一、宣讀上次會議議事錄。
二、邀請國防部部長高廣圻、內政部營建署署長、文化部文化資產局局長、財政部國有財產署署長報告「國軍老舊眷村改建工作實施至今之執行狀況與檢討」，並備質詢。

主席：請國防部高部長報告。
……
主席：現在處理臨時提案。
首先進行第一案。
……
進行第三案。

三、本院委員王定宇等，針對國防部所屬政治作戰局國家軍事安全總隊指揮
台北憲兵隊以贓物及洩漏國家機密罪爲由，違法搜索、扣押魏姓民衆於
網路拍賣三份白色恐怖時期相關文件，乃我國自解嚴並民主化之後，台
灣社會恐怖指數最高的軍事機關違憲、違法案件。本案經披露後，國防
部長雖已對相關人員做出暫時處置，台北地方法院檢察署也介入偵辦，
惟國防部涉案相關部門於立法院備詢時，並未誠實答復本院委員質詢且
疑有隱匿、變造該案指揮、發動調查過程相關資料之嫌。本席等認爲，
爲善盡監督行政機關之立法職權，爰依照立法院職權行使法第八章「文
件調閱之處理」第45條以下規定，於本院外交及國防委員會成立關於
0219魏姓民衆遭違法搜索扣押案暨0301國防部政治作戰局發放獎勵金案
相關文件調閱專案小組，是否有當，請公決。

提案人：王定宇 林昶佐 羅致政 蔡適應 陳亭妃 劉世芳 呂孫綾

主席：請國防部法律事務司人權保障處沈處長說明。

沈處長世偉：主席、各位委員。對於這個案子，我們國防部一定全力配合。
此外，針對第六行最後面的「惟國防部涉案相關部門於立法院備詢時，並未
誠實答復本院委員質詢……發動調查過程相關資料之嫌。」，其實，在這個
過程中或許有答復不清楚的地方，但是，我們建議是否能將上述幾行字刪
掉，並修正爲「台北地方法院檢察署介入偵辦，本席等認爲，爲善盡監督行
政機關之立法職權……」。

主席：不可能吧！本席認爲王委員應該不會同意，況且在這裡面並未特別指
　　　出是誰。事實上，之前我們在外交委員會質詢時確實有人的回答也是
　　　含含糊糊啊！

沈處長世偉：那個時候尚未調查清楚，我們一定會對這個案子全力配合，只
要委員會送至院會作成決議，我們一定會全力配合。
……

主席：從「本案……之嫌。」一共有五行，提案的王定宇委員同意刪掉，謝
　　　謝。

第三案修正通過，有關調閱小組運作的規範及程序，授權調閱小組處理。

進行第四案。

資料來源：立法院公報，2016。立法院公報第105卷第9期委員會記錄，頁121-122。

十三、行政命令之審查

前面提到所有的法律案都必須經過立法院三讀通過，相對於法律案，行政命令是比較被忽視的。不容否認，行政命令同樣的對一般人民有拘束力，其對人民的影響力不宜被輕忽。行政機關基於法律授權，通常會制定法規命令，這些法規命令依舊可以拘束人民。根據《行政程序法》之規定，「法規命令之內容應明列其法律授權之依據，並不得逾越法律授權之範圍與立法精神」。換言之，行政命令之訂定並非毫無節制，否則將有違權力分立之原則，也將可能侵犯人民之權利。

為避免行政機關藉由行政命令之訂定而擴大其權限，立法機關對其訂定之權限與內容，當然要有監督審查之機制。《立法院職權行使法》第十章「行政命令之審查」規範了行政命令送交立法院審查的程序。

各機關依其法定職權或基於法律授權訂定之命令送達立法院後，應提報立法院會議。出席委員如果無異議，則同意予以備查。若有委員不同意，經有15人以上連署或附議，即交付有關委員會審查。行政命令經委員會審查後，發現有違反、變更或牴觸法律者，或應以法律規定事項而以命令定之者，應提報院會，經議決後，通知原訂頒之機關更正或廢止之。經通知更正或廢止之命令，原訂頒機關應於二個月內更正或廢止；逾期未為更正或廢止者，該命令便失效。[42]若是經審查沒有任何違反、變更或牴觸法律之情形，則由委員會報請院會存查。

院會送交委員會審查的行政命令，委員會應於院會交付審查後三個月內完成之；逾期未完成者，視為已經審查。[43]那就是表示依照行政院提來的版本來存查，這當然是一種委員怠忽職守的情況。不過，有時候故意拖延讓它成為既成事實，也是一種策略。第七屆第一會期送到經濟委員會審查的〈動物用藥品使用準則〉、〈農業用地農業使用認定及核發證明辦法〉、〈漁會法施行細則〉第42條、〈農會財務處理辦法〉、〈農田

---

[42] 參看《立法院職權行使法》第62條。
[43] 參看《立法院職權行使法》第62條。

水利會人事管理規則〉等五案，皆在經濟委員會超過三個月期限，依規定送到院會存查。[44]但有特殊情形者，得經院會同意後展延；展延以一次爲限。

就立法院第三屆至目前爲止，各委員會對行政命令審查決議之類別，歸納如下：

1. 准予備查（同意備查）。絕大多數的行政命令都能順利備查。

2. 通知原機關更正或廢止。第七屆第四會期送到教育及文化委員會審查的〈運動發展基金收支保管及運用辦法〉，被認爲違反「運動彩券發行條例」第1條及第8條規定，因此依《立法院職權行使法》第62條規定，通知行政院更正。[45]〈國家人權紀念館籌備處暫行組織規程暨編製表〉被法制委員會認爲欠缺法律依據，因此不予備查，且通知行政院將該暫行組織規程廢止。[46]立法院法制、司法、國防聯席會於2004年4月14日審查〈國家安全情報工作統合辦法〉，認爲該辦法第3條第1項「管制」一詞，似乎有逾越國安局的授權範圍，因此通知行政院將「管制」修正爲「節制」。[47]

3. 通知原機關更正或廢止，並作附帶決議。內政委員會審查時認爲〈大陸地區人民進入臺灣地區許可辦法〉第3條與《教育基本法》第4條精神不符，要求內政部一個月內修正，同時委員會又通過附帶決議希望內政部就大陸地區子女免試升學之規定優於台商子女與台灣人民就學規定，並不符合《教育基本法》之平等精神，要求內政部另行頒布符合平等原則之辦法。[48]

4. 准予備查（通過），並作附帶決議，如〈財團法人保險安定基金管理辦法〉，財政委員會同意其改名爲〈財團法人保險安定基金組織及管理辦法〉，並且通過其修正條文，但是作成附帶決議，應於「保險安定基金捐助章程規範來自保險業代表之董事人數不得逾全體董事人數四分之

---

[44] 立法院，2008。《立法院公報》，第97卷第39期院會紀錄，頁21。
[45] 立法院，2010。《立法院公報》，第99卷第5期院會紀錄，頁303-309。
[46] 立法院，2003。《立法院公報》，第92卷第32期委員會紀錄，頁3-9。
[47] 立法院，2004。《立法院公報》，第93卷第24期委員會紀錄，頁97-133。
[48] 立法院，2010。《立法院公報》，第99卷第5期院會紀錄，頁294-298。

一，請其人選要送財委會備查」。

　　5. 逾期未完成者，視爲已經審查。這類的案件還不少。

　　6. 部分條文修正，其餘備查。經濟委員會對於經濟部提出的〈大陸地區人民來臺投資許可辦法〉第8條、第9條、第11條修正案，決議第8條新增第2項部分不予新增，通知經濟部予以更正，其餘修正，予以備查。[49]

　　7. 不予備查，並作附帶決議。2002年第五屆第一會期行政院提出的〈核能發電後端營運基金收支保管及運用辦法〉第14條修正案，在立法院經濟及能源委員會審查結果，決定維持現行條文，不予修正。該審查會同時作成附帶決議要行政院確實執行與蘭嶼居民簽署有關蘭嶼核廢料貯存場之議定書。[50]

　　8. 不予審議。對於行政院要求設立財團法人國家樂團基金會，教育及文化委員會委員對此有很多的疑慮，因此決議不予審議〈財團法人國家樂團基金會設置條例〉。[51]

　　9. 本案毋庸再行審查（或毋庸審議）。對於〈國軍各軍事學校學員生修業規則〉第48條與第53條之修正，教育和國防兩委員會認爲相關修正在第二屆第一會期第四十四次會議已經處理，因此毋庸審議。[52]

 十四、選區服務

　　以上提到的立委所做的事，不是在憲法中有明文規定，就是在法律中有規定或甚至透過大法官解釋，唯獨選區服務並未在憲法或法律條文中有任何規定，但是國會議員卻是非常勤快的從事選區服務。美國有一位當了許多年眾議院議長的議員Tip O'Neill出了一本書《All Politics is

---

[49] 立法院，2014。《立法院公報》，第103卷第85期院會紀錄，頁207-210。
[50] 立法院，2002。《立法院公報》，第91卷第36期院會紀錄，頁50-52。
[51] 立法院，2003。《立法院公報》，第92卷第28期委員會紀錄，頁295-315。
[52] 立法院，1994。《立法院公報》，第83卷第7期院會紀錄，頁8。

Local》[53]，這裡的「local」就是指選區，選區可說是立法委員的命脈。雖然憲法並未明文規定立委必須服務選民，但基於選票，往往需要做些事情討好選民，否則他們何必把票投給你。因此，除了立法，立委也會幫選民處理各式各樣的事情。只是讓立委花太多時間在選區服務上，就會影響到立法品質。這對社會來說，究竟是好是壞，值得選民思考。第六章將會花更多的篇幅討論立委的選區服務。

---

[53] Tip O'Neill and Gary Hymel, 1994. *All Politics is Local and other Rules of the Game*. Holbrook, Massachusetts: Bob Adams, Inc.

第 5 章

法案是如何審查的？

我們的國會議員稱為「立法委員」，由此可見對制憲者而言，「立法」是他們主要的工作。每一會期都會有上千個提案等待立委的審查，當然這些提案絕大多數無法通過三讀成為正式的法律，但是這些大大小小的提案已經夠立委們忙碌了。表5-1呈現第一屆到第八屆立法院所通過的各類議案，可以看出立委最常行使的還是法律案的審查，其次是預算案的審查。其他議案的處理則並不是那麼固定。

◆表5-1　立法院通過各類議案總表

議案＼屆期	一	二	三	四	五	六	七	八	總數
法律案	1656	200	262	525	471	393	683	581	4771
預（決）算案	355	11	10	25	26	21	144	142	734
條約案	165	1	1	2	3	4	13	11	200
憲法修正案	0	0	0	0	1	0	0	0	1
不信任案提出	0	0	0	1	0	0	0	2	3
行使同意權案	7	1	2	1	6	5	12	14	48
覆議案	2	0	0	1	3	2	0	2	10
緊急命令追認案	0	0	0	1	0	0	0	0	1
合計	2185	213	275	556	510	425	852	752	5768

資料來源：立法院國會圖書館議案統計，http://npl.ly.gov.tw/do/www/lawStatistics?first=y&blockId=1&titleName=%E7%AB%8B%E6%B3%95%E7%B5%B1%E8%A8%88。

一、提案與一讀

　　立法的第一步當然是要有人「提案」。案子不會自己憑空生出來，要有人寫好之後提出。有提案權的，除立法委員（需先經過15人之連署）和黨團外，行政、司法、考試、監察四院都可以提案。但總統不能直接提案，必須透過其他機構，比方說委由行政院提案。行政院的提案權是根據憲法第58條第2項：「行政院院長、各部會首長，須將應行提出於立法院之法律案、預算案、戒嚴案、大赦案、宣戰案、媾和案、條約案及其他重要事項，或涉及各部會共同關係之事項，提出於行政院會議議決之。」考試院的提案權則是根據憲法第87條：「考試院關於所掌事項，得向立法院提出法律案。」憲法中並未明文規定司法院與監察院是否有提案權。一開始他們委託立委提案，但這終究不是辦法，於是監察院提請司法院大法官解釋。1952年5月21日大法官釋字第3號認為，「考試院關於所掌事項得向立法院提出法律案，基於五權分治，平等相維之體制，參以該條及第七十一條之制訂經過，監察院關於所掌事項，得向立法院提出法律案，實與憲法之精神相符。」因此監察院也有了提案權。司法院則擔心自己提出釋憲會有自肥的情況，因此一直拖到1982年5月25日才因釋字第175號正式有了提案權。不過，無論是行政院、司法院、考試院、監察院的提案都必須以院的名義提出，例如：內政部提出《集會遊行法》修正案，需先經過行政院院會通過，然後以行政院名義，而不是以內政部名義提出。唯有立法院立法委員的提案，是以個別立委提案，經過15人之連署即可。是以，立法院所審查的法案中，立委的提案所占比例最高。另外，1999年新制定之《立法院職權行使法》第75條規定符合《立法院組織法》第33條規定之黨團，得以黨團名義提案，不受有關連署或附議人數之限制。因此從第四屆開始有所謂的黨團提案，不過黨團提案數遠少於立委提案數。

　　提案中，有一種狀況是「對案」。例如：有人提出了對某條法律的修正案，而其他委員或行政方會提出不同版本的修正案，這就叫「對案」。提「對案」也有政治角力的意味。不同政黨的「對案」能表現出政黨在法

案上的分歧；行政院的對案則在宣示行政單位，相對於委員，在修正案上所抱持的立場。表5-2中，第八屆的資料僅計算到第七會期，但是其提案數已經高達6448筆，而立委提案就有5534筆，占所有提案的85.8%。

　　有些提案經過縝密的研究，有些提案則是所謂的「垃圾法案」，只是立委用來衝業績而已。可能只是改幾個字，做些無關痛癢的修正，或是提出之後根本不關心，任憑法案躺在立法院。尤其第七屆時出現了公民監督國會聯盟。公督盟把提案數量納入立委評鑑指標，使得有些委員為了衝分數大量提案，這讓垃圾法案變得更多了！不過，為解決此問題，公民監督國會聯盟針對同法不同條文但同目的以及不同法同目的皆合併為一案處理，以避免法案數量被任意膨脹。

◆表5-2　第二屆至第八屆法案提案數與提案單位

提案單位＼屆期	二	三	四	五	六	七	八*
政府提案	263 (26)	302 (24.5)	841 (36.5)	828 (30.2)	485 (20.6)	779 (21)	620 (9.6)
委員提案	747 (74)	933 (75.5)	1337 (58)	1706 (62.1)	1561 (66.3)	2803 (75.6)	5534 (85.8)
黨團提案	0 (0)	0 (0)	127 (5.5)	211 (7.7)	310 (13.1)	125 (3.4)	294 (4.6)
總提案	1010 (100)	1235 (100)	2305 (100)	2745 (100)	2356 (100)	3707 (100)	6448 (100)

資料來源：立法院國會圖書館立法智庫整合檢索系統、盛杏湲（2011）[1]。
註：括弧中數字為百分比。
*第八屆的資料僅計算到第七會期。

[1] 盛杏湲，2011。〈選區服務與立法問政：選制變遷前後的比較〉，國家科學委員會研究計畫（NSC 100-2410-H-004-096-MY2）。台北：行政院國家科學委員會研究計畫。

參與公督盟iVOD評鑑的公民

被提出的案子會交由「程序委員會」排入議程，送到院會一讀。程序委員會的任務是安排議程，理論上應該只注重法案的格式與程序，但在第五屆到第八屆期間的程序委員會有時會進行實質審查。政黨立場嚴重的影響了程序委員會中的審議；也有委員藉由程序委員的身分刻意去阻擾特定法案，免得影響其選區或所屬團體的利益。法案在程序委員會被阻擋情況在第五屆與第六屆分立政府時最嚴重，當時執政的民進黨政府提出的重要法案，常被卡在程序委員院會，例如：《國家人權委員會組織法》被卡24次、《國家人權紀念館組織法》被卡63次，《重大軍事採購條例草案》被檔51次、《地方制度法》被卡66次。表5-3中可以看到第六屆第四會期法案被凍結的次數為719次，第五會期法案被阻擋於程序委員會的次數更高達754次。然而程序委員會的主要工作在安排議程，而非審查提案內容；內容之審查應該是在排入議程之後，委由院會和相關的委員會進行辯論與審查。在第八屆之後，由於公民監督國會聯盟要求程序委員會的審查公開，並譴責提案凍結法案的委員，自此立委不在程序委員會時阻擾法案，但是改在一讀時退回程序委員會再議，讓提案陷入無止境的循環。例如：第八屆第八會期蕭美琴委員等25人所提的〈難民法草案〉被退回程序委員會89次，台灣團結聯盟黨團所提的《兩岸人民關係條例》第26條修正案被退回程序委員會95次。無論是前者或者是後者，皆不是正常國會應該做的事。在公督盟舉辦的第九屆立委選舉國會改革政黨辯論中，民進黨代表李俊俋主張應在《立法院組織

法》中加上程序委員會不得阻擋法案；而親民黨代表康仁俊則認爲應該廢除程序委員會，讓所有的委員採用i-voting的方式來決定提案的順序。[2]由此可見，程序委員會的問題已經成爲國會改革中的問題之一。

◆表5-3　法案在程序委員會被阻擋的次數

屆期	政府類型	會議次數	被阻擋的法案次數
2-1	一致政府	44	0
2-2		29	0
2-3		37	1
2-4		32	1
2-5		35	1
2-6		21	9
第二屆總數		197	12
3-1	一致政府	22	26
3-2		30	21
3-3		26	26
3-4		22	18
3-5		22	4
3-6		11	2
第三屆總數		133	97

[2] 公視新聞網，2015。〈公督盟國會改革辯論 獨缺國民黨〉2015/12/21。http://news.pts.org.tw/article/312994。2015/12/28。

屆期	政府類型	會議次數	被阻擋的法案次數
4-1	一致政府	12	3
4-2		18	4
4-3		33	6
4-4	分立政府	29	135
4-5		18	112
4-6		13	6
第四屆總數		123	268
5-1	分立政府	19	36
5-2		17	105
5-3		15	289
5-4		18	542
5-5		24	640
5-6		16	533
第五屆總數		109	2145
6-1	分立政府	12	172
6-2		19	367
6-3		19	504
6-4		17	719
6-5		17	754
6-6		16	695
第六屆總數		67	3211

資料來源：作者整理自程序委員會之會議紀錄。

　　法案審查的第一關是一讀，一讀只會念法條名稱，而不會就內容進行討論。一讀後多數法案會送到委員會作比較詳細的討論，此稱為「審查會」。有少數法案會「逕付二讀」，就是跳過審查會直接進到二讀。就如同前面所說的，也有些法案會在一讀被擋下，被退回程序委員會。

　　以《師資培育法》在2013年2月26日被送到立法院一讀時為例，當時的議程上程序委員會的意見為「擬請院會將本案交教育及文化委員會審查」，在場委員沒有異議，該議案就被送到教育及文化委員會進行專業審查。[3] 請參看下方框框內的會議紀錄。

❖　　師資培育法第二十四條條文修正草案一讀　　❖

本院委員林岱樺等23人擬具「師資培育法第二十四條條文修正草案」，請審議案。

程序委員會意見：擬請院會將本案交教育及文化委員會審查。

主席：請問院會，對本案照程序委員會意見處理，有無異議？（無）無異議，照程序委員會意見辦理。

　　有些法案可能是跨部會的，程序委員會便會建議送交兩個或甚至三個委員會聯席審查，例如：中央選舉委員會組織法草案在程序委員會的建議下送交司法及法制委員會和內政委員會。但是根據《立法院職權行使法》第8條第2項之規定，若有出席委員提議，20人以上連署或附議，經表決通過，得逕付二讀。逕付二讀的法案，不會在委員會審查。

　　下頁框框內顯示立法院第八屆第五會期第二次會議紀錄，在那次會議中有不少法案被退回程序委員會處理，如：第二案由陳其邁委員等22人提出《土地徵收條例》修正草案，雖然程序委員會意見建議將該案交內政委員會審查，但是國民黨黨團對此有異議，因此被退回程序委員會重新提出。第七案丁守中委員等26人提出之〈不在籍投票法草案〉，程序委員會意見建議將該案送交內政委員會審查，但是民進黨黨團及台聯黨團對該

3　立法院，2013。《立法院公報》，第102卷第7期。

案有異議，退回程序委員會重新提出。同時，該會議紀錄顯示，該法案有多次被退回程序委員會的紀錄。

❖ **立法院第八屆第五會期第二次會議紀錄** ❖

立法院第八屆第五會期第二次會議紀錄

時間　中華民國103年3月4日（星期二）上午10時

地點　本院議場

主席　王院長金平 洪副院長秀柱

秘書長　林錫山

副秘書長　周萬來

林秘書長錫山：報告院會，出席委員43人，已足法定人數。

主席：現在開會，進行報告事項。

一、宣讀本院第八屆第五會期第一次會議議事錄。

二、本院委員陳其邁等22人擬具「土地徵收條例修正草案」，請審議案。

程序委員會意見：擬請院會將本案交內政委員會審查。

主席：國民黨黨團對本案有異議，建議退回程序委員會重新提出，請問院會，有無異議？（無）無異議，本案退回程序委員會重新提出。

七、本院委員丁守中等26人擬具「不在籍投票法草案」，請審議案。

本案經提本院第八屆第三會期第11、12、13、14、15次會議、第四會期第2、4、6、7、8、9、10、11、12、13、14、15、16、17、18次會議決定：退回程序委員會重新提出。爰於本次會議提出。

程序委員會意見：擬請院會將本案交內政委員會審查。

主席：民進黨黨團及台聯黨團對本案有異議，退回程序委員會重新提出。

……

七十七、中央選舉委員會函送「行政院公民投票審議委員會之定位及修法規劃」報告，請查照案。

程序委員會意見：擬請院會將本案交內政委員會處理。

主席：台聯黨團及民進黨黨團提議本案改為交內政委員會審查，請問院會，有無異議？

（無）無異議，本案改為交內政委員會審查。

資料來源：立法院，2014。《立法院公報》，第103卷第13期，院會記錄，頁279-291。

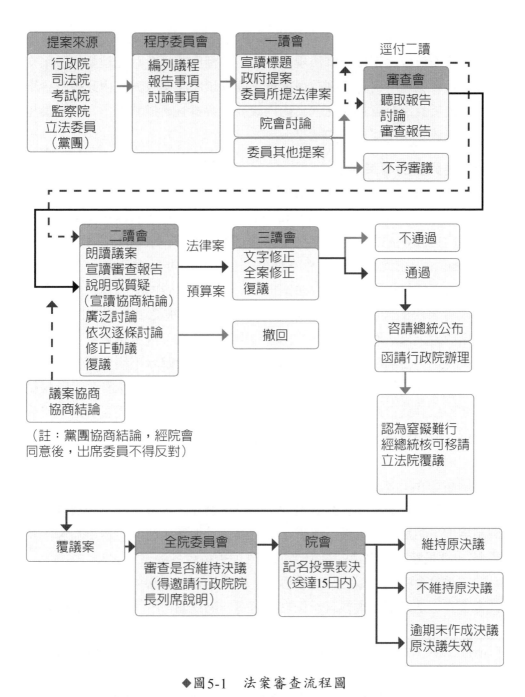

◆圖5-1　法案審查流程圖

資料來源：立法院全球資訊網，2016。〈立法程序〉。http://www.ly.gov.tw/02_
　　introduce/0201_intro/introView.action?id=9。2016/03/20。

　　同樣一次會議的第七十七案有關中央選舉委員會函送「行政院公民投票審議委員會之定位及修法規劃」報告，程序委員會意見建議將該案交內政委員會處理，台聯黨團及民進黨黨團提議將該案改為交內政委員會審查，其他委員沒有意見因此就交由內政委員會審查。換言之，在場委員也可以決議改變程序委員會的意見。

（一）委員會的專業審查

　　學者John D. Lees認為委員會是美國參眾兩院的耳目與雙手（The eyes, ears, and hands of the Senate and the House of Representatives）[4]，George Goodwin更稱委員會為小國會（The little Legislature or little congress）[5]，由此可見委員會在他們心目中扮演非常重要的角色。在美國，通常平均每年約有一萬件法案提出，經過委員會的討論與把關，最後送到院會表決的大概只剩十分之一。因此委員會被認為具有守門員的角色。由於近年來法案愈來愈多、內容也愈來愈複雜，國會議員勢必要依據專業來分工，否則所有法案皆送到院會討論，將使院會不堪負荷。

　　美國為總統制國家，強調分權與制衡，國會必須夠專業方能監督總統，才不致淪為行政獨裁，因此非常強調委員會的專業，委員會之下又分為多個次級委員會。台灣雖然不是總統制國家，但是大部分學者強調委員會應走向專業化。因此1999年1月第三屆立委即將卸任之前，立法院通過了「國會改革五法」，希望這些法案的通過使得第四屆立委有全新的表現，修法其中一部分的重點是要強化委員會的立法專業功能。委員會幕僚編制增加，明定主任秘書、秘書、專門委員、編審、科長、辦事員職等及職務[6]，就是希望有專業的幕僚來協助處理委員會各項事物。

　　在委員會中，可以進行比較專業、細緻的審查。必須要提醒的是，委員會審查不是二讀，曾經有新任立委把這一點搞錯。一、二、三讀都是在

---

[4] John D. Lees, 1979. "Committees in the United States Congress." John D. Lees & Malcom Shaw eds. *Comparative in Legislatures: A Comparative Analysis*: 11-60. Durham, N. C.: Duke University Press.

[5] G. Goodwin, 1970. *The Little Legislature: Committees of Congress*. Amherst, Mass: University of Mass.Press.

[6] 參看《立法院各委員會組織法》第18條至第20條。

院會進行，不會在委員會。送到委員會的案子，在委員會審查完之後才會送回院會二讀。

　　第七屆立法院立委數目減半之後，由原來的12個減爲8個，刪除預算及決算委員會以及科技及資訊委員會，將國防與外交兩委員會合併爲一，司法與法制兩委員會也合併。目前的8個委員會，分別爲內政委員會、外交及國防委員會、經濟委員會、財政委員會、教育及文化委員會、交通委員會、司法及法制委員會、衛生環境及勞工委員會。

　　前面說過，立法跟行政雙方都能提案。如果是行政部門的提案，主管官員會到委員會進行提案說明，委員也可針對法案上的疑義對官員進行質詢。通常一次委員會就是審一項法律案。如果關於這項法律案有不同版本的提案，會進行「併案審查」。有時候，委員之間的提案不是彼此相對的，可能是對該項法律的不同條文各自提出了修正案，也就是修同一個法的不同條文，行政院就會針對該法內不同條文的修正提出一個整體性的對案。這時委員的提案與行政院的提案同樣會放在一起進行併案審查。委員會審查中，可召開公聽會，諮詢學者專家、社會團體對法案的意見。委員會在議案審查完畢後，應就該議案應否交由黨團協商，予以議決。[7]

　　大體討論後，委員會成員會就法案的條文進行逐條審查，出席委員得就議案提出修正動議，然而依照《立法院議事規則》第11條和第57條之規定，臨時提案、修正動議之提出，須經3人以上之連署或附議。也就是，提案人加上連署人需要有4人以上始得成立。不過，這個門檻在第七屆時卻成了在野黨不可承受之痛。因爲第七屆國民黨囊括七成以上的席次，小黨全軍覆沒，即使是最大反對黨民進黨也只有27席，因此分配到各委員會的席次，大約爲3至4席。第七屆第二會期教育及文化委員會第九次會議結束後，民進黨3名委員抱頭痛哭，控訴3名委員沒有提案權。經查該委員會共13名委員，其中民進黨籍有3名，沒有臨時提案權，等於是只有國民黨有提案權。這項規定在該屆期末終於獲得解套，立法院院會於2008年12月26日三讀通過《立法院議事規則》之修正，刪除「臨時提

---

[7]　《立法院各委員會組織法》第18條至第20條。

案、修正動議提出須經三人以上之連署或附議」的規定，未來各黨團在所有委員會只要有成員都可進行臨時提案[8]。

在第四屆立法院時，有92.1%的提案皆送交黨團協商，以致於原先沒有爭議的法案在黨團協商中可能成爲被綁架要脅的法案，引起大家對黨團協商的撻伐。有鑑於此，2002年1月15日立法院進行第二波國會改革，規定委員會有權決定是否要將審畢的議案交付黨團協商或直接進入二讀會程序[9]；如果要改變委員會所做的決定，除非以黨團整體提出異議，否則需要20人以上連署或附議[10]。此種改變至少可以避免委員會功能完全被架空。相較於第四屆立法院，第五屆立法院送經黨團協商的比例確實是大幅減少，降到22.1%。現在則因立委減半，連署人數降爲10人。

（二）委員會的分配

有關委員會的各項規定可以參看《立法院各委員會組織法》。由於目前立法委員只有113席，每一委員只能參加一個委員會，因此規定各委員會席次至少爲13席，最高不得超過15席。各委員會於每年首次會期重新組成，也就是說，委員每年必須重新登記新的委員會。各黨團在各委員會席次，依政黨比例分配。但是未參加黨團或所參加黨團之院會席次比例於各委員會不足分配一席次之委員，應抽籤平均參加各委員會。每年的第一會期，黨團會協商各政黨在各委員會的人數。小黨會先參加抽籤，第九屆第一會期時代力量黨團抽到外交及國防、財政、教育及文化、社福及衛環、經濟委員會；親民黨團抽到司法及法制、內政、交通、財政委員會。原想進入交通委員會的時代力量立委黃國昌抽到財政委員會，第一志願鎖定教育委員會的時代力量立委林昶佐則抽到外交及國防委員會。同樣想進交通委員會的親民黨立委李鴻鈞則抽到內政委員會，不過李鴻鈞與同黨立委協調如願進入交通委員會。[11]對於此種抽籤方式，小黨成員認爲不符專

8　曾韋禎、施曉光，2008。〈立院提案連署人數限制取消 民進黨解套〉。《自由時報》2008/12/27。http://news.ltn.com.tw/news/focus/paper/268878。2015/12/25。
9　依據《立法院各委員會組織法》第10條之1。
10　參看《立法院職權行使法》第68條。也有人認爲20人連署又有可能推翻委員會決議，等於是又開另外一道可能凌駕委員會之上的大門。
11　張筱笛，2016。〈立院少數黨團抽委員會 洪慈庸手氣佳〉。《自由時報》2016/02/22。

業原則，應修改內規。

　　至於大黨黨團會提出所屬委員參加各委員會之名單。各政黨在分配委員到各委員會時，通常會採志願登記方式，若委員所登記的委員會較為冷門，如：外交及國防委員會或司法及法制委員會，並沒有額滿，那麼該委員就可以加入該委員會；但是若是委員所屬意委員會為熱門委員會，如：經濟委員會或交通委員會等，民進黨採取計點方式，點數較高者有優先選擇權。國民黨則會採取勸退方式，通常不分區立委被勸退或是採取抽籤方式。以財經專長被選為不分區立委的李紀珠委員，在擔任國民黨第六屆不分區立委時，大部分時間是在科技及資訊委員會以及外交及僑務委員會[12]，直到第六會期時才有機會到財政委員會。

　　國防及外交委員會和司法及法制委員會是立法院的冷門委員會，因此國民黨黨團常把不分區立委派到冷門委員會；院長、副院長或是國民黨及民進黨黨團幹部也常常被分到冷門委員會。王金平院長在第七屆有兩會期在外交及國防委員會，六個會期在司法及法制委員會；第八屆有六個會期在外交及國防委員會，二個會期在司法及法制委員會。洪秀柱副院長在第八屆有兩個會期在外交及國防委員會，另外六次被安排到司法及法制委員會，在其擔任副院長之前最喜歡待的是教育及文化委員會。民進黨的黨團總召柯建銘在第七屆和第八屆的所有會期全部被安排到司法及法制委員會。國民黨的第七屆中央政策會執行長林益世也是全部八個會期被安排到司法及法制委員會；繼林益世之後擔任國民黨中央政策會執行長的林鴻池在第八屆第一、二會期在外交及國防委員會，第三至六會期司法及法制委員會，當他辭掉大黨鞭之職後，第七會期和第八會期立刻回到他最專精的社福及衛環委員會。

（三）召集委員

　　各委員會置召集委員二人，由各委員會委員於每會期互選產生。[13]若

---

http://news.ltn.com.tw/news/politics/breakingnews/1609657。2016/03/20。

[12] 第七屆之後由於立委減半，委員會數目由12個減為8個，因此外交及僑務委員會和國防委員會整併為外交及國防委員會。

[13] 《立法院各委員會組織法》第3條之4。

票數相同，則進行抽籤。下方框框中的會議紀錄爲立法院第八屆第四會期司法及法制委員會第一次全體委員會議進行該委員會召委選舉議事錄。投票結果王委員惠美、呂委員學樟與吳委員宜臻同爲4票，經過抽籤結果由吳委員宜臻與呂委員學樟當選爲召集委員。

委員會開會時，以召集委員一人爲主席，由各召集委員輪流擔任。但同一議案，得由一人連續擔任主席。[14]各委員會之議程，由輪值召集委員安排。行政院若是要法案儘速審查，會委由同黨召委安排議程，若召委不安排議程，該草案可能就被擱置在委員會。前面提到有些法案會由兩個或兩個以上的委員會共同審查，然而聯席會中仍會有主審委員會。聯席會議，由主辦之委員會召集之，並由主辦之委員會召集委員擔任會議主席。[15]

❖ 司法及法制委員會召集委員選舉 ❖

立法院第八屆第四會期司法及法制委員會第一次全體委員會議議事錄

時間：中華民國102年9月23日（星期一）上午9時7分至11時30分
地點：本院紅樓302會議室
出席委員：廖正井 賴士葆 尤美女 呂學樟 王惠美 吳宜臻 林鴻池 謝國樑
　　　　　潘維剛 洪秀柱 柯建銘 潘孟安 顏寬恒
委員出席13人
主席：王委員惠美
專門委員：陳清雲
主任秘書：劉彥麟
紀錄：簡任秘書蘇純淑
　　　簡任編審葉育彰
　　　科長周厚增
　　　薦任科員蔡國治

---

14 《立法院各委員會組織法》第4條。
15 《立法院各委員會組織法》第14條與第15條。

報告事項

一、本院第八屆第四會期各委員會召集委員選舉時間及地點，業經本院第八
　　屆第四會期第一次會議決定照案通過在案。

二、宣讀本會期本會召集委員選舉人名冊。

選舉事項

選舉第八屆第四會期本會召集委員。

一、請推定發票員

決定：請尤委員美女擔任

請推定唱票員

決定：請尤委員美女擔任

請推定記票員

決定：請吳委員宜臻擔任

請推定監票員

決定：請吳委員宜臻擔任

二、選舉結果

出席委員13人

發出票數13張

有效票12張

無效票1張

開票結果：王委員惠美4票

　　　　　呂委員學樟4票

　　　　　吳委員宜臻4票

（王委員惠美、呂委員學樟與吳委員宜臻同為4票，經抽籤結果吳委員宜臻
與呂委員學樟當選為召集委員）

主席宣告：吳委員宜臻與呂委員學樟當選為立法院第八屆第四會期司法及法
制委員會召集委員。

散會

資料來源：立法院，2013。《立法院公報》，第102卷第48期，委員會記錄，頁92-93。

　　委員會開會的法定人數為三分之一，[16]因此通常只要有5位立委出席
就可以開會。然而有些立委簽到完就離開，輪到他發言時才會再出現。

---

[16] 《立法院各委員會組織法》第6條。

因此在審查過程中可能會出現除了主席之外，下面立委通通不見了，主席只好自行宣布散會的情況。或者是只有主席一人與台下立委一人，兩人面面相對的情況。因此後來才有在場出席委員不足三人者，不得議決之規定。[17]但是即使是三位立委在場議決，其審查內容有時也令人憂心。根據媒體報導2001年5月1日交通委員會審查《發展觀光條例修正草案》，審查過程中除國民黨的主席王昱婷之外，場內只剩下民進黨的王拓以及陳其邁兩位立委。但是對該法案並無研究的陳其邁立委坦承「不知道該法案內容有無暗藏玄機，該贊成或反對根本沒個準」。[18]

❖　　　　**委員會成會之後在場委員人數不足**　　　　❖

立法院第六屆第五會期經濟及能源委員會第十八次全體委員會議紀錄

時間　中華民國96年5月28日（星期一）上午9時5分
地點　本院紅樓101會議室
主席　黃委員健庭
主席：出席委員已足法定人數，現在開會。進行報告事項。
報告事項
一、宣讀上次會議議事錄。
主席：由於在場委員人數不足，所以上次會議議事錄稍候確定。繼續報告。
二、本院議事處函，為檢送經濟部函送修正「經濟部事業廢棄物再利用管理辦法」，請查照案。
三、本院議事處函，為檢送經濟部函送修正「出進口廠商登記管理辦法」第十條之一條文，請查照案。
四、本院議事處函，為檢送行政院農業委員會函送修正「清除豬瘟暨口蹄疫所需疫苗之種類及其管理辦法」第十四條及第十五條條文，請查照案。
五、本院議事處函，為檢送行政院公平交易委員會函送「臺灣公平交易委員會與蒙古公平交易局有關競爭法施行合作瞭解備忘錄」，請查照案。

資料來源：立法院，2007。《立法院公報》，第96卷第50期，委員會記錄，頁1-15。

---

[17]《立法院各委員會組織法》第10條。
[18] 陳嘉宏，2001。〈立院朝小野大，協商形同分贓〉。《中國時報》2001/5/20：2版。

　　從以上框框的會議紀錄內容，可以看出原來簽到名單是符合法定開會人數，因此主席宣布開會。然而在宣讀上次會議紀錄時，有些委員已經先行離場，導致主席無法確認會議紀錄，只好繼續報告事項。

　　不過，此種委員會只有稀稀落落的幾位立委在場的狀況，在第九屆有相當大的改變。例如：2016年12月15日內政委員會審查頗具爭議的《公民投票法》修正草案，歷經12小時馬拉松式審查，絕大多數委員會成員都堅持到底，即使是審查到晚上9點。另外，還有一些對該法案關心的各黨委員，因此全程會議室皆坐滿了人。此種改變，可能有幾個因素，包括國會政黨輪替之後，立委感受到人民的期待，同時公民監督國會聯盟在第九屆第一次將委員會審查列入觀察指標。其次，立法院透明化的結果，所有委員會的開會皆有現場直播，選民隨時可以看到立委的表現，使得委員們皆不敢怠慢。

（四）召開公聽會

　　在法案審查時，常會聽到某某立委或某某部門要舉辦公聽會。就立法院的角度而言，公聽會分成兩類：一種是由委員會依照《立法院職權行使法》規定舉辦、另外一種是立法委員自行舉辦。

1. 由委員會舉辦

　　立法院中有8個常設委員會，遇到爭議的法案時，經輪值召集委員同意，或經各委員會全體委員三分之一以上之連署或附議，並經議決，得以召開公聽會。[19]當然，委員會舉辦之公聽會只限於跟委員會相關的議題，《立法院職權行使法》第54條即規定「各委員會為審查院會交付之議案，得依憲法第六十七條第二項之規定舉行公聽會」。這類公聽會受到《立法院職權行使法》的規範，必須注意正反意見的平衡，出席人員以15人為原則。[20]通常政黨之間會協商，由各政黨根據其分配到邀請之名額，進行邀請，再向委員會提出名單。會議進行時，會依公聽會題綱邀請專家學者、政府代表與民間團體表示其專業意見。

---

[19] 參看《立法院職權行使法》第55條。
[20] 參看《立法院職權行使法》第56條。

　　立法院的議事人員會協助委員會公聽會的進行，同時負責紀錄及製作公聽會報告工作。公聽會紀錄會被放在立法院公報內。同時可透過立法院的iVOD系統，從網路上同步收看，也可從「立法院國會圖書館－立法院各委員會公聽會報告影像系統」查看書面報告。不過公聽會的結論並沒有強制性。要落實公聽會結論，只能仰賴於行政部門對立法部門的尊重。因此，公聽會的影響力目前仍相當有限。

2. 由立法委員舉辦

　　公聽會也可由立法委員自行舉辦。委員會主辦的公聽會不見得能符合個別立委的需求，因此個別委員會針對自身關注的主題來舉辦公聽會。這類公聽會的主要目的，不見得是在匯聚民意。有時僅是希望透過公聽會吸引媒體目光、喚起社會關注；有時則是在幫委員塑造關心議題的形象。

　　委員會審查完後，應就該議案應否交由黨團協商，予以議決。[21]委員會應將審查議案之經過及決議，用書面提報院會討論，這份書面就是「審查報告」，並由決議時之主席或推定委員一人向院會說明。[22]出席委員對於委員會之決議如果有不同的意見時，可以當場聲明不同意，並得於院會依《立法院職權行使法》第68條第2項提出異議。但缺席委員及出席而未當場聲明不同意者，不得異議，也不得參與異議之連署或附議。

　　儘管國內不少人對於委員會的專業有所質疑，然而根據李誌偉針對第二屆至第六屆所有提案的分析，發現那些無法完成三讀的提案，有52.8%是在委員會審查階段被擋下來的[23]。由此可見，委員會仍舊有阻絕法案通過的能力。

---

[21] 參看《立法院職權行使法》第56條。
[22] 《立法院各委員會組織法》第11條。
[23] 李誌偉，2009。〈台灣立法院議程設定研究：二到六屆之分析〉。東吳大學政治學系碩士學位論文。

二、黨團協商

委員會審查後，會再送回院會進行二讀。這時同樣需要由程序委員會安排議程。但在二讀之前，有些法案會先進行黨團協商。黨團協商是用來協調政黨、委員不同意見的機制。參與協商的會有政黨之黨團代表、黨鞭、對法案有意見的委員、還有行政部門的代表。部分法案的協商會由院長親自主持，其中，總預算案的協商，照例會交由院長來主持。

1999年國會五法的改革將黨團協商正式制度化，其目的希望促成國會中的政黨合作，減少法案在審議過程中遭遇杯葛、適度化解國會僵局、進而提升議事效率。在第四屆實施新的黨團協商制度後，通常在委員會審查後，在送交院會之前會進行政黨協商，黨團協商結果根據《立法院職權行使法》第71條規定，各黨團代表達成共識之後，應立即簽名，作成協商結論，並經各黨團負責人簽名，於院會宣讀後，列入紀錄，刊登公報。黨團協商代表必須由各黨團指派代表參加，但是各黨團指派的代表不見得是該法案於委員會審查的立委或對該法案出力最多、瞭解最深之立委，因為各政黨參與協商之代表採取自由認養方式，參與協商的各黨代表，很可能在整個委員會審查過程中，完全未曾參與，且參與的代表又完全沒有利益迴避。最令人詬病的是，黨團協商過程完全黑箱作業，沒有任何協商過程之紀錄，只知道最後的結果；不似委員會審查過程中，每一位立法委員的發言，都有會議紀錄，並刊登在立法院公報。由於協商過程完全黑箱作業，而且只要一個黨團、一位委員拒絕簽字，法案便被擱置，無法送到院會進行二讀，因此有些立委便以此要脅利益分贓。這也是為什麼無黨籍人數雖少，卻在立法院擁有否決權。原先為了促進立法效率而設的黨團協商，因為少數一、兩位立委為了得到某些利益，而拒不簽字，反而延宕法案的推行。這也是我們常聽到的法案在黨團協商被綁架了。明明在委員會有共識，可以很快通過的法案，卻因為某些委員或黨團為了交換某些條文或法案，而拒絕簽字。

此種黨團協商制度運作的結果當然與大家的期待有相當的落差，產

生黨團協商宛如「太上程序委員會」，不但可以分派朝野黨團主持協商法案，亦可經由協商來變更或排定院會議程或是成為密室分贓的保護傘，其權力凌駕於委員會甚至於院會之上等問題[24]。在各界不斷的撻伐之下，2002年1月15日立法院進行第二波國會改革，其中很大一部分是針對黨團協商制度進行修正。與第一次改革最大的不同是，規定委員會有權決定是否要將審畢的議案交付黨團協商或直接進入二讀會程序；如果要改變委員會所做的決定，除非以黨團整體提出異議，否則需要20人以上連署或附議（在國會減半後，降低為10人以上的連署或附議）[25]。自此之後，送交協商的法案由七成降為兩成多。另外，為強化黨團責任以及尊重委員會的角色，又規定議案交由黨團協商時，由該議案之院會說明人所屬黨團負責召集，通知各黨團書面簽名指派代表二人參加，該院會說明人為當然代表，並由其擔任協商主席。各黨團指派之代表，其中一人應為審查會委員。但黨團所屬委員均非審查會委員時，不在此限[26]。

　　但是這些改革並未解決黨團協商的黑箱問題，第七屆立法院在公民監督國會聯盟以及其他民間團體的努力下，立法院終於修改《立法院職權行使法》第70條第4項「議案進行協商時，由秘書長派員支援，全程錄影、錄音、記錄，併同協商結論，刊登公報」，以及第5項「協商結論如與審查會之決議或原提案條文有明顯差異時，應由提出修正之黨團或提案委員，以書面附具條文及立法理由，併同協商結論，刊登公報」。然而，在實際之運作上，議案進行協商時並未全程錄影與錄音，他們的理由是全程錄影、錄音，立委們就不知道如何協商。但是民眾更在意的是，協商結論如果和審查會之決議或原提案條文有明顯差異時，是否有做到由提出修正之黨團或提案委員，以書面附具條文及立法理由，向民眾負責。第九屆立法院，蘇院長上任後即同意召集的黨團協商全程錄影，並於協商會議後上網公開，因此從2月19日之後，民眾已經可以看到全程協商之錄影。但是時代力量對這樣的改變認為還不夠，幾經努力，終於在2016年12月13日

---

[24] 王業立，2002。〈國會中的政黨角色與黨團運作〉。《月旦法學》86：82-96。

[25] 《立法院職權行使法》第68條第2項。

[26] 《立法院職權行使法》第70條第1款與第2項。

開始現場直播，創下台灣立法院首例。從此，立法院所有的會議，包括院會、常設委員會、程序委員會和黨團協商皆是公開直播，民眾隨時可以上網或打開電視，瞭解會議審查的進度與內容。

有時候各政黨立場差異過大，黨團協商也有不成功的時候。根據《立法院職權行使法》第70條之1的規定議案自送交黨團協商一個月內若無法達成共識，則送交院會定期處理[27]。通常送到院會就是會進行表決。

對於2010年單獨或合併升格的北中南高四縣所屬鄉鎮長，國民黨欲修正《地方制度法》通過保障單獨或合併升格的北中南高四縣所屬鄉鎮市長，直接轉任為以機要職任用的區長，且任期保障四年；鄉鎮市民代表均轉任區政諮詢委員，無給職但可支領出席費及交通費。對於這樣的修正，民進黨無法接受，經過多次協商都無法達成共識，最後在協商破裂後立即送到院會表決。雙方都進行甲級動員，人數居劣勢的民進黨，堵住議場入口，並由管碧玲與陳亭妃兩位立委負責不讓王金平院長進入議事廳主持議事。但是國民黨立委從側翼突圍進入議場，改由副院長曾永權主持議事，朝野因此對決四小時，爆發立院有史以來最嚴重之肢體衝突。在雙方混戰當中，國民黨以人數優勢表決通過保障鄉鎮市長、代表轉任官派區長、區政諮委的爭議條文，完成三讀程序[28]。

三、二讀會與三讀會

二讀會時，得先對法案進行整體性的討論，也就是所謂的廣泛討論，接著才進行「逐條審議」。廣泛討論後，如有出席委員提議，15人以上連署或附議，經表決通過，可以重付審查或者撤銷。立委在逐條討論時，經過10人以上的連署或附議，可以提出修正動議。另外，在逐條討論的

---

[27] 原先規定四個月，一直到第七屆的2008年年4月25日才修正改為一個月。
[28] 劉榮、邱燕玲，2010。〈地制法三讀 混戰70分鐘 藍派按鈕組硬闖〉。《自由時報》2010/01/19。http://news.ltn.com.tw/news/focus/paper/367510。2016/01/20。

過程中，若有一部分條文已經通過，其餘仍在進行中時，如對該案立法之原旨有異議，由出席委員提議，25人以上連署或附議，經表決通過，得將全案重付審查，但是以一次爲限。在一、二、三讀中，二讀會可說是最重要的，法案的內容是在二讀會定案。

　　法律案的通過是很愼重的事，因爲它將成爲拘束全國人民的法律，不能馬虎，因此會有三讀會的設計。第三讀會，除發現議案內容有互相牴觸，或與憲法、其他法律相牴觸者外，只得爲文字之修正。換言之，三讀不會再修正內容，只就文字進行修改。但文字也是很重要的！因爲法律文差一個字就差很多，所以要非常愼重。

　　第三讀會，應於第二讀會之下次會議行之。但如有出席委員提議，15人以上連署或附議，經表決通過，得於二讀後繼續進行三讀。[29]這樣的規定有其意義，讓法案稍爲沉澱一下，並有機會檢驗是否有任何錯誤或衝突之處。然而近年來許多法案爲了趕在同一次會通過，而在二讀後繼續三讀。

　　一個提案要通過是要經過很多的程序和層層關卡，任何一個關卡衝不過就可能讓法案胎死腹中。網路上有個「一百種殺死法案的方法」的小遊戲[30]，聽起來是有點誇張，但確實絕大多數法案是無法通過三讀的，若不諳議事程序，則可能更慘。提案之後，議事處會將案子送到程序委員會，雖然程序委員會負責議程安排並決定建議該法案的送審委員會，但是過去程委常以「暫緩列案」將提案卡在程序委員會，此種情況以第五、六屆時最嚴重。好不容易程序委員會將提案送到院會，但是院會只要有一個人對程委的提案有意見，院會又未立即以表決處理時，該提案立刻被退回程序委員會重新處理；蕭美琴委員的〈難民法〉草案就是這樣不時在程委會與一讀會間流浪。好不容易出了一讀會，送到委員會審查，召集委員可能對該法案不理不睬的，而讓該法案躺在委員會中直到屆期結束。太陽花學運後提出的〈兩岸協議監督條例〉草案，就是死於內政委員會中。當然委員

[29]《立法院職權行使法》第11條第1項。
[30] 參看遊戲網址：http://legislator.thenewslens.com/game/index.html。

會也可以表決否決某一個提案。委員會審查後的法案可以決定送交二讀，也可送交黨團協商。送交二讀之前，必須交由程序委員會排定議程，程委會可以再度卡案，讓委員會審查過的案子停留在程委會；若程委會決議不須協商送交二讀，院會還是可以投票否決委員會審查通過的提案。若是有幸二讀通過，未於同一次會繼續三讀時，程委會再送到三讀之前還是可以卡案。即便是三讀通過，委員還是可以提出復議，復議亦有可能推翻或變相擱置原案。法案送到總統，行政院認為有窒礙難行時，經總統核可還可以提出覆議；覆議若通過，原法案就不生效。

若委員會決定送交黨團協商，主席也可以讓該法案躺死在黨團協商前，不予處理或是協商也可以否決。另外一種情況是協商過後，某一小黨黨團拒絕簽字，法案也可能因此無疾而終。黨團協商通過後，就送交二讀，但是可能會面臨上述法案送交二讀同樣的命運。

四、復議

法律案在通過一讀、二讀或三讀之後，委員均可以提出復議動議[31]。復議之提出有推翻原先的議決之可能，因此其提出不宜過於草率。立法院議事規則對於復議之提出有幾項限制[32]：

1. 證明動議人確實為原案議決時之出席委員，而未曾發言反對原決議案者；如原案議決時，係依表決器或投票記名表決或點名表決，並應證明為贊成原決議案者。

2. 具有與原決議案不同之理由。

3. 20人以上之連署或附議。

4. 復議動議，應於原案表決後下次院會散會前提出之。

只有勝的一方能提出復議，因此規定須是原議案議決時之出席委員且

---

[31] 參看《立法院議事規則》第44條。
[32] 參看《立法院議事規則》第42條與第43條。

未曾發言表示反對；若有記名表決必須是表決時支持原議案者。至於，議決時缺席的委員或反對的委員，均不能提出復議。此種設計乃是避免輸的一方利用復議來翻案。其次，復議之所以提出是因應情勢變遷或有新的資料發現而認為原決議有重新再考量之必要，因此必須有新的理由提出。再者，必須有相當人數的連署或附議，以為慎重。最後，復議的提出必須在原案表決或議決後的下次院會散會前提出。

復議案成立之後，原決議案自然暫時停止執行。如果委員於二讀後提出復議，則必須要等到復議動議討論有結果之後，再進行三讀。如果通過三讀後，經委員提出復議，不得咨請總統公布。

復議動議表決之後，可能被否決，即維持原來之議案；如表決後為通過，此時原決議已經不存在，原案必須重行討論，作成新的決議，此新決議可能與原決議不同，也可能相同。施台生委員等32人對三讀通過的《殘障福利法》第38條條文提請復議，但未獲通過。趙永清委員等38人對三讀通過的《民用航空法》第46條之1條文提請復議，也未獲通過。

時代力量黨團日前提出「國家資通安全科技中心設置條例廢止案」，該議案被國民黨團提交協商，進入一個月的「協商冷凍期」。在民進黨團也同意的情況下，等商期過後的5月3日的院會該條例被廢止。國民黨立委儘管有諸多質疑，但在立法院長蘇嘉全處理該案時，卻沒人提出異議，因此未進行表決就通過廢止[33]。當時國民黨未提出異議，可能是準備復議；因為只有勝方才能提復議，如果他們反對，就無法提出復議。果然國民黨團在5月13日的院會提出復議，經表決後，贊成27人，反對67人，「資安中心設置條例」廢止確定[34]，也就是國民黨的復議動議未獲通過。復議動議經過表決之後，對同一決議案，不得再為復議之動議。[35]

另外，有法律案經過二讀後提請復議而修正原決議者，例如：2000年5月19日第四屆第三會期第十七次會議進行《災害救濟法》三讀時，賴

[33] 張筱笛，2016。〈立法院通過廢止資安中心設置條例〉。《自由時報》2016/05/03。http://news.ltn.com.tw/news/politics/breakingnews/1683621。2016/05/10。

[34] 翁嫆珺，2016。〈復議案表決大戰藍落敗　資安中心設置條例確定廢止〉。《ETtoday東森新聞雲》2016/05/13。http://www.ettoday.net/news/20160513/697325.htm。2016/05/15。

[35] 參看《立法院議事規則》第45條。

清德委員提出第13條款末應增列「但不含人身保險給付在內」，由於此非屬於三讀的文字修正範圍，因此主席不同意增列。但是經查該段係屬在協商後漏列之文字，因此改以復議方式提出。由民進黨黨團提請復議，經院會通過復議案，並增列上述文字。

　　當然也有經過三讀後提出復議而修正原決議者，例如：馮定國委員等35人所提《公務人員任用法》第47條條文、簡錫堦委員等47人所提《就業服務法》第49條條文。值得一提的是《地質法》的復議，該草案於2001年8月由行政院函送立法院，在2004年1月6日完成三讀。在審查過程中爭議最大的為第7條所謂的「建商條款」，蔡家福委員表示該法若通過，對已經合法取得開發之土地，一旦土地遭汙染、或有斷層，審查就無法通過，更無法進行開發，對原來的土地投資者或開發業者衝擊最大。沒想到法案才三讀通過，卓伯源立委在1月9日立刻領銜，提出42位立委（33位國民黨、6位民進黨、1位台聯立委、2位無黨連盟）的復議連署，將該法案擋下，未能送總統公布。據瞭解，該法三讀通過後，立即遭到某些公會團體的關切與質疑，龐大壓力瞬間湧至立法院，甚至勞動院長王金平出面協調，最後以農地開發亦須提出地質調查報告，可能遭致擾民的因素下，由卓伯源立委提案復議[36]。三讀通過之《地質法》因為牽涉龐大利益，就這樣被謀殺了。所以像這樣的復議是立法被特殊利益所綁架了，並不是一個好的立法例子。

　　爾後到了第六屆時，行政院繼續提出《地質法》草案，但是不時在程序委員會被封殺。根據程序委員會的會議記錄，《地質法》在第六屆立法院有九次被封殺的紀錄。第七屆立委上任時，行政院於2008年2月29日再度將法案送到立法院，不過此次並沒有被刻意阻擋在程序委員會，卻躺在經濟委員會，直到2010年4月25日發生國道三號的崩塌案，掩埋多輛車子與坐在車上的人，才引起國人的重視。歷經了十多年之推動修法，終於在此戲劇化的事件中，讓該法案得以重見天日，獲得通過。

　　另外針對二二八受害者及受害家屬的賠償問題，立法院也曾經上演復

---

[36] 李彥謀，2010。〈立法逾10年為期　地質法難見天日〉。《新新聞》，1209期：12-21。

議表決大戰，國民黨將「二二八事件處理及賠償條例」名稱改爲「二二八事件處理及補償條例」。解嚴之後，在民間社會及反對黨不斷要求平反之時，立法院開始討論對受害者及受害家屬的賠償問題。在當時有三個版本的立委提案，一爲吳梓等18人所提「二二八事件處理條例草案」，其二爲洪昭男等20人所提「二二八事件補償條例草案」，其三爲民進黨的謝長廷等19人提出之「二二八事件賠償條例草案」。至於行政院版本的「二二八事件處理條例草案」在立委千呼萬喚之下才在審查會已進入逐條審查後提出。民進黨主張政府既然犯錯就應道歉，並給予受害者賠償，因此他們在法案名稱就直接用「賠償」兩字；反之，行政院提的版本則用「補償」兩字，而非賠償。原先送到立法院院會審查的二二八條例之名稱用「賠償」兩字，由於行政院堅持用「補償」兩字，加上國民黨軍系立委周書府、王天競、施台生等人亦堅持「補償」，最後國民黨由廖福本代表於1995年3月9日提復議案將「賠償」改爲「補償」。此舉引起民進黨立委強烈反彈，當天有李進勇、林光華、盧修一等25位民進黨委員輪番上陣，表達復議案是對二二八受難者及其家屬的再度傷害，政府做錯就要負責與賠償。國民黨方面僅有廖福本等4位委員發言。在民進黨一面倒的發言反對後，主席裁示下次再處理[37]。3月17日繼續討論復議案，民進黨黨團幹事長李慶雄要求記名表決，第一次表決，現場105人中，贊成復議的有48票、反對者53票，4票棄權，否決復議案[38]。吳德美、黃主文、徐成焜、吳東昇、林聰明、郭政權等本土派國民黨立委則投下反對票。國民黨立委馬上要求重付表決，接下來一連四次表決，都沒有過半數。民進黨立委認爲主席濫用表決權，引發雙方的對峙。國民黨黨鞭趁機加緊催票，國民黨立委或趕緊入場、或改投贊成。第六次表決國民黨終於以56票過半數擊敗民進黨團49票，新黨3票棄權，通過復議案[39]。民進黨立院黨團對

[37] 立法院，1995。〈二二八事件處理及賠償條例名稱修正復議案〉。《立法院公報》，第84卷第13期，頁36-62。

[38] 立法院，1995。〈二二八事件處理及賠償條例名稱修正復議案表決〉。《立法院公報》，第84卷第15期，頁28-33。

[39] 尹乃馨、孫中英、黃鴻鈞，1995。〈賠償變補償，二二八條例更名〉。《聯合報》1995/03/15：4版。

國民黨強行通過的二二八條例復議案的抗議，並質疑表決基礎，認為這是違反立院議事規則表決結果[40]。照理說，根據《立法院議事規則》第39條規定，重付表決以一次為限，但是該次卻重付表決了五次。一直到2007年3月民進黨執政時，才在黨團協商之下，朝野雙方無異議的將「二二八事件處理及補償條例」名稱修正為「二二八事件處理及賠償條例」。

 五、法律案的公布

根據憲法第72條規定，法律案在立法院通過後，必須移送總統及行政院，總統應該於收到10日內公布之，除非行政院認為有窒礙難行，經總統核可，於該決議案送達行政院10日內，向立法院提出覆議。有關覆議案的處理以及歷屆覆議案處理的結果在前面第四章已經提過，在此不贅言。

總統可以不公布立法院通過的法律案嗎？根據學者的看法，公布程序為法律成立要件之一，不應對法律的實質效力構成影響，若是總統不公布而行政院並未提請覆議，該法律仍應生效[41]。

但是有時候為配合相關法律一併公布或因應行政機關或審查會召集委員之要求，得延緩咨請總統公布。例如：1997年10月30日通過之《毒品危害防制條例》，為了配合《法務部戒治所組織通則》、《觀察勒戒處分執行條例》、《戒治處分執行條例》的修正，延緩至上述三法通過三讀之後，一起咨請總統於1998年5月20日公布施行[42]。

法律一旦經立法院通過總統公布後便成為國家的法律，拘束每一位民眾，因此才有三讀通過的程序，讓法案在二讀之後，還能再度檢驗一遍。下頁框框內，就是典型的三讀程序。當議事人員將所有條文逐條念完之

---

[40] 林振得，1995b。〈民進黨：228名稱復議案，程序不當〉。《自由時報》1995/03/17：2版。

[41] 陳志華，1995。《中華民國憲法》。台北：三民書局。

[42] 參看周萬來，2000。《議案審議─立法院運作實況》。台北：五南，頁139-140。

後，主席就會問台下立委有無異議，若沒有人表示異議，就照案通過。然而，通過的法案就沒有問題了嗎？事實上，立法院的烏龍事件還不少。

❖　　　　　　　　　　　　**法案三讀**　　　　　　　　　　　　❖

主席：三讀條文已宣讀完畢，請問院會，對本案有無文字修正？（無）無文字修正意見。

本案決議：「師資培育法第二十四條條文修正通過。」請問院會，有無異議？（無）無異議，通過。

資料來源：立法院，2014。《立法院公報》，第103卷第37期，院會記錄，頁104。

烏龍事件之一

　　為保障機車族之道路安全，2005年12月9日立法院在半夜火速通過《道路交通管理處罰條例》修正案，卻誤將「機車」寫為「汽車」，使得條文修訂為「汽車駕駛人或負載座要戴安全帽」，讓民眾傻眼。交通部只好用行政命令告知執法單位：開車不戴安全帽者不罰。

烏龍事件之二：一字之差，邵曉鈴條款擱淺三年成為孫穗芬條款

　　立法院於2006年12月22日三讀通過道路交通管理處罰條例第31條條文修正案，明定車輛行駛高速公路，後座乘客須繫安全帶，違者處新台幣3000元至6000元罰鍰，被外界稱為「邵曉鈴條款」。但是當時立法院院會三讀通過的修正案，被認為法律用語精確性、明確性大有問題，也就是當時文字的寫法，形成汽車駕駛人或前座「及」小型車後座乘客未繫安全帶者兩項條件具備才罰。同時，立委也發現兒童如坐在後座，繫上安全帶剛好會勒住脖子。該法因此被擱置，直到國父孫女孫穗芬車禍傷重不治，才加速了「後座乘客繫安全帶」立法的腳步。

烏龍事件之三

　　2009年8月27日的制定的《莫拉克颱風災後重建特別條例》，由於在匆忙之中，並未注意有關企業紓困部分重複於第16條與第19條規範。幸好兩條只是重複，並沒有衝突或牴觸，總統還是公布了該條例。一直

到2011年5月24日，爲了延長該條例適用期限而修法，才趁此將第16條刪除。

烏龍事件之四

另外一件「烏龍事件」爲立法院院會處理《公平交易法》修法處分不實廣告代言人，經濟委員會送錯審查版本，院會卻也照本宣科完成二、三讀修法程序後，才發現根本「念錯版本」。國民黨團因此緊急提出復議修正，及時補救。[43]

烏龍事件之五

2011年6月，立法院因爲塑化劑風暴而緊急修改《食品衛生管理法》，但三讀通過的第31條條文卻誤將「歇業、停業一定期間」寫成「歇業一定期間、停業」，歇業是指廢止、終止所經營的事業，因此後面不可能有「一定期間」，此烏龍導致衛生機關無論對黑心食品商祭出勒令歇業或停業，都變成「暫停營業」。爲解決這個大烏龍，立院只好在2012年7月修法時補正。

烏龍事件之六

2012年立院臨時會爲美牛議題吵翻天，最後7月25日三讀通過《食品衛生管理法》條文，卻將規定禁止輸入「牛頭骨」誤植爲「牛骨頭」。這樣的錯誤，可能因此讓帶骨牛肉皆無法進口，卻可能讓高風險的「牛頭骨」進口。最後爲議事人員所發現，國民黨團最後只好趕在散會前提復議，重新補正二、三讀後，才解除一場危機。[44]

---

[43] 邱燕玲、王貝林、曾鴻儒，2010。〈版本送錯三讀照念 立院搞烏龍〉。《自由時報》2010/05/19。http://news.ltn.com.tw/news/life/paper/396638/print。2016/01/20。

[44] 管婺媛、楊毅，2013。〈修法烏龍不是頭一次 2006年開車要戴安全帽〉。《中時電子報》2013/06/05。http://www.chinatimes.com/newspapers/20130605000468-260102。2016/01/20。

六、屆期不連續原則

　　在1999年制定《立法院職權行使法》之前，所有提案如果在該屆立
法院沒有審查完畢，繼續累積，隨時可以再抽出進行審議，也就是所謂的
會期繼續原則。此種情況造成法案愈積愈多的情況，同時也有一些過去提
出的法案，早已不合時宜，形成不知如何審議之窘境。例如：1986年6月
18日行政院曾經函送立法院審議《公用氣體燃料事業法》草案，然而該
草案一直躺在立法院，直到1995年12月22日才開始討論。但是多位委員
發現行政院當初所提的法案經過近十年，與實務有相當落差，難以繼續審
查。後來院會決議重付經濟與司法兩委員會審查，並請委員會與主管機關
協商。最後，行政院於1997年1月17日再將《公用氣體燃料事業法》部分
條文草案函請立法院審議，經院會決議送交經濟與司法兩委員會併前案審
查。

　　鑒於以上理由，因此在1999年新制定的《立法院職權行使法》第13
條中加入「政府機關及立法委員提出之議案，每屆立法委員任期屆滿時，
尚未完成委員會審查之議案，下屆不予繼續審議」的規定。根據此規定，
如果該提案已經經委員會審查完畢，但是未完成三讀程序，於新的屆期仍
可繼續審查，但是未完成委員會審查的提案，則予以廢棄；若希望該議案
繼續審查，必須重新提案。但是該法實施結果，若干委員會為了迴避屆期
不連續原則，將未經委員會實質討論的議案，提交院會審查，如此實不利
於委員會專業原則。因此，民進黨和親民黨提案將其修正為「每屆立法委
員任期屆滿時，除預（決）算案及人民請願案外，尚未議決之議案，下屆
不予繼續審議」，於1991年10月30日正式通過。自此之後，任何法律案
無法完成三讀程序，都必須於新屆期重新提出。

七、聽取總統國情報告

在國民大會未被廢除之前的原憲法增修條文規定，「國民大會集會時，得聽取總統國情報告，並檢討國是並提供建言；如一年內未集會，由總統召集爲之，不受憲法三十條之限制。」總統主動赴國民大會進行國情報告，由國民大會聽取國情報告後，另得檢討國是和提供建言，慣例上由總統彙整問題綜合答復。

在國大廢除後，大部分職權移到立法院。但現行憲法增修條文改規定由立法院決議邀請後，總統始能赴立法院進行國情報告；換言之，總統能否赴立法院進行國情報告，需由立法院決定之。另外，現行憲法增修條文，刻意刪除「檢討國是並提供建言」之語，故總統不必再受立法院檢討國是和提供建言之拘束。不過，現行憲法增修條文第4條第3項僅規定，「立法院得於每年集會時，聽取總統國情報告」，並沒有任何細節。而根據《立法院職權行使法》第15條之2，在兩種情況下總統得赴立法院做國情報告：一種情況由立法院主動提出，經全體立法委員四分之一以上提議，院會決議後，由程序委員會排定議程，立法院得就國家安全大政方針，聽取總統國情報告；另外一種情況是總統得咨請立法院同意後，至立法院進行就其職權相關之國家大政方針國情報告。而《立法院職權行使法》第15條之4與第15條之5更進一步規定立法委員可以針對國情報告提出問題，所提問題之發言紀錄，於彙整後送請總統參考[45]。對於立法委員的發言，總統如果同意，可以做綜合報告。

馬習會之後，馬英九總統表示願意赴立法院報告。民進黨立委對此指出，希望馬能在報告後備詢，立法院院長王金平表示，總統不是國會監督的對象，如果立法院質詢總統就是違憲[46]。由於總統並無主動赴立法院進行國情報告之權，需由立法院決定；國民黨團於是在11月10日提案邀請馬

---

[45] 《立法院職權行使法》第15條之5。

[46] 程平，2015。〈王金平：總統非監督對象 質詢就違憲〉。《聯合報》2015/11/05。http://udn.com/news/story/8946/1294848。2016/02/03。

總統赴立法院做國情報告。不過，後來由於民進黨與台聯認為國會事前對於馬習會一概不知，已經會談之後再來報告並沒有意義，因此堅決反對幫馬英九背書。在反對黨的杯葛下，馬總統並未完成赴立法院報告的心願。

　　有趣的是，在2005年因為軍購案在立法院受阻，陳水扁總統也曾表示願赴立院進行國情報告。當時的民進黨團幹事長賴清德表示，依據憲法增修條文規定立法院得聽取總統國情報告，所以民進黨團正式向立法院提案，邀請陳總統進行國情報告。賴委員進一步表示陳總統以負責任的態度向國人說明軍購案，符合人民的期待，在野黨沒有反對的理由。至於國民黨團書記長卓伯源則表示，陳總統若願意接受立委詢問，黨團才會同意，否則就不必來了[47]。賴清德委員批評在野黨此種要求違憲，置憲法於無物。立法院院長王金平則表示陳總統若有意到立法院報告軍購案，應該比照美國總統年度國情咨文，循憲在上半年開議初到院會做各方情勢正式報告，但主動權在立法院[48]。最後，2005陳總統也沒去成國會。兩件事相隔十年，但是主客易位，爭執點卻完全一樣。

　　總統何時可以去報告？是在開議初？或任何時候？是否可以就特定議題？還是必須整體報告？立委是否可以詢答？這些問題仍有待未來解決。

---

[47] 彭顯鈞、黃維助、李明賢，2016。〈拚軍購扁提和解願赴立院報告〉。《自由時報》2005/10/07。http://news.ltn.com.tw/news/politics/paper/37520。2016/03/30。

[48] 王家俊，2005。〈王金平：聽取扁國情報告主動權在立院〉。《大紀元》2005/10/06。http://www.epochtimes.com/b5/5/10/6/n1077246.htm。2016/03/30。

第 **6** 章 ▶▶▶

議場即戰場：
立法院內的政黨對決

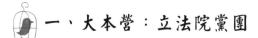 一、大本營：立法院黨團

　　早年國民黨一黨獨大，立法院常被譏爲行政院的「立法局」，因此也沒有所謂的黨團。1986年9月28日民進黨正式成立，在同年年底，該黨提名19位以民進黨爲名的候選人參與立委選舉，其中12位當選，再加上一位資深立委，民進黨在第七十九屆立法院中，共有13位立委。1987年2月2日此13位立委正式宣布成立民主進步黨立法院黨團，立法院第一次有黨團成立。他們認爲黨團扮演監督及制衡政府角色，是一種政黨政治之象徵[1]。

　　國民黨在各個政府機構都有其黨部，在立法院內也有其黨部，不過國民黨立院黨部於1992年改爲黨團。在同年1月16日，《立法院組織法》增訂第21條之1明定立委席次5席以上之政黨得成立黨團，正式給予黨團在立法院合法設置地位。1999年新制定之《立法院職權行使法》，特別將黨團協商制度化，明定黨團協商之對象與時機，協商代表成員及其比例，協商之程序相關事項及協商結論之效力[2]。不過，多少席次才能成立黨團，曾經有3次變動，一直到立委減半之後，將組成黨團的席次降爲3席。

1　鄭牧心，1987。《台灣議會政治四十年》。台北：自立晚報。
2　見《立法院職權行使法》第68條至第74條。

　　黨團在國會擁有某些特權，包括立法院提供的黨團辦公室、公費的黨團工作人員、黨團可以提案（即使該黨團並未達法定提案的15人），以及參與黨團協商。所有黨團協商經各黨團代表達成共識後，應即簽名，作成協商結論，並經各黨團負責人簽名；只要有一個黨團不簽名，協商就無法生效。小黨有時候可以藉由黨團協商來爭取較多的利益。

　　《立法院組織法》第33條有關黨團的規定，每屆立法委員選舉當選席次達3席且席次較多之5個政黨得各組成黨團；席次相同時，以抽籤決定組成之。立法委員依其所屬政黨參加黨團。每一政黨以組成一黨團為限；每一黨團至少須維持三人以上。以第八屆立委為例，立院中有4個黨團，分別是國民黨團、民進黨團、親民黨團、台聯黨團。不過，後來親民黨黨團因林正二委員賄選案被迫離職而湊不滿三人。因此改由親民黨籍立委與另兩名無黨籍立委共組「政團」。第九屆也有4個黨團，除國民黨團、民進黨團、親民黨團之外，還加上新成立的時代力量。

　　黨團基本上由相同政黨的委員組成，不過有時候小黨的委員會加入大黨的黨團。黨團的最高決策機制是黨團大會（國民黨）或黨團會議（民進黨），其次是黨團三長。三長就是我們一般常說的「黨鞭」。三長在國民黨分別是中央政策會執行長、黨團書記長與首席副書記長。中央政策會執行長就是所謂的大黨鞭，扮演國民黨中央與立法委員之間的橋樑。在民進黨則稱之為總召集人、幹事長以及書記長。民進黨立法院黨團總召、幹事長及書記長為當然中執委及中常委。此乃民進黨立法院黨團與民進黨黨中央之間的連結。

民進黨立法院黨團召開記者會辦公室

2016年國民黨新任黨主席洪秀柱上任後，任命非現任立委的蔡正元為國民黨中央政策會執行長，這反而讓國民黨在立法院少了大黨鞭。因此國民黨立法院黨團召開黨團會議修改內規，決議未來黨團設立「總召」一職，由黨籍立委直選產

國民黨立法院黨團召開記者會辦公室

生。[3]將來中央政策會執行長與總召之間的關係為何，將是一個令人關注的問題。

國民黨黨團對應立法院的委員會，設立黨團內的委員會並推舉委員長。類似的機制在民進黨黨團則是叫政策小組，每個小組會有一個召集人。同時，政策小組召集人也會是民進黨中央黨部政策會的委員。這些召集人就是黨團和黨中央聯繫的窗口。

黨團負責立法院的議題設定與議程掌控。議題設定就是要選擇主打的議題。黨團會固定召開記者會，這就是一種議題設定的形式。議程掌控則是掌握議案的進度與審議情形。當然，黨團不是盯進度而已，還要跟敵對陣營進行政治攻防。表決就是黨團進行攻防的場合，特別是記名表決。在野黨團可能透過程序性的干擾去打亂執政黨的步調；相對地，執政黨就要扮演起防守的角色。在攻防中，政黨就能藉由黨團在立法院中展示自身的立場。因此，黨團必須要能掌握委員的出席，也就是所謂的「動員」，以利於捍衛政黨的立場。既然要進行政治攻防，進行一場議場內的「文攻武

3 黃信維，2016。〈國民黨下月19日直選總召 全體立委都能參選〉。《蘋果即時》2016/04/29。http://www.appledaily.com.tw/realtimenews/article/new/20160429/849476/。2016/05/26。

「鬥」，黨團辦公室也會事先準備糧草，包括準備好資料，準備抗議或支持的海報、牌子，讓他們有子彈打仗。

 二、政黨對決與記名表決

　　美國國會幾乎所有的表決都是記名表決，而且紀錄和公布所有的記名表決，因此我們很容易從記名表決中瞭解政黨以及個別議員的立場，以便向選民交待與負責。在台灣由於有些爭議法案已經黨團協商過，因此在院會基本上不會碰到重大爭執，就無異議通過，無須記名表決。當然在黨團協商無法解決的問題，政黨或立委可以要求進行記名表決。根據《立法院議事規則》第35條規定，採用表決器記名表決，須經出席委員15人以上之連署或附議。根據蔡韻竹的研究，政黨是記名表決最主要的發動

◆表6-1　第三至七屆立法院記名表決發動者

屆期	政黨	立委	其他	當屆總計
三	59.0	24.2	16.9	100.0 (575)
四（輪替前）	73.7	6.3	20.1	100.0 (224)
四（輪替後）	75.5	7.4	17.0	100.0 (94)
五	83.7	3.0	13.3	100.0 (368)
六	93.4	3.9	2.7	100.0 (256)
七	83.6	8.0	8.5	100.0 (943)
全部	84.3	7.5	8.3	100.0 (2460)

資料來源：蔡韻竹，2014。〈政黨的表決發動：立法院第四到七屆之初探分析〉。載
　　　　　於黃秀端主編《轉型中行政與立法的關係》：109-144。台北：五南。
說明：1.表中數字為百分比。
　　　2.為呈現政黨在表決角色上的轉變，在此納入第三屆資料。

者[4]。表6-1呈現由政黨發動的記名表決占了全部表決的84.3%，由立委個人邀集同黨或跨黨委員共同連署發動表決的比例僅有7.9%，並且由政黨發動表決所占的比例愈來愈高，在第三屆僅59%的表決是由政黨發動，第四屆政黨輪替前上升至73.7%，第四屆政黨輪替後政黨表決的比例增加到75.5%。第五屆有83.7%的表決是由政黨發動，到了第六屆時政黨表決的比例已高達93.4%，第七屆雖然沒有那麼高，但也有83.6%。當政黨的角色愈來愈重要時，個別立委在發動表決上的角色則是逐屆下降。

　　政黨為什麼會提出記名表決？就執政黨或大黨而言，他們的目的當然是想通過法案。根據《立法院職權行使法》，議案自送交黨團協商逾一個月無法達成共識者，便擇期送交院會定期處理，此時政黨便可以在院會發動記名表決。對贏的政黨而言，透過表決除了讓法案早日通過外，另外也可向選民表示他們為選民做了什麼事，也就是進行黨團紀律之約束。對於小黨而言，他們瞭解無法在表決與大黨一較高下，提出記名表決主要是為達其在該法案的立場。無論表決輸贏，政黨可以藉此展現其凝聚力或對外向選民或相關利益團體「交代」[5]。例如：台聯為突顯其強調台灣優先、積極台獨的政治立場，《兩岸人民關係條例》的大陸配偶身分證取得年限、《總統副總統選舉罷免法》中的台生條款以及限制高科技業者登陸投資的《敏感科技保護法》等都是由台聯提案、發動記名表決的。

　　第七屆立法院表決最多次的法案為《全民健康保險法》修正案，共表決80次；《土地徵收條例》部分條文修正草案在二讀時則表決了54次。前面提到的《地方制度法》部分條文修正草案於二讀時共表決了28次（院版則在先前的程序中已進行過一次表決）。

　　《全民健康保險法》修正案第七屆表決最多次的法案，該法修正目的是為了解決全民健康保險多年來「醫療費用」與「保費收入」落差造成的財務缺口，因此改採「家戶總所得」之計費方式取代第一代健保，因而

---

[4]　蔡韻竹，2014。〈政黨的表決發動：立法院第四到七屆之初探分析〉。載於黃秀端主編《轉型中行政與立法的關係》：109-144。台北：五南。
[5]　Carey, John M. 2009. *Legislative Voting and Accountability*. New York: Cambridge University Press. pp. 75-76.

被稱爲「二代健保」。然而由於行政院的版本連國民黨立委都有意見，後來衛生署向行政院提出了二代健保修法的新版本，放棄家戶總所得計費方式，回歸一代健保的薪資所得費基[6]，因此有人稱之爲一點五代健保。民進黨爲突顯國民黨版倒退回一代健保，遂提出民進黨版的二代健保，並進行逐條表決戰。[7]國民黨最終以其絕對多數優勢，完全依黨團修正的新版通過。民進黨版的修正案則無一通過。但是80次的記名表決以及媒體廣泛的報導，突顯該法案的爭議性，民進黨也達到表態之目的。

　　有鑑於土地徵收屢屢成爲國內爭議焦點，包括苗栗縣大埔怪手開進即將收成的農田大肆破壞，引發農民的怒吼與土地不正義的爭論。《土地徵收條例》立法的目的，乃希望透過制度約束徵收的行爲，以落實憲法第15條對於人民生存權、工作權、財產權保障的精神，同時透過人民參與來落實人民的權利。當時除了行政院版本外，民進黨版本主要是民間團體的意見，主要爭議的內容在於：特定農業區不得徵收的例外範圍、徵收之必要性與公益性的評估標準、人民參與的聽證制度，以及完全補償原則。該法在2011年12月13日經過一天半的密集協商、四個小時54次的表決，直到晚間10點半才三讀通過《土地徵收條例》修正案[8]。依通過的條文來看，行政院版、民間版本各有進退，但是對於反對黨與民間團體所要求的具有效力的聽證會，行政院只同意開公聽會。

　　第六屆則以國民黨與親民黨團共同提案的《三一九槍擊事件真相調查特別委員會條例》部分條文修正草案表決次數最多，達28次。《中央選舉委員會組織法》草案共表決8次。包涵三個版本的《國家通訊傳播委員會組織法》草案則表決6次。而三個草案足以視爲是第六屆立法院朝野衝突最激烈的草案。

　　《國家通訊傳播委員會組織法》草案的爭議在於NCC委員的產生方式，國民黨主張NCC委員按立院政黨人數比例產生，民進黨認爲此舉將

---

[6] 呂欣憓，2010。〈二代健保最終版 楊志良：「大家的」版本〉。《央廣即時新聞》2010/12/15。http://news.rti.org.tw/index_newsContent.aspx?nid=272123。2012/05/03。

[7] 立法院，2011。《立法院公報》，第100卷第4期，院會記錄，頁50-61。

[8] 朱淑娟，2011。〈土地徵收條例修正案三讀追求土地正義人民仍須努力〉。http://shuchuan7.blogspot.com/2011/12/blog-post_14.html。2015/05/03。

侵犯行政權，應由行政院院長提名，雙方為此演出多次全武行。從第五屆打完休會，第六屆一開始進行9次的協商、1次的公聽會，最後民進黨同意表決，再將這個法案交由大法官解釋其合憲性。《中央選舉委員會組織法》草案的爭議也同樣是牽涉中選會委員的產生方式。除此之外，國民黨堅持先討論中選會組織法案再討論預算，但民進黨認為預算案比較重要應先討論。雙方為此爭得你死我活。

第七屆上演表決大戰是影響台灣未來經濟走向的《產業創新條例》。執政的國民黨推動《產業創新條例》是為了接續即將落日的《促進產業升級條例》，繼續給予特定企業租稅優惠。但是輿論及民進黨，對其中某些條文有所疑慮，包括租稅優惠過多，將導致賦稅的不公平，加上該草案有關土地開發的部分，有炒作地皮的嫌疑而堅決反對。經19位委員發言的廣泛討論及約半年的協商，仍未能達成共識，後經由院長召集協商，就有爭議條文，逐條發言後，即上演表決大戰，反對黨明知表決結果過關機率不大，但是還是要透過表決來宣示立場。

那些表決次數最多的法案也正好通常都是該屆最具爭議的法案，也因為爭議過大，朝野雙方皆僵持不下無法完成協商，而送到院會表決。面對這些激烈的爭執與分歧，黨團最重要的工作就是進行甲級動員，用盡各種方式將黨團成員召回開會與投票。在議場上，可以看到各政黨都會製作贊成和反對立場的牌子，如果某政黨對某法案條文採取贊成的立場，該黨黨鞭變會舉出「贊成」的牌子，避免其黨團成員在混亂之中投錯票。

三、黨團大戰略

（一）攻守之間

立法院開院會時，兩個黨團都會派人在議場內「圍事」，可能是黨鞭，可能是被指派的「盯場委員」。執政黨團的目標通常是要讓議程順利進行。執政黨委員有時也會對行政方有意見，黨團會代替行政方進行協

調。在野黨團則會設定要主打的議題，作成提案並準備相關資料。當在野黨團有特定訴求時，可能會發動「攻勢」。在院會時，行政院院長能否順利上台施政報告，一向是攻防的重點項目之一。在委員會也會有議事的攻防，比方說透過變更議程，讓原本要上台報告的部長不能上台；或一開始針對特定議題要求部會首長道歉，也就是進行程序性的干擾。因此，黨團助理通常要對議事規則相當嫻熟，能夠在發生突發狀況時，提醒召委和黨鞭在議事程序上的因應。

（二）行政院院長進議場

　　行政院院長進議場報告時往往是媒體的焦點，行政院院長會在幾個時候進到立法院：

　　1. 施政報告：可謂是行政院半年一次的「業務報告」，有口頭也會有書面。

　　2. 總預算案、追加（減）預算案、特別預算案之報告。

　　3. 覆議案。

　　4. 會期結束之致意：這是一個慣例，在每個會期立法院院長敲鐘宣布散會之後，行政院院長會走進議場，跟每個委員握手致意。

　　行政院院長進行施政報告時，執政黨團會或許會事先跟院長溝通施政報告的重點。利用委員的提問幫院長做球給他表現的機會。對攻方的在野黨來說，這時是展示力量的機會。除了針對特定議題砲轟行政院院長之外，在野黨黨團也可能杯葛院長上台。守方的執政黨黨團自然不能坐視不管，必須動員立委護衛院長，讓他能順利進行報告。

　　2012年9月28日立法院院長王金平邀請行政院院長陳冲上台報告，遭台灣團結聯盟籍立委杯葛。面對同黨行政院院長遭遇杯葛，國民黨立法院黨團出動立委排除台聯立委杯葛行動，陳冲在國民黨籍立委組成的人牆下，上台進行施政報告。但是也有發生行政院院長無法完成施政報告的時候，五二○前總辭、隨即再獲馬總統任命的行政院院長陳冲，2012年6月1日第一次赴立法院進行施政方針報告，便遭受在野的民進黨、親民黨、台聯三黨團聯合杯葛，要求先承諾電價凍漲、瘦肉精零檢出、並為證所稅

造成的亂象道歉，陳揆並未接受，因此無法上台報告。雖然由王院長出面進行朝野協商，仍未果，最後王院長又建議，讓陳冲的書面報告列入紀錄，在野黨也不願意接受此提議。創下首次在法定時間內無法完成施政報告程序的行政院院長[9]。

2013年2月26日行政院院長江宜樺首次赴立法院施政報告，就因為核四案遭在野黨杯葛。執政黨黨團與在野黨黨團進行朝野協商提出四結論，才讓江宜樺完成施政報告。第一項結論是，核四公投有結果前，不追加預算、不放置燃料棒，除已發包及安全檢測工作外，核四暫停施工。其他三項結論分別是：立法院各黨團推派專家組成小組進行監督；公民投票前，公民投票法修正草案儘速進行協商；3月8日邀請行政院院長至立法院進行核四案專案報告並備詢。爾後，江院長更因為九月馬王政爭，在野黨堅持江揆要先為鍘王案與監聽風暴道歉才能登台報告，江揆不願意道歉，以致協商破局，無法上台報告。甚至創下六度到立法院報告皆未果的情況。最後經朝野協商共識，才於第七度報告成功。

2000年10月行政院院長張俊雄宣布停建核四，引發在野黨強烈的反彈，因此聯手動用12次表決，以「行政院不尊重立法院，罔顧憲政體制」為理由，拒絕讓張俊雄院長接受施政質詢，同時無限期擱置中央政府總預算的審議時程。[10]創下張俊雄院長及全體內閣閣員順利進入議場，卻因為被列為「不受歡迎人物」而「請出去」未進行總質詢的紀錄。執政的民進黨立委雖然全力捍衛，並集體擁到前方，舉臂高喊「安定政局」的口號，奈何朝小野大，無法挽救大局。

由於在野政黨同時也杯葛中央政府總預算，在朝野雙方不斷的斡旋下，延宕一個多月的總預算終於在11月10日雙方同意進入審查階段。但是已被立法院列為「不受歡迎人物」的行政院院長張俊雄仍無法列席立院進行總預算報告，改採書面報告，成為繼連戰之後，第二位無法進行總預算

---

[9] 蘇永耀、曾韋禎、施曉光，2012。〈陳冲拒道歉 在野三黨杯葛施政報告〉。《自由時報》2012/06/02。http://news.ltn.com.tw/photo/politics/paper/316809。2016/02/28。

[10] 郭瓊俐，2000。〈12次表決 張俊雄「請出去」〉。《聯合報》2000/11/01：3版。

報告的閣揆[11]。對在朝的民進黨來說為讓總預算順利付委，如此結果算是「不完美的兩全其美」。

在野黨委員如果在質詢時跟行政官員發生嚴重衝突，比方說用預算書砸向官員，黨團若介入處理，有時是調解，有時則是藉機進行政治操作。當然，這對執政黨團來說，同樣會是操作的機會。整體而言，黨團的議事攻防，會受到黨團的大小（立委席次）、社會接受度、政治議程的設定等因素而定或因而調整。

（三）部長與立委的交鋒

行政院各部會首長會在以下時機進入立法院：

1. 總質詢／業務報告／專案（題）報告

每個會期一開始，各部會首長會與院長一起到立法院接受政黨總質詢[12]。另外，在立委個人質詢部分是依各委員會之種類，以議題分組方式進行，行政院院長及與議題相關之部會首長也必須列席備詢。除此之外，每會期開始時，部長需要在對應的委員會進行業務報告，在委員要求下還會不定期地針對個別議題對委員會進行專案或專題報告。兩者的差異在於專案報告比較正式。是由委員在立法院院會中以臨時提案表達有報告之需求，正式由院會交付給委員會進行安排。專題報告則是由委員會召委自行決定，有時也有委員建議或委員合議，由召委安排的例子。不過一般的說法，會用專案報告統稱兩者。

前一陣子因為台灣人在肯亞詐騙案被移交到中國而引發爭議，司法及法制委員會決議要求法務部部長羅瑩雪於2016年4月14日到司法及法制委員會進行「依海峽兩岸共同打擊犯罪及司法互助協議要求將肯亞案人員移交我國及司法處理情形」專案報告。報告之後接受立委質詢，結果引發一番唇槍舌戰。最後顧立雄等6位立委還提出對羅部長藐視國會的譴責案（見下頁框框）。

---

[11] 陳素玲，2000。〈總預算付委張俊雄尷尬〉。《聯合晚報》2000/11/10：2版。
[12] 根據《立法院職權行使法》第19條第4項規定，政黨質詢時，行政院院長及各部會首長應列席備詢。

❖ ❖ **立委提出對羅部長的譴責案** ❖ ❖

立法院第九屆第一會期司法及法制委員會第十五次全體委員會議議事錄

時　間：中華民國105年4月14日（星期四）上午9時至12時19分、下午2時30
　　　　分至5時21分
地　點：本院紅樓302會議室
出席委員：段宜康 林德福 柯建銘 張宏陸 周陳秀霞 林爲洲 許淑華 周春米
　　　　　蔡易餘 許毓仁 顧立雄 尤美女
　　　　　委員出席12人
列席委員：黃國昌 林昶佐 管碧玲 黃偉哲 吳志揚 鄭天財 徐榛蔚 徐永明
　　　　　李彥秀 孔文吉 吳思瑤 蔣乃辛 陳明文 張麗善 王惠美 李俊俋
　　　　　林俊憲 陳歐珀 鄭運鵬 邱志偉 陳賴素美
　　　　　列席委員21人
列席官員：法務部部長羅瑩雪……
……
主席：林召集委員爲洲
專門委員：楊育純
主任秘書：陳清雲
紀錄：簡任秘書彭定民
　　　簡任編審周厚增
　　　科長陳杏枝
報告事項
……
討論事項
……
提案
……
三、鑒於法務部羅瑩雪部長於答詢時自承對於「台灣人已在肯亞法院被判
　　無罪，卻被遣送至中國」一事細節尚不清楚，卻於媒體上放話：「因爲
　　民主國家要保障人權，但是應該保護犯罪嗎？」、「優先考慮有效制裁
　　犯罪」，放任不具名之「法務部高層」任意於媒體放話：「最壞情況就
　　是，下機同時立即放人」；並在我國已提高刑法第339條之4加重詐欺罪
　　之刑度並有一罪一罰的情形下，於答詢時屢次稱：我國法院判決不夠重

> 甚至可易科罰金、我國對於電信詐欺的刑度不夠重、送到中國才能懲治
> 等，高度呼應中國方面論述，企圖誤導輿論風向，留下若我國要求中國
> 將8名台灣人回台，將會形成政府護送詐欺犯回台逍遙的不名譽形象，
> 儼然成為中方公安部代理人，毫無捍衛我國主權及人民權益之心；並於
> 本會詢答時歷次向諸多立法委員嗆聲，面對國會監督不思反省，反而兒
> 戲賭氣般反唇相譏，顯係藐視國會，應予嚴屬譴責。
> 提案人：顧立雄 周春米 段宜康 張宏陸 蔡易餘 尤美女
> 決議：照案通過。
> ……

資料來源：立法院，2016。《立法院公報》，第105卷第25期，委員會記錄，頁339。

2. 分組預算審查、預算凍結案之處理

各部會預算在委員會審查時，部長最少需要在進行預算質詢時到場。如果部長不到場備詢，可能會讓預算遭受委員的杯葛。另外，有些時候立委不滿意該部會某些項目預算執行的狀態，會暫時凍結該單位的預算。預算凍結案之處理則是因為被凍結的預算須要經報告後，或報告且須經委員會同意後才能解凍。因此部會首長需要針對被凍結的預算案進行報告。

3. 法案（及行政命令）之審查、公聽會

在委員會審查重大議案時，部長會親自出席並備質詢。在發生爭議時，部長親自到場將能取得比較好的協調效果。畢竟部長面子較大，拜託委員會比下屬有用。

4. 朝野黨團協商會議（法案、預算、院長協商）

若是立法院院長主持的黨團協商，通常會事先或臨時通知部會首長到場，這是部長蒞臨立法院的另外一種情況。若重大且急迫性的議案或預算，甚至連行政院秘書長甚或副院長都會請來，甚至有時候協商到一定程度還會讓秘書長或副院長向上請示或與執政黨團黨鞭再另外會商。

5. 黨團舉辦的會議

以民進黨為例，民進黨團依照議題性質會分成不同政策小組。政策小組要跟相應的部會進行對話，因此政策小組的會議有時也會邀請部長來參加。

6. 其他活動

部長也可能參與農特產品促銷、委員會餐敘、協調會或前來拜會召委及委員會委員等。這些都是偏向活動性的場合。農特產品促銷不是指立法院裡面有菜市場在大特價，而是委員在立法院內所舉辦的地方產品促銷活動，這種活動是在照顧鄉親。有時促銷活動會邀請部長來參加，如果委員比較夠力連兩院院長都請得到。例如：前一陣子在彰化縣長魏明谷（也是前立法委員）、立法委員洪宗熠、黃秀芳、陳素月等邀請下，行政院林全院長與立法院蘇嘉全院長以及農委會主委曹啟鴻共同參與彰化縣政府於立法院舉辦之「彰化西南角漁火海之味」活動，推廣彰化縣的蚵仔美食。[13]

當部長前來立院時，其幕僚會幫他準備好報告用的資料，並有一大本Q&A題庫去應對委員在質詢時可能提出的問題。幕僚不是整本丟給部長，而是要適時從題庫中抽出相關的部分供部長作答。也有更科技化的做法：在詢答時直接透過電腦跟幕僚做同步連線，部長就照著銀幕上的資料回答。

在部長下車進入議場的短短路程中，國會聯絡人要對部長進行簡報，研判可能發生的狀況並回報會議進度。當委員跟部長發生拉扯時，國會聯絡人還得充當保鏢。部長走了之後，國會聯絡人則要幫忙「善後」，要回報會議結論，並列出需要繼續追蹤的議題。

（四）行政的搜索兵：國會聯絡人

各部會都設有國會聯絡人，其下屬的行政機關、國營事業及主管的財團法人等單位也會設國會聯絡人。這是一項職務，因此不是真的只有一個人，通常是個國會聯絡組。國會聯絡人相當於行政部門的搜索兵，要幫行政部門蒐集國會中的資訊。如同國會助理，國會聯絡人也要關注媒體報導以便掌握情勢。根據手頭上的情資，適時提供部長建議。隨著情勢的變化，質詢的焦點會有所轉變，部長可能因此遭遇到題庫中沒有的時事

---

[13] 法院新聞訊息，2016。〈推薦「2016王功漁火節」蘇嘉全：歡迎所有喜好海鮮與海洋文化的鄉親參加〉。http://www.ly.gov.tw/01_lyinfo/0101_lynews/lynewsView.action?id=43433&atcid=43433#。2016/06/30。

問題。國會聯絡人要能事先研判出這點,去提醒相關業務單位更新題庫內容。除了部會以外,現在一些社會團體或常與國會聯繫的單位也開始設有國會聯絡人。

有時委員想提法案,也可能會請相關部會的國會聯絡人提供意見。通常聯絡人都在該部會待很久,因此對政策的沿革有一定的熟悉度。委員可從聯絡人身上得知政策的形成始末,以及實際施行時的情形及利弊得失。政策差幾個字就可能會有很大的影響,因此必須十分注意種種細節,免得不小心害到自己選區。

第 7 章 ▶▶▶
看緊人民的荷包：預算審議

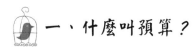一、什麼叫預算？

　　預算就是「國家在一定的期間之內，為了達到一定的目的而作的資源分配」。政府預算，簡單來講，就是用數字來表達整個政府的施政計畫。因此預算審查過程就是一個很政治的過程，此種說法早在Aarron Wildavsky的The New Politics of the Budgetary Process[1]就發揮得淋漓盡

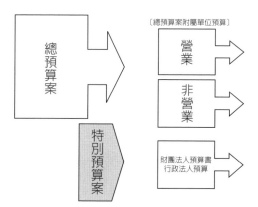

立法院進行預算審議的時序

◆圖7-1　預算審查時程圖

製圖：許孝慈。

---

[1] Aarron Wildavsky, 1997. 3rd edition. *The New Politics of the Budgetary Process*. New York: Longman.

致。預算會編成預算書，裡頭有很多數字、報表跟密密麻麻的小字。它會告訴你各部會的施政計畫及養了哪些人，要做哪些事。政府的預算：不管是公務、非營業、營業基金，都是用數字在表示政府的整個施政計畫。監督政府預算有沒有亂花是立法委員很重要的職責，也就是要看緊人民的荷包。整筆預算是「一個」案子，叫「中央政府總預算案」，告訴你人民納稅錢花到哪裡去了。如果立委要對中央政府總預算案的內容進行修改，例如凍結（暫時不准使用）或是刪除，就要提出預算提案。如果你是必須認真地看預算書的那個人，那你的收穫可能是：疲勞、生病、熊貓眼、還有頭痛。但每個委員助理卻都非看不可！而且要細細地看，找出裡頭的問題。

　　政府部門的預算叫做公務預算。其中會有一本叫做《中央政府總預算案總說明及主要附表》（可在《行政院主計總處》網站下載[2]）。該本預算總說明的前面會先交代國內經濟情勢、政府的施政理念與方針，還有預算編列時的估算基礎，像是GDP。GDP成長與否的估計會考量國內外各種主觀與客觀的情勢與指標綜合而成。譬如2012年GDP連續9次下調[3]，之後審議下一年度預算時，就可能被立委提案質疑為何估計出來的成長率如此不準確。因為GDP估計不準確，會連帶的影響到對歲入、歲出、施政績效的估計。

　　預算書中的「重點分析」可拿來跟政府部門的施政方針做對照。譬如：施政方針內容提到公共建設要擴大，但送進來的預算書卻在公共建設這塊的經費不增反減，那就可能被質疑：官員的施政報告是不是在唬爛。

---

[2]　網址為http://www.dgbas.gov.tw/ct.asp?xItem=26269&CtNode=5389&mp=1，包括預算案、法定預算以及追加減預算。

[3]　聯合報，2012。〈九降風：GDP吹出的警訊〉。《聯合報》2012/11/04：社論。

二、需要被審議的預算有哪些？

　　需要經立法院審議的預算包括中央政府總預算案、特別預算案、追加、減預算案以及政府所捐助、成立或累積捐助50%以上的財團法人預算書。

（一）中央政府總預算案（其中會包含附屬單位的預算，有營業與非營業部分）

　　中央主計機關將各類歲出預算及中央財政主管機關綜合擬編之歲入預算，彙核處理，編成中央政府總預算案，包括附屬單位預算，營業及非營業部分。所謂的中央政府當然包括總統府、行政院、立法院、司法院、考試院、監察院五院及其下面之各部會局處等。

（二）特別預算案

　　特別預算的提出，除依據《預算法》規定外，須另訂相應的特別條例作為法源。根據《預算法》第83條規定，行政院在國防緊急設施或戰爭、國家經濟重大變故、重大災變、不定期或數年一次之重大政事四種情況下，可以提出特別預算。在此舉出九二一大地震、SARS疫情蔓延、莫拉克颱風幾項特別預算的提出及相關的法源為例。

　　發生於1999年9月21日凌晨的強烈大地震造成台灣中部地區大規模的財產損害和人口傷亡，為統籌國內資源進行救災，李登輝總統於9月25日發布緊急命令，於9月28日經立法院追認。在中部地區之救災與安置告一段落之後，必須開始進行災後重建，但是所需經費龐大。行政院於是在1999年11月26日提出〈九二一震災重建暫行條例草案〉，函請立法院審議。立法院於2000年1月28日完成三讀，咨請總統公布。並依該暫行條例第69條第2項規定，90年度災區復建所需經費新台幣1,000億元，應循特別預算程序辦理，不受《預算法》及《公共債務法》之限制。另外一項為了天災而編列的特別預算為莫拉克風災，也是由立法院先制定通過《莫拉克颱風災後重建特別條例》後，再編列特別預算。

　　2003年出現的嚴重急性呼吸道症候群（俗稱SARS）疫情蔓延極為快速，與傳統法定傳染病不同，在當時現有對抗疫情的組織、人力資源、防治措施及法規均有不足，確實有立法授權行政部門統籌資源採行有效防治措施之必要。且由於SARS之蔓延，民眾不敢出門，遭受疫情衝擊導致的產業困境亟待紓解。行政院於2003年4月28日提出〈嚴重急性呼吸道症候群應變處理條例〉草案函送立法院審議。雖然當時在分立政府之下，但是為了救災，朝野停止口水戰。5月2日院會報告事項處理完畢後，即由王院長召集黨團協商，綜合六項提案版本，當天下午3時50分協商完成，院會立刻進二讀、三讀程序。立法院於當日晚間即通過《嚴重急性呼吸道症候群防治及紓困暫行條例》，並咨請總統公布，總統於5月2日就公布。該條例通過之後，依暫行條例第16條規定，中央政府為支應嚴重急性呼吸道症候群防治及紓困所需經費，在總計新台幣500億元內，循特別預算程序辦理。行政院於2003年5月12日將〈中央政府嚴重急性呼吸道症候群防治及紓困特別預算案〉案，函請立法院審議。立法院於5月16日第五屆第三會期第十二次會議，邀請行政院院長、主計長、財政部長及相關部會首長列席報告特別預算案編製經過，並答復委員質詢。報告詢答完畢，院會決定將此特別預算案交預算及決算委員會會同有關委員會審查。立法院快馬加鞭於5月23日三讀通過SARS特別預算。[4]

（三）追加預算案

　　各機關於執法定預算時，有時候會發現編列之預算與實際需要有所出入，而非辦理經費流用及動支預備金所能容納時，得由行政院提出追加預算。依照《預算法》第79條規定，行政院得提出追加預算的情況為：1.依法律增加業務或事業致增加經費時。2.依法律增設新機關時。3.所辦事業因重大事故經費超過法定預算時。4.依有關法律應補列追加預算者。根據《預算法》第82條之規定追加預算之編造、審議及執行程序，都準用總預算的規定。

---

[4] 參看立法院議政博物館，2011。〈制定「嚴重急性呼吸道症候群防治及紓困暫行條例」／重要法律案〉。In http://aam.ly.gov.tw/pages/P000011_03.action?key=3。2015/01/05。

　　最近的追加預算案，是100年度中央政府追加預算案。在台灣歷史上預算金額追加（修正總經費）最龐大應屬核四的興建，不過核四經費是做計畫的變更並修正總經費，屬於廣義的追加，並未眞正引用追加預算之規定。1996年在連戰擔任行政院長時要求第一次追加預算191億。原先預定2004年7月完工的核四，工程不斷延宕，費用不斷追加，2007年第二次追加預算447億，2009年第三次追加預算402億，2012年第四次追加預算101億。本來行政院還想進行第五次預算追加，但是在福島核災之後，反核聲浪不斷增加。根據《今週刊》在2013年2月28日至3月3日所做的調查，74%民眾「不贊成追加核四預算」，贊成的只有14%[5]。2014年4月26日至28日反核人士發起「全民守護廢核決心」在凱道靜坐；27日「停建核四、還權於民」大遊行，5萬人「不核作」占領忠孝西路。馬總統終於在4月28日決定：「核四一號機安檢後封存，二號機停工；日後是否運轉，待公投決定」。總計核四的四次追加預算共1,141億，但是最後還是封存了。

（四）政府所捐助、成立或累積捐助50%以上的財團法人預算和行政法人預算

　　國家出資的財團法人年度預算書、行政法人年度預算依法應函送預算書至立法院審查。行政法人是爲執行特定公共事務，依法律所設立的公法人，目前有：國家災害防救科技中心、國家中山科學研究院、國家運動訓練中心、國家表演藝術中心、國家資通安全科技中心。財團法人是依照捐助目的忠實管理財產，以維護不特定人的公益並確保受益人的權益，本質上屬於公益性質。由國家出資的財團法人，如：財團法人法律扶助基金會、國際合作發展基金會、財團法人中華經濟研究院、船舶暨海洋產業研發中心、財團法人台灣民主基金會等。

　　有幾個名詞在《預算法》中有清楚的定義[6]，它們是瞭解預算很重要的概念。各主管機關依其施政計畫初步估計之收支，稱之爲概算；預算之

---

[5] 方德琳，2013。〈公投前首度全民核四停建意向大調查〉。《今周刊》2013/03/11：86-89。
[6] 參看《預算法》第2條。

未經立法程序者，稱預算案；經立院審議、通過三讀程序的預算則稱爲
「法定預算」。行政部門在執行法定預算時，會依實施計畫予以分配，稱
「分配預算」。例如：要蓋一座橋，每個月要爲這座橋投入多少經費。橫
跨很多年度的預算，同樣要每年分別提送審查。一次通過很多年的預算，
對立法權來說是自我限縮，因爲通過之後你就管不到它了。平衡預算是指
「收入」跟「支出」要一樣，所以：歲入＋舉債（收入）＝歲出＋償還
（支出）。理論上是如此，事實上歲入常常少於歲出，以致赤字連連。

　　預算執行完畢後，根據憲法第60條要送到監察院由審計部進行決算
審核。審計部會提出「決算審核報告」送交立法院審議。立法院審議時，
審計長應答復立委的質詢，並提供資料；對原編造決算之機關，在必要
時，亦得通知其列席備詢，或提供資料。根據《決算法》第27條，立法
院應於審核報告送達後一年內完成其審議；如果立法院未能如期完成審
查，則視同審議通過。

 ## 三、預算怎麼審？

　　每年的4月至5月間，主計總處就會開出給各部會的「概算額度」，
也就是說告知各部會次年可以用多少錢。接著行政院各部會開始編製
預算，但不能超過主計總處給的概算額度。雖然理論上預算是「零基預
算」，也就是不考慮過去的預算項目和收支情況，以零爲基點而編制的預
算。但實務上，大多是根據前一年的預算做修改。各主管機關將其主管範
圍內之所編列之歲入、歲出預算，依規定期限，彙轉行政院主計處。行
政院主計處依《預算法》第45條之規定，將各類歲出、歲入預算彙核整
理，編成中央政府總預算案，呈行政院提出行政院會議。依照憲法規定，
所有預算案必須經過行政院會議議決後，方能送交立法院[7]。

7　據憲法第58條第2項規定：「行政院院長、各部會首長，須將應行提出於立法院之法律案、
　　預算案、戒嚴案、大赦案、宣戰案、媾和案、條約案及其他重要事項，或涉及各部會共同關
　　係之事項，提出於行政院會議議決之。」

　　中央政府總預算案提案權為行政院，所有其他四院以及總統府的預算都必須送到行政院整合提出中央政府總預算案。但是為保障司法權的獨立性，憲法增修條文第5條第6項特別規定「司法院所提出之年度司法概算，行政院不得刪減，但得加註意見，編入中央政府總預算案，送立法院審議」。依《預算法》第46條之規定，中央政府總預算案經行政院會議決定後，行政院必須在會計年度開始前四個月前提出立法院審議，也就是每年的8月31號前須將預算送達立法院[8]。依《預算法》第48條之規定，立法院審議總預算案時，應由行政院院長、主計長及財政部長列席立法院院會，提出施政計畫及收入、支出預算編製經過報告，並備質詢。

　　預算審查的時程從每年9月開始，因此9月至12月就是所謂的預算會期。首先會審查總預算案。若有特別預算案的時候，通常會緊接在總預算案之後，因此兩者的審查時程很近，有時會乾脆併在一起審查。特別預算若有分期，仍是得按分期之年度送進立院審查，也就是若95年度至96年度為一期，則須於94年度下半年送立法院審議，而不是審一次就可以用好多年。在總預算付委審查之後，會先處理公務預算部分，再處理非營業預算與營業預算。財團法人的預算書有時也會先併同公務預算一起排入審查。

　　立法院院會質詢完畢，即將預算案交付各委員會分別審查，各委員會是指內政、外交及國防、經濟、財政、教育及文化、交通、司法及法制、社會福利及衛生環境8個委員會。各委員會審查總預算案時，得邀請有關機關首長列席報告並答復質詢，各機關不得拒絕或拖延。各委員會審議結果，交由財政委員會綜合整理提出年度總預算審查總報告，提報立法院院會。若是財政委員會發現各委員會審查意見有相互牴觸之處，應將相互牴觸部分併列總報告中。而總報告提到院會時，各委員會須各推一名召集委員出席說明。總預算案與一般法律案一樣必須經過三讀通過。在二讀會中，各委員會推出之召委說明之後，開始進行廣泛討論與依次討論和修正動議的討論，審查完後，再進行三讀會（參看圖7-2）。

---

[8]　根據憲法第59條規定，行政院於會計年度開始三個月前，應將下半年度預算案提出於立法院。但是三個月的時間太緊迫，因此預算法將時期提前一個月。

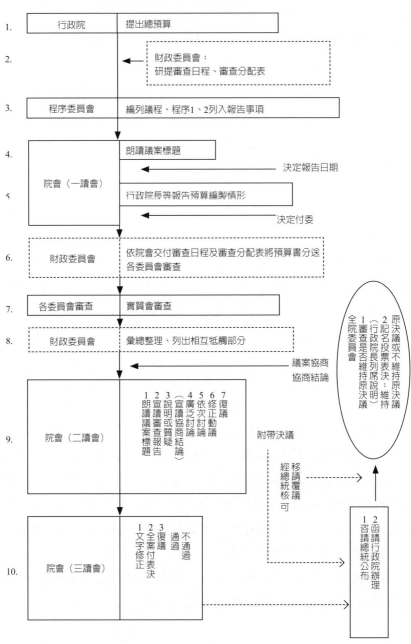

◆圖7-2　中央政府總預算案審議流程圖

資料來源：引用自2013中央政府總預算研習講義：預算審議程序。

◆表7-1　各委員會負責的預算審查

委員會	負責的單位預算審查
內政	內政部（不含社會司及兒童局）、中央選舉委員會、蒙藏委員會、行政院大陸委員會、行政院原住民族委員會、行政院客家委員會、行政院海岸巡防署，及前面各機關之所屬機關、特種基金及其捐助之財團法人預算 行政院、臺灣省政府、臺灣省諮議會、福建省政府預算
外交及國防	外交部、僑務委員會、國防部、行政院國軍退除役官兵輔導委員會、及前面各機關之所屬機關、特種基金及其捐助之財團法人預算、國家安全局預算、行政法人預算
經濟	經濟部、行政院農業委員會、行政院經濟建設委員會、公平交易委員會預算，及前面各機關之所屬機關、特種基金及其捐助之財團法人預算
財政	財政部、中央銀行、行政院金融監督管理委員會、行政院主計處、審計部預算及前面各機關之所屬機關、特種基金及其捐助之財團法人預算、災害準備金、第二預備金，及其他不屬於各委員會審查之預算
教育及文化	教育部、文化部、國立故宮博物院、行政院新聞局、行政院青年輔導委員會、行政院體育委員會、中央研究院、科技部、行政院原子能委員會，及前面各機關之所屬機關、特種基金及其捐助之財團法人預算、行政法人預算
交通	交通部、行政院公共工程委員會、國家通訊傳播委員會預算，及前面各機關之所屬機關、特種基金及其捐助之財團法人預算
司法及法制	法務部、行政院研究發展考核委員會、行政院人事行政局、司法院、考試院及前面各機關之所屬機關、特種基金及其捐助之財團法人預算 總統府、國史館及其所屬機關、國家安全會議、立法院、監察院預算
社會福利與衛生環境	行政院衛生署、行政院環境保護署、內政部社會司及兒童局、勞動部、行政院消費者保護委員會，及前面各機關之所屬機關、特種基金及其捐助之財團法人預算

　　依照預算法第51條規定，「總預算案應於會計年度開始一個月前由立法院議決，並於會計年度開始十五日前由總統公布之；預算中有應守秘密之部分，不予公布」。也就是說，於11月底應經立法院院會三讀通過完成法定預算的立法程序，而總統則須於12月16日前公布。但是不是每一次總預算案都能按時順利完成審查，在2007年由於朝野對立，雙方對於先審中選會組織法或先審中央政府總預算案而爭執不休，歷經立法院近十個月的審查及朝野黨團協商溝通，終於在2008年6月15日經立法院院會三讀通過，創下總預算案最長未通過的時間，在當時會計年度幾乎已經過了一半，對於創新預算有相當的影響。為此台灣團結聯盟曾在立法院前靜坐，抗議立法院擱置「九十六年度中央政府總預算案」，並提出「預算不過人民難過」的口號[9]。行政院院長張俊雄表示預算案的延遲通過使得706億的新公共投資與基礎建設受到影響，同時也影響0.25%至0.30%的經濟成長率[10]。而同時620億的預算被立法院凍結，也引發行政院的困境，要求加開臨時會討論預算的解凍。

　　另外，102年中央政府總預算案的附屬單位的預算（俗稱國營事業預算）一直到現在已經是105年度了，仍舊未通過。最近幾年國營事業預算都是在該執行年度的5月才審查完畢，因此令人懷疑立法院對於國營事業預算的審查是玩假的。國會監督團體對於附屬單位預算即國營事業、非營業部分的預算案，最近十年來幾乎都是拖到隔年才完成三讀，頗有微詞。然而，立法院由審議總預算，到增加非營業基金、財團法人預算書案等預算項目，要在9月至11月中都完成審議，也有其實務上及監督密度之困境。

---

[9]　TVBS，2007。〈促總預算過關 台聯靜坐喊口號〉2007/04/24。http://news.tvbs.com.tw/old-news.html?nid=326978。2015/12/15。

[10]　Taipei Times, 2007. "Premier Urges Special Legislative Session to Pass Bills." *Taipei Times*, July 22, 2007. http://www.taipeitimes.com/News/taiwan/archives/2007/06/22/2003366296. Latest update 23 December 2015.

四、總預算的分類

　　根據《預算法》第17條規定，總預算裡的經費可以分成四大塊：1.歲入與歲出，也就是一般所說的收入與支出；2.債務舉借（舉債）；3.歲計賸餘（以前年度剩下的錢）；4.債務償還（還債的錢）。

　　根據《預算法》第4條，基金是指：「已定用途而已收入或尚未收入之現金或其他財產。」基金分為普通基金與特種基金二大類：

（一）普通基金

　　歲入中供一般用途者，為普通基金。其實就是公務預算的另一種說法。在公務預算中：

　　1. 歲入的部分會用「來源別」（錢從哪裡來）作分類。比方說有些單位有房地產會有租金收入，教育部下的科學博物館就會有門票收入。

　　2. 歲出的部分會用「機關別」（哪個單位要花錢）、「政事別（要用來幹嘛）作分類。最主要還是看機關別，也就是各個部會以及其下的各個單位分別要在今年花多少錢。

（二）特種基金

　　歲入中供特殊用途者，為特種基金，其種類包括：

　　1. 供營業循環運用者，為營業基金。營業基金通常是指國營事業的預算，因此應依企業化經營原則，提升營運績效，除獨占性或者是依政策設置者以追求合理盈餘為目標外，應以追求最高盈餘為目標。

　　2. 依法定或約定之條件，籌措財源供償還債本之用者，為債務基金。例如：為加強債務管理、提高財務運用效能，增進償債能力成立之中央政府債務基金。

　　3. 為國內外機關、團體或私人之利益，依所定條件管理或處分者為信託基金。例如：勞工退休基金、公務人員退休撫卹基金、保險業務發展基金等。

　　4. 凡經付出仍可收回，而非用於營業者，為作業基金。如：51所國

立大學校院校務基金、地方建設基金、國有財產開發基金等。

5. 有特定收入來源而供特殊用途者，為特別收入基金。離島建設基金、花東地區永續發展基金、就業安定基金、環境保護基金、通訊傳播監督管理基金、外籍配偶照顧輔導基金等。

6. 處理政府機關重大公共工程建設計畫者，為資本計畫基金。國軍營舍及設施改建基金。

債務基金、信託基金、作業基金、特別收入基金和資本計畫基金（從2至6）統稱為非營業基金。通常對於非營業基金的審查會重視基金運用計畫，也就是基金的用途。至於營業基金則會針對業務計畫、營業收支、生產成本、資金運用、轉投資及重大之建設事業進行審查。

目前只有一種基金不適用於預算法，那就是國安基金，該基金是為維持金融市場穩定而設置的。

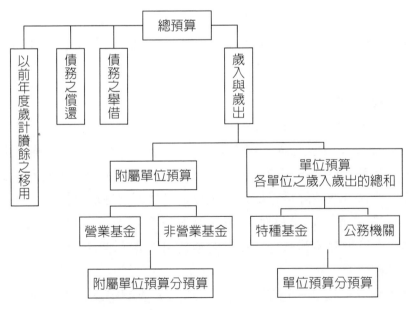

◆圖7-3　總預算結構圖

註：依《預算法》第16條至第20條彙整製表。

五、預算相關的法規與應注意事項

　　前面提到只有行政院可以向立法院提出總預算案，且根據憲法第58條第2項提出於立法院之預算案需提出於行政院會議議決之。不管是總統府、司法院、立法院或國營事業等，所有預算都要送到行政院，由行政院彙整後提出。第59條規定行政院於會計年度開始三個月前，應將下半年度預算案提出於立法院。

　　預算案送到立法院之後，也有多個與預算有關的憲法條文與大法官解釋。憲法第70條中規定立法委員不可以進行增加支出之提議，其目的在防止政府預算無限膨脹，導致人民之負擔增加。此規定在1990年7月27日大法官釋字第264號再度被強化。立法院第八十四會期第二十六次會議曾經決議：「請行政院在本（七十九）年度再加發半個月公教人員年終工作獎金，以激勵士氣，其預算再行追加」，被大法官認為與上述憲法規定牴觸，因此不生效力。

　　大法官解釋第391號更進一步認為在預算總額不變的情況下，立法院對各機關所編列的預算之數額，在款項節目之間移動增減並追加或刪減原預算之項目，亦有違背憲法第70條不得為增加支出之決議。其理由為被移動增加或追加原預算之項目而言，很難不說不是屬於憲法所指增加支出之提議，況且此種情況又可能涉及施政計畫內容之變動與調整，容易導致政策成敗無所歸屬，責任政治難以建立，有違行政權與立法權分立之意旨。

　　其次，與預算有關的法規當然是《預算法》。《預算法》內容包括預算相關名詞的定義、預算之籌劃及擬編、預算之審議、預算之執行、追加預算及特別預算、附屬單位預算等。《預算法》第22條規定「除法定經費經立法院同意者外，立法院審議刪除或刪減之預算項目及金額，不得動支預備金」。換言之，立委可以進行「指定刪除」，也就是指定某科目或某科目項下某工作計畫或其分支計畫需要刪除。預算經三讀通過之後，被砍掉的部分不能使用預備金來填補。

　　根據《預算法》第52條規定：「法定預算附加條件或期限者，從其所定。但該條件或期限為法律所不許者，不在此限。」立委可以透過預算主決議對法定預算附加條件或期限。現在立法院最常做的是設定各種動支條件，待條件達成，到相關委員會報告或需經委員會同意，始得動支相關預算。

　　《中央政府總預算案審查程序》則是規範了預算在立法院審查的流程以及總預算案由各委員會分組審查的分配。例如：陸委會預算被分配到內政委員會審查、中央研究院的預算則在教育及文化委員會審查、總統府預算則送到司法及法制委員會審查。

　　最後，行政給付要有法源依據。《預算法》第5條第2項：「法定經費之設定、變更或廢止，以法律為之。」中央法規標準法第5條，「關於人民之權利、義務者」，應以法律定之。如：老人生活津貼之發放依據《敬老福利生活津貼暫行條例》、低收入戶救助金依據《社會救助法》。

　　簡而言之，行政單位要發錢給人民，應該要有法律的依據。引起爭議的退休軍公教人員年終慰問金，之前由於行政機關每年係依據行政院公布之〈軍公教人員年終工作獎金及慰問金發給注意事項〉來編列該筆預算，僅以行政規則作為依據，沒有正式的法源依據，因此受到抨擊。

 ## 六、預算審議與政治角力

　　預算會期一開始，即每年8月底，行政單位就會將預算書送到委員辦公室。立法院同時開始安排行政院院長到立法院報告，通常是在9月中、下旬。立法院院長會召集各黨黨鞭決定什麼時候開始審議中央政府總預算。總預算送進來可不是只有一本，而是排了滿滿一整排的各部會預算書，多到看不完！

　　所有的總預算加起來是一個議案，叫做「中央政府總預算案」，這議案交付給8個委員會分別審查。大多數委員就只看自己委員會相關的預算

書，但光這樣就很多了！例如外交及國防委員會的委員就要看：國防、外交以及僑委會等部會的預算，也包含相關的營業跟非營業基金。其中光國防部就有2,000多億的預算！即使區分給不同委員會，任何一個委員辦公室還是難以承擔那麼大的工作量。因此，往往會針對委員自己的興趣、選區利益以及議題去選擇偏重於某些預算項目。

交到各委員會審查之後，會再回到院會進行二、三讀。在二、三讀之前會進行朝野協商。預算審查是「政治」實力的展現。在野黨可能考量的策略包括：一開始要不要讓行政院院長順利上台報告；報告完之後要不要讓預算案順利的付委審查；在院會決定付委之後，在野黨也可以藉由提出復議來擱置審查。提出復議後，立院必須另外安排時間去處理復議案，可藉此拖延預算的審查時程。除此之外，也可能在委員會中擱置某筆預算，甚至全盤否定委員會中的預算案，讓審查無法繼續進行。

委員會審查中，在野黨團會進行議題「質詢」。例如吳敦義擔任行政院院長時，曾提出「庶民經濟」的概念，在野的民進黨就會圍繞著「庶民經濟」進行質詢，看此一概念是否有落實在預算上。個別委員也可藉由質詢向行政單位提出自己想要爭取的東西。

在二、三讀時，部分預算案會送交表決，表決本身就是政治力量的展現。有時，黨團會在表決中提出「修正動議」。修正動議在程序上，必須比原案先表決。因此，有時黨團是為了迴避自己先前的提案，而提出修正動議。比方說在2011年核四預算的表決，當時因為日本福島發生核災，讓核能安全議題變得很熱。居住在北海岸一帶的人，對核四感到非常緊張，這讓一些委員感受到來自選區的壓力。但國民黨黨團的任務卻是要護航核四預算。因此國民黨稍微讓步，提出具妥協性質的修正動議。雖然還是要通過預算，但強調要確保核電廠安全無虞。由於修正動議要先表決，所以只要占多數的國民黨委員護航讓修正動議過關，就可以讓委員不必在原先的提案上表態。當然敵對陣營也可以用同一招，再提出修正動議。

預算審查程序／權力場域、資源競逐／何時要寫預算提案

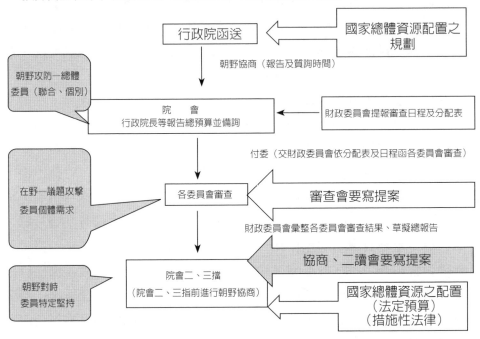

◆圖7-4　預算審查程序與朝野角力場域圖

製圖：許孝慈。

　　委員針對特定預算可要求行政單位送勘誤表、修正本來進行審議。但送修正本這個動作本身便會造成審查時程的拖延，故可作為委員杯葛預算的手法。委員也會利用審預算的機會去爭取資源。如前所述，委員不能實際的去增加預算，但可透過質詢建議行政單位去做。有時委員提刪減案的目的，不是真的要刪除這筆預算，而是藉由提刪減逼迫行政單位去找委員談。談的過程中，委員就可以趁機換取某些東西，例如要求行政部門增加對委員有利的預算。

　　有人認為，第七屆國會由於立委減半，反而讓預算的分配更失衡。過往在審查預算時，因為人多口雜，會比較傾向用妥協、折衷的方式進行分配。因此，每個地方多少都可以顧到。但現在人少，很容易由幾個委員聯手形成過半的多數，反而令預算分配有所偏差。所以當立法院內有明確的

多數立場時，固然會讓議案很快速通過，卻也可能失於不夠全面、周到。

 七、預算相關提案有哪些？

（一）修正案

前面提過，對於預算歲出時只能提刪減不能增加；但對歲入是增刪都可以。這些修正，無論刪除或增加，在紀錄上就會顯示為委員對預算進行了一項提案。

刪減提案的提出時機是：當你看到不合理的預算編列時，你當然要刪掉它。當委員看到不爽的行政機關時，有時候也會藉此修理他。還有一種刪除叫做「統刪」，就是不指定需刪除的項目，而是要求刪除一定的比例，比方說10%。至於怎麼刪，就由行政部門自行去調整。這種情況下，立委把關的能力是比較差的，因為委員無法決定要刪除的內容。

政治情勢會影響到預算被刪減的比例。第七屆立委時由於執政黨同時也是國會中的多數，刪減的比例大約是1%左右。在陳水扁時期，由於國會席次沒有過半，因此被刪減的比例會較高，是落在1.22%到5.07%之間。

（二）決議

決議是指不去動預算金額本身，但是提出附加條件或期限。這就是常聽到的主決議。對執政黨而言，主決議提案可用以督促行政單位去做某些事情。如果是在野黨又是國會少數的時候，可以藉主決議來表達自己的立場。因為提刪減或凍結因為人數劣勢可能都不會過，那至少立場要表達到。不過，在中華民國的法規中並沒有主決議這三個字，只有在預算中有決議與附帶決議。附帶決議的效力就顯得較弱，是要行政部門參照辦理。所以立委提出決議（通案決議、主決議）會比附帶決議來得多。

決議的效力目前仍在爭論之中，還沒有定論。行政部門、立法部門常會各就其立場去詮釋。決議主要是國會經由合議形成的「意思表示」，對

國會而言認為是對行政機關強制性之拘束力。一般而言，行政單位會基於對立法部門的尊重而去遵守。

（三）凍結案（含預算凍結之主決議）

當委員不敢真的砍預算，又不想讓行政單位那麼好過時，就會提凍結。凍結之後，行政單位必須為這筆預算到立法院再報告一次。凍結案的提出時機跟刪減案一樣，同樣可以藉凍結案修理它。不過也可能委員本身是執政黨的委員，會有幫政府護航的壓力。刪減預算的話，刪掉了的預算就像變了心的女朋友，再也回不來了。委員因此會承受較大的壓力（行政單位打不完的電話跟敲不完的門），故會退而求其次以凍結案處理。

凍結案的概念是在模仿美國國會的「撥款權」。民進黨曾經推出一套叫「再怎麼野蠻」的廣告，內容是抨擊國民黨杯葛預算的行為。因為這個廣告讓委員對直接刪除預算產生畏懼，怕被說很野蠻、亂砍預算，擔心在選舉時被拿出來操作，因此改用凍結的方式。不過，凍結這種做法或有爭議，因為立法院中有所謂「一事不二議」原則，就是不要重複審議。但凍結的做法，就是針對三讀通過之預算中的一小筆要求進行重新審查，甚或再經同意始得准予動支，在法制上有爭議的空間。雖實務上以為慣行且不太可能回頭了。但在預算法制面向上，允宜有更細緻、合理之法規範。

在分立政府時期，凍結案尤其嚴重，例如：2001年立法院針對教育部的多項計畫包括「推動大學校院校務發展提昇大學品質」、「推動國立大學研究所教育重點改善計畫」、「提昇大學基礎教育計畫」、「建立大學多元彈性入學制度」、「改進大學評鑑機制」，「私立學校教學獎助」、「協助師範校院轉型發展」、「原住民教育預算」等多項教育部計畫經費，皆須俟教育部向教育及文化委員會提出報告，經同意後，始得動支。下頁框框中有幾項105年度國家發展委員會與經濟部被凍結案的例子。另外，五二○之後，在立院內政委員會被黃昭順委員烏龍問「浪漫台三線是哪三條線？」的客委會主委李永得[11]，其實是為了處理105年度中央

---

[11] 胡宥心，2016。〈質詢李永得 黃昭順烏龍問：台三線是哪三條線〉。《聯合報》2016/05/23。http://udn.com/news/story/1/1712984。2016/05/30。

政府總預算九案有關客家委員會預算凍結項目到立法院報告，並尋求解凍。

❖　**國家發展委員會被凍結案需向立法院經濟委員會提出專案報告**　❖

立法院第八屆第八會期第十四次會議議事錄

時 間　中華民國104年12月16日（星期三）上午9時16分至9時35分、10時12
　　　　　　　　分至10時53分、下午2時37分至3時47分
　　　　　12月17日（星期四）上午9時34分至9時58分、下午4
　　　　　　　　時37分至4時57分
　　　　　12月18日（星期五）上午9時27分至下午10時45分

地點　本院議場

出席委員：鄭天財 Sra. Kacaw 陳鎮湘 呂學樟 吳育仁 黃志雄 陳碧涵
　　　　　廖正井 張慶忠 陳歐珀 詹凱臣 詹滿容 李貴敏 孫大千 吳育昇
　　　　　楊麗環 江惠貞 陳怡潔 賴振昌 楊玉欣 徐少萍 陳淑慧 林德福
　　　　　王育敏 邱文彥 賴士葆 費鴻泰 尤美女 許淑華 馬文君 孔文吉
　　　　　蘇清泉 陳亭妃 陳明文 蔣乃辛 簡東明 翁重鈞 羅淑蕾 潘維剛
　　　　　鄭汝芬 黃昭順 楊應雄 黃偉哲 田秋董 周倪安 高金素梅 李桐豪
　　　　　王金平 洪秀柱 李慶華 陳根德 盧嘉辰 李鴻鈞 柯建銘 丁守中
　　　　　陳學聖 曾巨威 徐欣瑩 林滄敏 徐志榮 江啟臣 林國正 段宜康
　　　　　莊瑞雄 羅明才 陳節如 楊瓊瓔 劉櫂豪 陳唐山 陳雪生 葉宜津
　　　　　蔡錦隆 李昆澤 吳秉叡 許添財 鄭麗君 高志鵬 顏寬恒 吳宜臻
　　　　　邱議瑩 蕭美琴 黃國書 楊　曜 許智傑 廖國棟 張嘉郡 林郁方
　　　　　薛　凌 盧秀燕 何欣純 林岱樺 呂玉玲 王惠美 姚文智 李俊俋
　　　　　陳超明 蔡正元 李應元 邱志偉 蘇震清 林淑芬 蔡煌瑯 趙天麟
　　　　　陳其邁 蔡其昌 管碧玲 劉建國 陳素月 林鴻池

委員出席108人

請假委員：王廷升 謝國樑 葉津鈴 王進士

委員請假4人

主席：院長王金平（12月18日上午11時55分至下午3時6分、4時4分至10時
　　　45分）

主席：副院長洪秀柱（12月16日上午9時16分至9時35分、10時12分至10時53分、下午2時37分至3時47分、12月17日上午9時34分至9時58分、下午4時37分至4時57分、12月18日上午9時27分至11時55分、下午3時6分至4時4分）

二、歲出部分

第2款　行政院主管

第7項　國家發展委員會

新增決議14項：

（一）針對105年度國家發展委員會單位預算，歲出預算第3目「研擬經濟政策、協調推動財經措施」原列1,955萬1,000元，有鑑於國發會對國內景氣預測經常失準，更對經濟情勢誤判，未能發揮經濟氣象台功能；此外，其核心相關業務亦多以委外方式辦理，委辦比例近七成，顯見國發會人員完全缺乏研究、分析能力，實有損人民對「國家財經小內閣」執行能力之信心。爰此，針對是項預算凍結四分之一，俟國家發展委員會向立法院經濟委員會提出專案報告，並經同意後，始得動支。

（二）針對105年度國家發展委員會單位預算，歲出預算第4目「社會發展」原列2,202萬8,000元，有鑑於該項預算為推動政府服務創新、提升政府服務品質，辦理國家重大議題政策研究及民眾對政府之民調分析，卻仍無法對症下藥以解除民瘼，政府不公不義政策早已導致人民對國家之怨懟甚深，仍不自知。從監察院人民陳情案數量的增加就是民怨的上升，代表政府尚亟需努力。此外，經查本計畫之業務有過半（54%）以委外方式辦理，顯見升格後的國發會，其人員辦理計畫之規劃能力仍然有限。爰此，針對是項預算凍結四分之一，俟國家發展委員會向立法院經濟委員會提出專案報告，並經同意後，始得動支。

資料來源：立法院，2015。《立法院公報》，第104卷第98期，頁202-206。

❖　經濟部被凍結案需向立法院經濟委員會提出專案報告　❖

第13款　經濟部主管　207-211

第1項　經濟部

新增決議15項：

（一）經濟部歲出預算原列238億700萬3,000元，除人事費外，予以凍結二十分之一，俟經濟部向立法院經濟委員會報告經同意後，始得動支。

（二）針對105年度經濟部單位預算，歲出預算第2目「推動商業科技發展」原列9億4,979萬2,000元，該科目業務承辦單位爲商業司，然就其預算分配發現，該科目預算編列，不是採委外辦理（4億7,612萬7,000元）就是以獎補助費（3億1,441萬6,000元）方式，不然就是建置資訊設備（1億2,428萬9,000元），合計比例竟高達96%。經查，該科目計畫甚至與其承辦之第10目「推動商業現代化」業務有疊床架屋、重複編列之嫌，顯見商業司簡直毫無業務執行可言，直接稱爲「委外司」也不爲過。囿於現今政府財政困難之際，身爲國家商業經濟推動之主管機關亦未能將國家商業發展預算花在刀口上，爰此，針對是項預算予以凍結十分之一，俟經濟部向立法院經濟委員會提出專案報告，並經同意後，始得動支。

資料來源：立法院，2015。《立法院公報》，第104卷第98期，頁207-211。

對於立委的預算提案，我們也可以用提案的目的作分類：

1.「建立口碑」的提案

比方說刪除不合理的預算，就可以幫委員建立口碑。這種案子要全力推動成案。

2.「懲罰性質」的提案

這是用來對付委員不爽的行政機關或對行政專擅之不滿。這種案子當目的達到，也就是當行政機關順服委員或民意時，就可撤案或不刪減預算數，另外改成附帶條件之主決議提案。

3.「爲人作嫁」的提案

這就是幫利益團體提案。利益團體會有他們想要爭取的預算，這時候就會對委員進行遊說。這種案子的推動要低調，有時甚至找其他委員幫你

提，以避免沾上自己的手。

　　不過遊說也不全然是壞的，有些委員會在受到企業遊說之後去深入瞭解產業結構，看適不適合幫忙提案。如果對整體產業發展有正面效果，那這樣的提案也不是壞事。只是，每個案子上都會有不同角度的考量、不同團體的聲音，所以需要多方面瞭解再做決定。

　　4.「衝刺業績」的提案

　　這會展現在主決議或凍結案上。後果比較輕微，所以會被拿來充業績。這種提案過不過沒差。

　　5.「選區利益」的提案

　　這些案子是為了向選區交代；或藉由提案跟行政機關作交換，以方便爭取資源。這種案子是提給選民看的，目的是在顯示有幫選區做事或替選民罵了政府單位。

　　6.「下馬威」的提案

　　這是委員為了向行政機關施加壓力而做的提案。只要有迫使行政首長因此來拜會、做溝通那就可以撤案了。就是要逼官員來跟委員談。這裡面就關係到政治的實際運作。這樣的「談」就是決策的「黑盒子」中進行「價值分配」。

　　除此之外，也有些委員真的是一時情緒，對某個部會不爽而提出刪減案。這會讓審查過程變得不夠理性，並不值得效法。如果個別委員的提案無法通過，也可由黨團在協商階段再幫委員去提案。黨團提案通常會送交協商，在協商中進行角力。

　　預算審議上常發生的問題，值得我們注意：

　　1. 理論上所有中央政府總預算應該在會計年度開始一個月前由立法院議決，並於會計年度開始15日前由總統公布之，實際上常有時程趕不及的狀況。每年度的預算應該在那年度開始前就要審完，但實務上會出現預算年度已經過了一半了，卻還在審當年度的預算。這實際上是違法的。特別是有關營業及非營業基金的部分或財團法人預算的部分。

　　2. 預算凍結案並沒有法源，但實務中卻常常使用。預算凍結案還會造成一種情形：原來預算是照整年度去編列的，但因為凍結，執行時間會

變短，進而造成預算花不完的情形。這就造成了預算執行率的低落。如果行政單位的預算在會計年度結束前都無法解凍，就形同該筆預算被刪除之效果，除非行政機關事先辦理保留。

3. 凍結預算主決議通過之後，同樣地會讓預算無法動支。為了尊重立法權，行政單位還是會找提案的委員進行協商，且須再安排委員會議再次處理。這中間可能要花很多時間而延誤政策執行。此類似為撥款權之變形，但也因此涉及責任政治歸屬的問題。

4. 預算審議流程中，協商已然是制度中的一環。但其程序卻不夠明確；同時沒有規範參與委員的資格。所以可能會出現有其他委員突然跑到協商會場，對他從來沒有參與過的預算案表示意見，甚至提出凍結或刪減。這不但增加預算審查的複雜性（突然有新的意見冒出來會打亂原本的討論），也會降低審議過程的專業性。

第 **8** 章 ▶▶▶

選區經營

 一、為什麼國會議員要重視選區服務？

　　第七屆立委是第一次由單一選區兩票制選出來的立委，常常每到中午委員會就休息或散會了，下午未再繼續開會，原因是區域立委們都回選區了。他們擔心如果不努力耕耘選區，很可能四年後就被選區內虎視眈眈的議員所取代。前面提到所有立法委員所做的事情有的規定在憲法、有的規定於法律、也有透過大法官解釋的，唯獨選區服務並未規定在任何法規條文中，但是選區選民是國會議員連任之基礎，他們只要有任何需求，議員很難加以拒絕。在採行單一選區之後，有些選區規模變大，有些變小、也有維持不變的，但是對立委而言，以前一個選區中有好幾位立委，現在只剩一位。選民若要請託，沒有其他的選擇，使得委員服務的壓力增加。當選民有要求，以前還可以請他找別人幫忙，現在根本無法推辭。如果你讓選民求助無門，對下次選舉將是很大的打擊。立委對民眾的陳情基本上是來者不拒，能處理的就盡量去處理。不會說只有樁腳或鄉長、村長之類的才幫忙。做服務不是要特權，是因為公務員多多少少有些惰性，可以做到100分的事情可能只會做到70分。民意代表就是要想辦法把它推到100分。

　　國會議員之所以重視選區服務，與選民對於服務之需求相關；此種需求之增加，與行政權之擴張息息相關。美國學者Fiorina認為在今日，由於社會需要，行政權不斷地擴張，政府之一舉一動皆可能影響人民的日常

生活，譬如：社會安全福利金之支付、徵兵問題、稅法、中小企業貸款、醫療與保險、國民住宅與公共就業問題皆與人民生活息息相關。此外，對工資、工時和工作情況之限制，以及對於消費者之保護，皆在行政權之範圍內。行政權過分擴張的結果，使得人民與行政機關之間的接觸較以前頻繁；當接觸的頻率增加時，行政機關的任何缺失，皆可使民眾怨言迭起。當行政機關執行態度不當或使人民遭受委屈時，便想到向選區內的國會議員請求協助。國會議員控制行政機關的經費預算和計畫之授權，因此確實具有特殊的地位來督促行政機關加快處理的速度和糾正其不當的行為[1]。當選民在此方面的需求增加時，除非議員不想繼續連任，否則唯有滿足選民之需求。選區服務（constituency service）遂成為議員回應選民以及代表選民的另外一種方式。

　　根據美國學者Fenno的定義，選區服務包含兩個部分：個案服務（casework）和計畫協助（project assistance）[2]。所謂個案服務是指協助選民個人代為向行政機關處理他們的一些問題，在美國國會議員經常處理的為退伍軍人退休金、社會福利安全支票、移民訴訟、公務員養老金、入伍問題等等。在此種情況下，國會議員便成為政府和選民之間的調解者。此種角色有點類似瑞典和挪威等北歐國家中，由國會任命，專司調查人民對政府各部門控告案件之官員，他們稱之為監察使（ombudsman）。任何民眾若與政府各部門發生糾紛時，皆可以向監察使抱怨。監察使會調查每一件民眾登記之抱怨，並且將其調查結果加以公布。在這些國家，通常監察使之調查便足以使行政機關改變其不當行為。

　　除了個案服務之外，在地方政府和團體的要求下，在美國議員也會為選區向聯邦政府爭取各種公共建設計畫和各種經費補助，此乃稱為計畫協助，簡單的說是為選區爭取地方建設。這些公共設施包括公園、道路、橋樑、水壩、下水道系統、醫院和國宅之興建、社區之計畫與發展，

[1]　Morris P. Fiorina, 1997. "The Case of Vanishing Marginals: the Bureaucracy Did it." *American Poliitcal Science Review* 77: 177-181.
[2]　Richard F. Jr. Fenno, 1978. *Home Style: House Members in their Districts*. Boston: Little, Brown, p. 101.

以及中小企業貸款等等。這些公共設施之興建以及計畫之實施，一方面可以為選民提供新的公共設施；另外一方面也可以為選區提供就業機會。更重要的是，這些是選民可以看到和親身感受到的。在美國，有些醫院或道路等公共設施，甚至以國會議員的名字命名。如此，對議員的知名度和聲望助益頗大，同時，讓選民感到議員確實在為地方盡力。為確保連任，無論是哪一國的國會議員皆會照顧其選區。此種國會議員帶回改善其選區或花費於選區的計畫稱之為肉桶，其名稱的由來為早期美國南方農場的主人給予奴隸一桶醃肉做為禮物，也就是每位國會議員從中央為選區帶回一桶肉，稱肉桶立法。用較文雅的稱呼為「特定法案」（earmarks）。當然這些計畫大部分是要在國會通過的。若想要在議會通過，光憑一位議員之力量是不夠的。因此需要多位議員聯手，相互支持對方提出之方案，如此皆大歡喜，何樂不為。像這種情況，美國稱之為「滾木立法」（log-rolling legislation）。

 ## 二、為人民服務不打烊

　　美國的國會議員如此，台灣的立法委員更是不遑多論。立委的選區經營通常由地方服務處進行。立委會在選區各鄉鎮或各區設立服務處，再由服務處來接案子。目前立院中有73位區域立委，每個委員大概要負擔十個鄉鎮，他們可能就要在這些鄉鎮間從早跑到晚，半夜有人出車禍也要去關切。委員變成像是里長般的角色，跟助理一起24小時待命。單一選區制讓選區委員更重視地方服務。因為你不管這些事，議員會管、市長會管、里長會管，而這些人搞不好下一屆就跑出來選立委；你不管，就是讓對方把你的票拿走。有些委員是上午搭第一班高鐵到台北來立法院，先登記質詢、處理公務、甚至接見選民，下午回選區，成為「一日生活圈」。

　　在國內常見的服務案有：民眾的家人住院沒有病床，要幫他安排病床；過年回家沒有車票，要買車票；當兵抽到海軍不想上船；還有人會

說他欠錢不想還，這時也只好幫忙協調。這些事情都要在法律的規範下進行，委員不能跳過法律行事。有人帶著70幾張罰單要委員幫他銷掉，有人兒子吸毒被抓去關要委員幫忙放出來。這些都做不到，行政單位也不可能犯法幫你忙。服務要看「法理情」，合法是最重要的原則。服務最主要的功能是幫民眾創造協調空間。明顯違法的事情，像是銷罰單，現在很少。有些委員的「銷單」其實是自掏腰包幫選民付罰款，在不違法的情況下討好選民。

服務案的成果跟對口的行政單位也有關，有些單位好溝通；有些單位很強硬，明明合法的事情也不願意做。相對的，有些東西則非常好處理，比方說車票。最早台鐵因為配合公務員的出差需求而會預留「公務車票」。但因為出差需求沒那麼大，而立委又會來幫選民要車票，所以這些公務車票就演變成留給委員的「公關票」。

服務案中會包括地方建設案，比方說發生地方淹水代表水利設施沒做好。水利設施有些由地方管、有些由中央管。立委可以去爭取由中央主管的部分，要求增加預算、強化建設。選區經營不能光是跑來跑去，必須要能帶牛肉、帶個肉桶回選區：帶錢、帶建設回來。但是預算僧多粥少，每個委員都會想爭取地方建設。因此助理必須跟單位的承辦人、科長做溝通，再由委員出面跟上面的首長協調。委員也可透過修法去爭取建設，例如說立法規定地方政府應建立更高標準的防洪機制。

2006年通過的《水患治理特別條例》，在執行期限將至時，中南部立委們紛紛提出延長特別條例執行期限以及修正預算上限[3]；《莫拉克颱風災後重建特別條例》也是在立委的提案下將重建的三年期限再延長兩年；東部立委提出《花東快速道路建設特別條例》。另外，還有一些被認為是優惠特定族群的錢坑法案，如：《八二三戰役參戰榮民晚年生活照顧特別條例》草案，提出比照榮民按月發放生活津貼，並且追溯自1998年11月11日起核算，然而該草案若通過預估第一年金額將為193.6億元，之後每年27.4億元。又如：也有立委提出《國軍老舊眷村改建條例》第3條

修正草案，增列「經退輔會列管有案未獲眷舍分配之榮民，適用本條例之一切權利」，若將散居榮民納入眷改對象，以43萬人、每戶補助320萬元計，預估將增加眷改基金1兆3,760億餘元之輔助購宅款支出，真的是天價！還有立委提出《國軍退除役官兵輔導條例》部分條文修正草案，增列「安俸」制，針對早期符合領取終身俸而領取生活補助費者予以補發終身俸，預估金額約548億元。以上的錢坑法案只是其中的幾個例子。[4]不過，法案如果過度的錢坑，不顧國家財政，引發民眾不良觀感，是難以在立法院通過的。然而，有時候立委的目的也不一定要通過該法案，他們提出法案的目的只是一種宣示性，表示他有提案了，但是立法院不通過。

當然經營選區不會只有投資，有時也需要動員選區幫忙，例如要造勢、要遊行的時候。因此委員辦公室必須掌握樁腳有誰、能動員多少人、要動員時需要準備幾台遊覽車。也就是確認委員有多少「動員力」。

不分區委員同樣有做選民服務的壓力，只是沒有專門經營的選區，可以說全國都是他的選區。有些委員雖是不分區，但地方色彩很鮮明，因此也會被當成地方的區域立委。也有些委員要從不分區轉戰選區，因此會對想轉戰的選區著力經營。也有情況是政黨會安排不分區立委認養沒有立委的選區，畢竟如果不去經營，那只會一直輸下去。此外，還會有跨區服務的情形：選民可能是透過親戚、樁腳找委員幫忙，但被幫忙的人其實並不住在委員的選區。這時委員還是不能拒絕，只能跨選區的去做服務。

第七屆立委選舉時，民進黨慘敗，只有在13個區域選區獲得席次，當時民進黨積極思考如何在選票結構藍大於綠的「艱困選區」突圍成功，尤其在大台北、桃竹苗、外島等地區，蔡英文主席曾提出每位不分區立委認養選區，黨中央每月給予8萬5,000元的補助[5]。像是段宜康認養了新北土城、桃園縣中壢、南投縣等選區；尤美女認養了新北新店、桃園大溪、彰化市等選區；鄭麗君認養北市中正萬華區、新北永和區、桃園觀音楊梅

4 李鴻典，2007。〈優惠特定族群錢坑法案〉。《新台灣新聞週刊》，第565期，2007年1月18日。
5 曾韋禎，2012。〈不分區立委廣設服務處 民進黨將檢討〉。《自由時報》2012/06/23。http://news.ltn.com.tw/news/politics/paper/594015。2016/04/20。

區；另外蕭美琴立委認養花蓮地區，經過深耕五年，終於在2016年立委選舉擊敗競選連任的王廷升。不分區立委認養選區還可以協助該地區之議員處理與中央部會有關的服務案件，也可以幫助未來想要競選的挑戰者建立與地區的關聯。[6]

三、行程塞滿滿

　　每位立委的時間都一樣是一天24小時，在有限的時間中，委員若能在地方上爭取愈多露臉機會，民眾就愈可能投票給你。所以婚喪喜慶都要出席。當然場次那麼多，立委絕對跑不完，那助理就要「代跑」。就有人從早上8點到晚上10點都在殯儀館鞠躬，不管認不認識都要去。這看起來沒意義，但就是在經營選區，能出現的場次要達到最大。不過選民的胃口也愈來愈大，有些場合以前助理代跑就行，現在非得要立委本人出馬。有些人會說，我就只有一位爸爸，委員不來參加他的喪禮，未免太不夠意思了；問題是選區有很多選民，如果每一位都如此想，那怎麼跑得完？

　　有人就說選服就是「白天上香，晚上喝酒」。有委員在喪禮上會哭得比家屬還傷心，從門外一路跪到門內。或許旁觀者會覺得這很突兀，但對有些家屬來說，這叫誠意十足。晚上的宴席，也就是所謂的跑攤，一晚可能有30幾攤。從7點開始跑到9點，跑8攤已經很不錯了。那真的跑不到的該怎麼辦？只好打個電話跟對方致意，或派助理前往。

　　由於婚喪喜慶的場合很多，因此立法院有專門的單位在製作輓聯跟喜幛。委員辦公室把要寫的字打一打，傳真過去，就有專人會幫忙寫好。如果是70歲以上的長輩過世，還可以申請總統的輓聯。筆者曾經訪問美國眾議員，詢問他們是否也像我們的立委一樣跑攤，他們表示通常只會參加親密的朋友或親戚的婚喪喜慶。

---

6 連勝然，2012。〈選區服務：立法委員選舉制度變革前後之觀察〉。東吳大學政治學系碩士論文。

在選區裡，大官出席的行程委員一定要參加，因為會有很多媒體來採訪，所以容易曝光。上任後首次來到高雄市立圖書館總館參觀的蔡英文總統，在參觀過程中除了在高雄市長陳菊、高雄文化局長史哲、高市圖總館館長潘政儀陪同解說下外，從高雄市選出的多位立委皆亦步亦趨的跟在旁邊[7]。如果助理老是無法安排上電視、上報紙的行程，那就很可能被委員開除！跑行程雖不是立委的法定職責，但可促進委員對民意的瞭解。委員有修法的能力，可以對制度做出改變；但相對的民眾沒有修法能力，所以看事情的角度會不同。在參加婚喪喜慶的過程中可發現民眾想要的是什麼、看重的是什麼。同時參加這類場合能讓委員創造親民的形象。因此跑行程成為立委工作中不可或缺的一環。

 ## 四、服務案鐵律！

「服務不等於耍特權」，不能違背法律。服務是從法律中找方法幫忙選民。明顯違法的事情不能做，被爆出來會嚴重影響委員形象。委員的政治生涯可能因此毀於一旦。有些服務案會涉及利益跟回扣。當然，可能有人會收，但一般來說，委員辦公室會嚴格禁止。碰到這類請託必須有技巧的應對，既要不觸法，也要不得罪選民。碰到請託，委員通常不會把「不可能」這三個字講出口，要很婉轉的去回復。有一種做法，是讓行政單位做出比較中性的回復，比方說發文給行政單位，讓行政單位回文說這案子正在「研議處理」。重點就是不要讓選民覺得自己的請託石沉大海。

英國國會議員最常接受的請求以和住宅有關的問題最多，其次是教育問題；美國則以社會福利金和退伍軍人退休金的個案為最多，其次是移民、失業金，以及與國稅局之爭執等問題[8]。但是我國的國會議員感受最

---

[7] 王錦河，2016。〈蔡英文參觀高市圖總館比讚 小英：置身其中有幸福的感覺〉。《中時電子報》2016/06/03。http://www.chinatimes.com/realtimenews/20160603000824-260407。2016/06/03。

[8] Bruce E. Cain, John A. Ferejohn and Morris P. Fiorina, 1987. *The Personal Vote: Constituency*

大的壓力是婚喪喜慶，此乃我國之特殊文化環境使然。儘管有人質疑，參加婚喪喜慶是否能視為選民服務以及婚喪喜慶是否能帶來選票，然而曾經接受筆者訪問之立委，有半數之委員主動提到婚喪喜慶是他們非常重要的服務項目。而未主動提及婚喪喜慶的立委，當筆者問及婚喪喜慶之事時，多數立委亦表示婚喪喜慶非常多，且造成很大的壓力。另外也有立委則表示婚喪喜慶不應擺在服務之優先項目，過分強調婚喪喜慶將會矮化國會議員的地位，但是他們亦不得不承認婚喪喜慶對於選票之獲得可能較為確實。

當委員參加某某人之婚禮時，主人會覺得很光彩，在朋友面前感到很有面子，因此選舉時自然會很賣力的為委員拉票。在鄉下地區，這些人為委員拉票的結果往往作用不小，尤其是在鄉下的票是一串接一串，一個家族接一個家族的。特別是碰到委員的重要樁腳有婚喪喜慶時，即使是有重要會議，也得趕回選區參加，否則會被認為不近人情，而得罪該樁腳，那麼他在下次選舉便可能按兵不動，或者甚至倒戈。

有委員認為參加婚喪喜慶也是與選民接觸、讓選民認同委員的一種方式。一場喜宴，常常有幾百人的賓客，而委員平常若舉辦問政說明會，也很難聚集那麼多群眾，「不花一毛錢可以聚集那麼多賓客，而主人當然免不了讚美你幾句，說幾句要大家支持你，讓你順利當選的話，同時又給主人面子，如此，五、六場就有好幾千人。」像這樣對選票當然是有作用的。有些委員稱此為跑基層。基層跑得愈勤快，自然支持你的人就愈多，跑基層與黨派是無關係的，亦即不論是國民黨或民進黨委員都面臨同樣的婚喪喜慶壓力。但是都會地區與鄉下地區的選民對委員的要求還是有些差別，都會地區的委員雖然也有婚喪喜慶的壓力，但是委員若不參加，他們通常會諒解的。因此委員往往是選擇重點參加，甚至將婚喪喜慶之優先順序列於其他活動之後。

選民的個案請託對委員也是不小的工作負擔，個人請託案件占委員的個案工作很重要的一部分，特別是要求委員寫介紹信，人事調職，求學，

Service and Electoral Independence. Cambridge: Harvard University, p. 58.

喬病床以及家中有小孩到外島當兵，請求委員加以關照等問題，這部分又突顯了國人喜歡靠關係的特性。另外一部分請託案則是與政府機關打交道，感覺受到委屈時，請求委員幫他們平反；或者是行政效率不彰時——本來三天可以完成的事情，卻拖了一個月餘——因此找委員幫忙，以加速行政機關辦事的效率。此時委員扮演的是糾紛調解者（ombudsman）之角色。這一部分的工作，種類繁多，不勝枚數。例如：趕辦出入境證和護照、修理路燈、被警察開罰單、檢察官濫行羈押、司法不公、權益受損、水溝疏濬、土地房舍被占、土地被徵收、賠償不公等等。民意代表的介入，自然可以使行政機關加速某些案件的處理，使行政機關注意是否侵犯人民的權益，因此委員認為此時民意代表扮演的是溝通與排解民怨的角色，亦有委員認為民意代表是行政效率之催化劑。在民眾缺乏申訴管道，冤屈無處申訴之情況下，民意代表是他們表達情緒不滿的最佳去處，亦即在選民申訴的過程中，民意代表所扮演的角色便是政府與選民之間的橋樑。

在美國也有學者認為個案服務事實上具有立法機關監督行政機關的功能，亦即透過個案服務，行政機關和立法機關皆可因此而瞭解民怨之處，以採取適當之補救或改進措施[9]。更重要的是在個案服務的處理過程中，議員也可能發現法律規章不合宜之處，而透過立法的方式來加以改變。同樣的，行政部門也可能因為來自議員的要求與抱怨而警覺到內部行政命令的不合適，而加以修改，或者是對於同樣案件的處理也會更加小心[10]。換言之，個案服務可能促成行政部門之自我監督[11]。當然也有學者不以為然，他們認為過多的個案，將使得行政機關疲於奔命，根本談不上監督。

立法委員的個案服務在某些方面具有正面的意義，扮演選民與政府之間的溝通橋樑。立委在面臨四年一次的改選，勢必要對選民的要求有

[9] Richard C. Elling, 1979. "The Utility of Legislative Casework as a Means of Oversight." *Legislatively Studies Quarterly* 4 (August): 353-380.

[10] John R. Johsnnes, 1984. *To Serve the People: Congress and Constituency Service*. Nebraska: University of Nebraska, p. 162.

[11] John R. Johsnnes, 1979. "Casework as a aTechinque of U.S. Congressional Oversight of the Executive." *Legislative Studies Quarterly* 4, 4 (November): 325-359.

所反應,從此過程中,民衆過去對行政機關的不滿,可以經由立委而加以宣洩;而立委亦可以將民衆的不滿向行政機關反映。行政機關本身也感受到此種壓力,因此各部會皆設有國會聯絡人,他們常常到立法院處理立委交給他們處理的個案。更重要的是,有些立法委員更希望把個案服務之層次提高,他們追根究底地尋找民衆爲何受到委屈或不公平待遇之源頭,如果是因爲法律本身不適用,則透過修法的方式來解決;如果是行政命令不合理,則可以透過質詢或直接審查行政命令的方式,要求行政部門加以改善。另外,也有委員認爲唯有深入基層瞭解基層,才可能制定良好的法律,而不致於閉門造車,與社會脫節,造成有法卻無法執行的情況。就這方面來說,選民服務有其正面的意義存在。

但是我們也不得不承認,如果我們讓立委來做村里長或縣市議員該做的事情,那爲何要選立委呢?換言之,選民該思考的是,我們究竟想要一個什麼樣的立法委員?我們每年花國庫近千萬養一個立法委員(參看表8-1)[12],但我們要的到底是每天花三分之二時間「跑紅白帖」、汲汲營營地跟選民「搏感情」的立委,還是花更多時間代表選民在立法院審法案、預算,監督行政的委員?

◆表8-1　每年一位立委的相關預算

項目	單位	總數
立委月薪	190,500／月	2,571,750
公費助理薪資	412,000／月	4944,000
助理加班費	82,400／月	988,800
立委年終獎金	618,000	618,000
國會交流事務費	200,000	200,000

[12] 立委每月薪水(歲費公費)爲190,500元,年終1.5個月、公費助理每月412,000元、助理加班費82,400元、年終618,000;另外還有國會交流事務費200,000元、文具郵票每月15,000元、電話費12,000元、油料費每月15,420元、服務處租金每月20,000元、辦公事務費每月14,672元等等。保守估計,養一位立委每年大約花掉國庫至少1,000萬元。

項目	單位	總數
文具郵票	15,000／月	180,000
油料費	15,420／月	185,040
服務處租金	20,000／月	24,0000
辦公事務費	14,672／月	176,064

第 9 章 ▶▶▶

國會議員的左右手：國會助理

 一、成功的委員背後是辛苦的團隊

　　委員不是三頭六臂，不可能會單槍匹馬上陣，他要質詢、他要提案或者要服務選民，都需要有助理幫他打點。以審查預算來說好了，厚厚的預算書，要找出裡面各種問題，委員自己一個人很難完成，就算硬扛品質也不會好（早期沒有公費助理制度的時候，民進黨第一批進入國會的立委就是這樣）。監督政府部門說來簡單，可是行政體系十分龐雜，運作又牽涉到許許多多的法規制度。光是預算這一項工作就很難由委員自己搞定。何況一個立委還要寫法案、還要質詢，還要應付選民的各種千奇百怪的要求。所以他需要有助理跟幕僚幫他處理事情。一個委員在議場、在媒體上的各種表現，是需要靠一個辦公室團隊在背後支撐。一位優秀的立委背後一定有優秀的團隊支撐。

　　一個委員通常需要設立下列幾個單位（當然還是視委員本身的需求而定）：

　　國會辦公室：辦公室會設有辦公室主任或執行長。裡面有負責法案的法案助理、選區服務的選服助理，以及處理行政事務的行政助理。

　　地方服務處：在地方服務處同樣會有主任或執行長。但在地方不太需要法案助理。其主要業務是負責選區經營與維繫委員的組織動員網絡。當然，也需要有助理負責行政事務。

　　選戰團隊：選戰團隊是為選舉而成立的臨時任務編組，成員會跟前兩者重疊。因應選舉時的需求，會分工成組織、文宣、活動、總務等幾個組別。

　　這些都是委員的助理和幕僚，而他們的工作在政治這一行都有很實際的作用。所以當你看到立法院有補助委員助理費和各種公務開支的時候（如前章的表8-1），不要以為這是給委員個人的津貼或特支費，只顧著喊說砍了！砍了！沒有這些錢請人，這些立委會變得沒有戰力，完全無法監督行政部門。所以如果我們希望強化國會監督、制衡的能力，應該是要讓更多的經費補助給委員，去運作他的團隊。只是我們要確保這些經費不會被濫用，要能夠花在刀口上，確實的強化委員辦公室的專業能力。

 二、立委助理不是閒閒沒事幹的爽缺！

（一）公費助理的由來

　　早期資深立法委員並沒有助理。當時還有人說立法委員需要的是護士而不是助理，因為第一屆立委是所謂的「萬年國會」，無須改選，所以很多委員年紀都很大；他們有的會拄著拐杖、提著尿袋去開會。這些委員許多也沒有真的在行使立法委員的職權，他們被認為只是行政部門的橡皮圖章，當需要表決時他們就會成為投票部隊。就算偶爾會有幾位立委登記質詢，也都是歌功頌德而已，根本稱不上質詢。沒事的時候，他們就在群賢樓打麻將，所以基本上他們也不需要助理。

　　1972年開始有第一次的增額立委選舉，增額立委必須面臨每三年一次的改選壓力，因此便開始有聘任助理的呼聲。但是一開始增額立委很少，因此很多人並不贊成。直到1975年才通過每個委員可聘任1位公費助理的規定，就是由立法院出錢，幫你請一位助理。當然在公費助理出現前也有一些委員會自己請助理；為節省經費的緣故，也會有幾位委員合請一位的狀況。到了1992年，公費助理增加為4位，1993年增為6位。在立

委減半之後，立委可以聘8到14位的助理[1]。但聘8位跟聘14位，立法院給每位委員的公費都是一樣的額度。立法院現在一個月約有41萬公費額度撥給立委請助理，讓委員自行聘任[2]。黨團則可聘10到16位工作人員，錢一樣是固定的，由黨團決定如何分配與聘任。立委減半之後，給助理的預算總額並沒有變，因此助理總人數並沒有因立委減半而變少。這也是合理的，因為立法院的委員雖然變少了，可是要立的法、要監督的行政部門、要審查的預算不會因此跟著變少，因此確實還是需要那麼多的幕僚。

國會辦公室、地方服務處林林總總加起來，有些委員的助理實際上會超出14位。這時就要由委員自掏腰包或想想其他辦法。委員所在的選區也會有影響，比方說台北市的委員，因為立院跟選區近，就可能把助理全部放在辦公室，而不另設服務處。選區在中南部地方的立委當然就不能這樣做。而且會作法案的助理不見得就擅長作選區服務。作法案需要對法規制度嫻熟，作選服需要擅長溝通協調，不同的助理需要不同的職能。

（二）立委助理分類學

習慣上，立委助理會分成選服、行政、法案、特別助理等幾種。一般而言，在中南部會有比較多選區服務的需求，因此選服助理較多。如果委員著重在選區經營，選服助理會多一些；如果比較著重在媒體曝光或立法問政，可能就會多找一些法案助理。除了負責服務案，選服助理也要去參加各種地方活動：婚喪喜慶、落成開工、神明生日等等。有些立委的接班人就是由選服助理做起。這是非常操勞的一項工作，每天的行程可能怎麼跑都跑不完。

行政助理要處理辦公室的一般業務。包括接電話、當會計甚至申請文具等雜事。有些時候，行政助理擔任的就是秘書的角色，比方說幫委員安排各種行程，像是選區服務、開會以及上call-in節目等等。

法案助理需要協助立委撰寫議案、追蹤議題、塑造媒體形象。看報是法案助理很重要的一項工作。透過報紙，助理可以掌握社會上的焦點議

---

[1] 《立法院組織法》第32條。
[2] 另外每個月還有8萬元的加班費。

題。比方說有一陣子塑化劑議題非常的熱門，委員就會開記者會彰顯自己對塑化劑的關注；也可能在委員會中對相關部會首長提出關於塑化劑問題的質詢。這些質詢跟記者會就會成為委員的形象。

　　立委的媒體形象正是由法案助理所塑造。有些委員會希望在特定的議題領域建立自己的專業形象。比方說想要經營國防議題的委員就會特別著重於國防相關的議題、法案與服務工作，藉此塑造在國防方面的專業形象。此外，法案助理也會需要協助處理地方上的需求，因為民眾的難題有時須透過修法才能解決。這自然就需要勞駕法案助理出手。

　　特別助理則是委員貼身的隨扈，有時甚至可說是委員的分身。要幫委員跑攤、喬事情、參加社團活動，還有特別助理要跑去作兩岸交流！一些其他助理接觸不到的事務會由特別助理去進行，比方說一些比較重大的談判、交涉；或是去幫某個候選人站台、合作。

（三）在大本營的黨團助理

　　除了個別委員的助理外，每個政黨的黨團也會有助理。在立法院內，最少由三名立委可以組成一個黨團。當委員們在開會的時候，黨團助理需彙整會議進度並提供資訊，也要參與預算審議的過程、回報議場中的議事動態。動員表決的時候也是由黨團助理去找人。黨團助理也會參加黨團協商，並在協商中擔任幕僚，適時提醒參與協商的代表，黨團在議題上的立場與策略。

　　國、民兩大黨黨團，會定時於早上9點半到10點半間開記者會，黨團助理需要協助記者會的相關工作。通常，黨團記者會的主題跟內容都是由黨團助理銜黨團幹部之命來準備，委員配合共同出席。

（四）小助理、忙不停

　　委員通常會有辦公室主任，也就是辦公室中助理的工頭。主任可能什麼都要做：對外要代表委員發言，對內也要能帶領團隊。最重要的是還要能代表辦公室團隊跟立委老闆溝通。當委員生氣、暴怒的時候，主任就得出面安撫老闆的情緒。

　　國會助理這份工作，位低但權重，能直接接觸政治核心。委員大

概有80%的事務都得透過助理來運作。助理在國會中無所不在，必須滿場飛奔！比方說開委員會，雖然議事席上沒有助理的位置（可是有記者的……），他還是得協助會議的進行，包括遞資料、跟委員回報狀況、坐在電腦旁邊放ppt。在院會時主要會由黨團助理來處理，有強制動員（甲動）、表決時，助理會在議場角落聽法案的進度，或打電話call委員來投票，也就是協助進行動員。

立法院的運作十分仰賴助理的參與，要負責的包括書面質詢稿、新聞議題的掌握、議題設定、記者會、舉辦公聽會等事宜。議事類的工作包含：參與法律案的修正、掌握法案的進度、協助修正動議、決議以及預算刪減等各類議案的提出。前面這些提案、文書都需要由助理來撰寫。甚至在會議進行中，就要能因應現場發生的狀況，寫出臨時提案與修正動議（直接現場找一張紙用手寫）。在預算審查時，助理要幫委員找出他所關注的預算是在哪一頁、編在哪個科目。同時要關注預算的實際執行面，預算的執行還會關係到委員選區是否有新的建設，如果沒有，委員可能會因此被認為不夠力、無法為選區帶來福祉。助理要協助委員行使各項權力，如同意權、罷免案和資料調閱權。甚至在委員會會場發生衝突時，助理還要上陣去當人牆！

另外，如果委員參加比較重要的會議、座談，要發言時當然不能隨便講。講的話要能展現委員的深度與專業。委員便會要求助理提供講話的題綱或提示稿，甚至是逐字的發言稿。因為有些委員真的不知道要講什麼！連委員會裡的發言都可能是助理一個字、一個字寫出來的。當然也有委員非常厲害，給他幾個重點就可以自己講出一大篇。

幕僚工作是助理的重要業務，要提供委員專業知識、也要能在政治判斷上給予建議，並且提醒委員黨的立場和指示。助理還要能判斷在當前的時機下，適不適合採取某項策略或動作，在委員要上媒體的時候這點尤其重要。

助理有很多舉辦公聽會的機會。由委員會主辦的公聽會，行政、雜務都會由議事人員去做。在委員個別舉辦的公聽會中，助理就得要掌控所有流程。確認討論主題和研擬題綱，並在舉辦的時間、地點確定後，由助

理將邀請函發送至相關單位。前面的準備工作都做好之後，要發送採訪通知讓媒體報導。記錄工作同樣交由委員助理進行。最後，要發送會後新聞稿。會後新聞稿就是記錄專家學者們講了些什麼，以及委員的主張與立場。有時記者是看了會後新聞稿，才來採訪，所以會後新聞稿也可以增加委員的媒體曝光率。

　　每個委員辦公室大概都會有兩本電話簿，一本是國會聯絡人，即行政部門跟立委對話的窗口；另一本是記者。跟國會聯絡人與記者保持良好關係是非常重要。尤其是記者，讓委員登上新聞版面可是至關重要。因此對時事夠敏感的助理，可以適時協助委員抓到可吸引媒體目光的議題。

　　委員的發言會決定旁人對這名委員的印象，有些委員可能會看看報紙就上質詢台，但這一講話就知道沒有料！有時候連官員都會看不起！如果委員想要讓自己有份量、講話擲地有聲，那就需要有好助理幫他寫有深度的質詢稿。如果想要讓質詢的效果擴大，有時助理還會幫委員準備新聞稿，直接在質詢時發給記者。換言之，做足功課還是很重要的，尤其是委員面對的是該部會的部長以及重要主管，他們具有部會的專業以及龐大的幕僚，若不做足準備，有可能被唬弄。

　　除此之外，助理要幫委員安排各類行程。像是跑選區的行程規劃、媒體採訪、立法院開會、黨團會議，或行政首長甚至總統的邀約。行政首長為什麼要見委員呢？常常是要藉由見面的機會，爭取委員在預算或議案上的支持。安排選區行程時，則得注意到地方上有些人是得罪不起的！當這些人有婚喪喜慶，排除萬難也得要去！當委員無法出席時，有些時候委員的助理，比方說服務處的主任或特別助理還得要當「代跑」，代替委員出席。因為不能讓這些不能得罪的人覺得委員不給他面子。

　　排好了行程之後，助理還得督促委員出席！像是立法院的委員會都是早上9點開始。以前委員都會遲到，還需要助理去做morning call，到10點、11點才有辦法開會。但後來因為公督盟會注意開會有沒有準時，第七屆以後的委員就都很早到。

　　助理的工作還包括一般行政事務、會計業務，甚至打理委員的食衣住行。有些助理根本是「家庭服務助理」。立委接受捐款、政治獻金的登錄

和申報也是由助理打理，這是監察院規定立委必須做的事情。然而這項規定正是立委自己所通過的陽光法案，爲的是讓政治人物的財務更透明，以防堵貪污舞弊的可能性。還有跟媒體互動與做網路經營，包含立委個人的電子報與Facebook。

國會選舉的時候，助理當然也要陪著老闆拉票，一天的行程排得滿滿滿。早上5點就要去公園拉票，有人大概會覺得這時候公園哪有人？是要拉什麼票？不要懷疑！這時的公園會有很多人在運動、練舞、放風箏。助理就要一手發文宣、一手發礦泉水給這些民眾，同時還要注意電話有沒有響，是不是有緊急狀況？更慘的時候還要自己下去跳土風舞！

接著6點去市場，跑完市場就繼續路邊拉票，站到上午9點的上班時間。早上可能還要去拜訪選區的里長跟去公祭上香。午餐時間也不是在休息，中午會有一些飯局，用來經營人際關係。

有時委員可能會睡個午覺，助理就得負責叫委員起床。叫自己的老闆起床可是個很需要技巧的工作！下手輕重要恰如其分！下午可能要去寺廟參加活動、也可能要站在吉普車上掃街。掃街的途中，宣傳車會開始廣播，這時如果有電話進來，講什麼都聽不到；如果遇到重要人士來電，就只好跳下車去接，可能還要再跳上車把電話遞給委員。

最後，晚上要回總部開會，競選幕僚們要各自報告一天的行程跟進度。但工作不見得就此結束，開完會還要繼續討論文宣，負責文宣的助理當然得要奉陪。這樣的選戰行程會持續兩個月，眞的跟打仗一樣恐怖。

 ## 三、審議法案與助理工作

法案不是都立委審議的嗎？那助理要幹嘛？其實他們眞的有很多事情要做。審查法案時，助理最基本的職責就是要督促委員出席、寫質詢的資料、準備簡報、圖表等等。可能還要隨身帶著相機幫委員拍照，選舉時好用來當文宣。審議過程中，委員所提出的觀點，助理要能準備相關資料

加以佐證，在討論跟協商時才能有憑有據。助理在審議前要做好充分的準備，要對法案的文字、條文與論點進行分析，也要掌握是否有相關的利益與壓力團體正在進行遊說。委員會審查時，委員的發言稿會由助理來準備。如果委員是提案人的話，則還需要另外寫一份提案說明。所以審查法案絕對不是亂審，優秀的立委辦公室都是做好充足準備後，再讓立委上台發言。

有時委員對提案內容不是那麼熟悉，助理甚至得自己去研究法案，掌握相關法律規定與背景知識。很多法律提案的撰寫其實是由助理負責。當然這不是說立委就什麼都不用做，能要求助理切入特定修法，能把助理準備的材料發揮運用到什麼程度，就是看立委的功力。助理負責提供子彈，但打不打得中目標，還得看委員自己。

委員辦公室的運作可不是一昧埋頭苦幹，還需要認識許多人。委員需要仰賴不同的專家學者、相關民間團體、國會聯絡人的意見來處理不同專業領域的問題，同時也必須跟記者打好關係。國會聯絡人有時會來拜託委員，例如有筆預算想要解凍，他可能會來找國會助理幫忙安排委員的行程，希望爭取委員支持預算的解凍。

生出法案的第一個步驟是「選定議題」，就是選擇去修哪一條法。接下來是「草擬文字」，透過討論、思考把題目清晰化。例如說選擇了「無薪假」作為議題，就得要想到，放無薪假是公司老闆會做的行為。而為什麼要放無薪假？是因為在不景氣時，企業想要節省人事成本。那這樣做需要加以規範的地方是什麼？省錢不對嗎？不然公司倒了怎麼辦？所以要界定出什麼是「不合理」的無薪假，比方說企業在賺錢的時候還放無薪假，這當然不合理的；因此，草擬出的法條就要規定企業不該在賺錢的時候還放無薪假，並對違反者訂出罰則。

又像是過勞死議題。會有過勞死是因為工時過長；《勞基法》裡雖然有工時上限的規定，但對雇主的罰則太低，因此有些雇主寧可被罰也會要求勞工超時工作。那麼透過修法把超時工作的罰則提高，就是可能的解決方法。當然這只是概念，實際法案文字要更細緻。但重點就是找出議題的癥結，透過法律文字的增訂修正去解決、防堵不合理的狀況。

　　因為「割闌尾計畫」的行動，引發大家對於罷免門檻的注意，究竟《公職人員選罷法》要不要修正？罷免提案、連署門檻是否太高？有無檢討修正必要？罷免通過門檻有無調整必要？其他國家實施的情況如何？門檻降低是否讓罷免案增加？罷免活動的宣傳是不是要禁止？再參考其他國家的情況，訂出合理的門檻。

　　草擬條文之後，還得去請教相關部會的官員、學者或律師的意見。當然在初始階段這不會是委員自己去，而是由助理上場。這是第三個步驟：「法案評估」。評估完之後，將各種意見修改成正式的法案，送出去找人連署。「提案連署」就是第四個步驟。提案中除了法律修正條文之外還要寫案由，案由就是用來告訴別人，你為什麼要提這個案子。

　　在立法院網站的議事處單位可以找到法律制定案、法律修正案、法律廢止案，以及臨時提案樣張，助理可以直接下載使用。無論是法律制定或修正案，除了提案人外，還要有15人連署。下方框框內的法律修正案範例包含一個提案具備的要素，案由、說明、法律修正案前後對照條文及立法說明，還有提案人以及連署人，缺一不可。

❖ 法律修正案範例 ❖

案由：本院委員段宜康等16人，為強化立法院委員會法案審議功能，建構資深制與專業化委員會，爰擬具「立法院職權行使法第五十五條」條文修正草案。是否有當？敬請公決。

說明：

一、美國總統威爾遜在百年前便曾指出「國會召開院會時，只不過是在民眾面前走秀，委員會才是國會運作的重心」。反觀我國立法院運作向來由院會主導，法案審議過程中，委員會審查流於形式，甚至有委員會審查結果到了院會，遭到大幅修正或推翻情形，重要性遠不如政黨朝野協商。導致立委在委員會往往只追逐高曝光率的暫時性議題，對社會關注事項與公眾利益少有實質建樹。

二、再者，現行立法院各委員會召集委員席次過多，且每會期改選一次，有礙召集委員對於立法計劃安排與法案審查之延續性，委員會審查結果之社會責任無法有效評價，國會資深專業制無由建立，對於委員會的專業分工產生負面影響。

三、為持續深化國會改革，建構立法委員資深專業制，落實委員會中心主義，爰擬具「立法院職權行使法第五十五條」條文修正草案，期透過單一召委之修法，提昇委員會議事效能與專業性審查功能，俾國會席次減半發揮最大效益。

立法院職權行使法第五十五條條文修正草案對照表

修正條文	現行條文	說明
第五十五條　公聽會須經召集委員同意，或經各委員會全體委員三分之一以上之連署或附議，並經議決，方得舉行。	第五十五條　公聽會須經各委員會輪值之召集委員同意，或經各委員會全體委員三分之一以上之連署或附議，並經議決，方得舉行。	召集委員修正為一人後無輪值問題，現行條文文字配合調整。

提案人：段宜康
連署人：李昆澤 林俊憲 蔡適應 李俊俋 鄭運鵬 Kolas Yotaka 陳賴素美
　　　　余宛如 江永昌 尤美女 鍾孔炤 李應元 鄭麗君 王榮璋 蔡易餘

資料來源：立法院第九屆第一會期第六次會議議案關係文書。

　　法律有很多。在眾多法律當中，我們又要如何才能知道哪些是有問題的？修法的過程並不是說修就修，必須具備一些技巧。

（一）設定長期研究的主題

　　有些委員有長期關注的議題，比方說黃淑英前委員辦公室，較著重於性別跟勞工議題；李文忠跟張顯耀辦公室則比較注重國防議題；田秋堇委員重視環保議題。舉勞工議題來說，目前多數人可請領的勞保年金並不足以保障老年生活，因此如何保障勞工年老時的生活就是值得去研究的主題。再來，大家常聽到「責任制」問題。但根據《勞基法》，責任制並非兩者之間相互約定就可成立，而是要符合勞委會的規範且須雙方同意。但在目前的《勞基法》中，違反責任制相關規定的罰鍰實在相當的低，導致雇主寧可被罰也不願給予勞工應有的待遇。那麼委員辦公室自然可以去探

究這些問題，去尋找法條修正的可能性。

（二）從新聞事件或社會議題來發現有問題的法案

委員辦公室的成員必須隨即關注時事，一天要看很多很多報紙。例如：從建教生超時工作的新聞，可發現相關法律上的不足；從SARS事件可延伸出勞工是否該有「防疫假」的議題；從金融海嘯的事件裡則能發現失業給付的問題；從塑化劑的議題，發現《食品衛生法》的不當；從德翔台北貨輪擱淺案，發現油污污染分級的不足。換句話說，新聞事件中可能隱藏了修法的線索。

（三）提出政府提案的對案

助理辦公室的研究人力不可能超過行政部會。因此有時候可以搭順風車，當行政部門的法案出來後，可以去研究其中的條文。對不妥的條文或不夠周延的條文提出修正，那就會成為由委員提出的對案。

（四）從選民提出的要求

從選民對委員的要求中，可以發現民眾切身所碰到的問題。這些問題有些正來自於法令的限制。因此可以透過選民的感受，而發現哪些法條需要修正。

（五）從NGO、民間團體尋找議題

有些團體長期專注於某方面的議題，例如殘障聯盟對身障人權議題有研究，同時又接觸過許多個案，他們的經驗就可以成為法律修正的依據。台灣人權促進會長期對人權問題關注，對於《集會遊行法》的問題有很多的看法。這些團體的意見可以成為法律修正上的資源。有時委員也會跟這些團體一起討論，如何提出修正草案。

（六）配合其他法令的修法

比方說新修正了A法，但B法裡面其實有同樣的問題需要修正，所以提出配套的修法。

要修法或者質詢，委員都需要以資料為基礎。這些資料，自然也要由助理來搜尋和準備。從政府發布的資訊中往往就可以查到不少研究資料。

比方說政府的統計資料，像是失業率。或是跟其他國家的法案進行對照，可能某個國家有這個法，可以看看我們國家是不是也需要有。也可以看國家所簽訂的公約，例如《人權兩公約》或《消除對婦女一切形式歧視公約》（CEDAW）。國家的法律有可能違背這些公約，那就要提出修正。或相對的，透過制定新法讓公約能夠落實。比方說過去台灣法律禁止婦女擔任挖路工跟礦工，這跟CEDAW便可能有所牴觸。

另外，委員跟助理也可以從學術論文跟民間智庫的研究報告中發現問題。這些資料有些會收錄在國會圖書館。更直接一點，就直接請教專家學者。對助理而言，其他委員的助理也是可以討論、請益的對象，畢竟術業有專攻，每個助理可能有不同的強項。召開座談會、公聽會來徵詢各方意見也是個方法。立法院內的法制局亦是可以請教的對象。行政機關的承辦人員同樣可以作為徵詢管道，尤其是可以問他們在實務上有沒有辦法執行。承辦人員的實務經驗比誰都豐富，可以很容易察覺在實踐上的窒礙難行之處。不過也得要區別，他們是真的做不到，還是只是推託之辭。法案寫完之後，還要請律師或法律專業者來看法律用語是否精確，畢竟有時候法律差一個字就會差很多。

公督盟每一會期會固定對立法委員做評鑑，但評鑑讓立法院產生了一些變化。由於公督盟有一部分指標採用量化指標，看提案數或出席率等等，所以就出現了一些怪現象，比方說，有些委員常常提錢坑法案，以為提案數多，分數就會很高。不過公督盟也有扣分指標與加分指標，因此不是只有數量高就好。

同時，法案是要花很多力氣去研究的，但有些委員會搭便車；當一個委員要提出自己辛辛苦苦研究的法案需要連署，有時會有沒出力的委員說要共同提案，否則不要連署。這種時候很難說不要，因為如果拒絕他，以後會很難找他連署。

法律制定案樣張

案由：本院委員 _____ 等 _____ 人，_____
_____，擬具「（法律名稱）草案」，
是否有當？敬請公決。

說明：_____

（法律名稱）草案

條　文	說　明

提案人：

連署人：

備註：主提案人須親筆簽名正本；共同提案人、連署人合計15人以上。

四、書面質詢稿和臨時提案

　　委員的議事會反應在各種國會文書。國會文書大致可以分成三種：法律提案、臨時提案與書面質詢稿。就制度上的效果而言，法律提案的效力是最強的。臨時提案次之，最弱的是質詢。

　　臨時提案與書面質詢差異不大，體例都一樣分成兩段：第一段是個很

精簡的理由，說明需要行政單位做什麼。差別只在於臨時提案需要委員連署，連署完之後會正式排進院會的議程臨時提案的時段裡面，再請委員上台報告。但效果跟書面質詢其實大同小異。這兩者的內容可能包羅萬象，有時委員是透過提案跟質詢去傳達選區民眾的要求；所以有些看來很離譜的質詢跟提案，有時並不是因為委員很狀況外，而是有檯面下的原因，而另有所指或所圖。

　　書面質詢稿須於每次會議開始前撰寫，委員簽名後送交議事處處理。書面質詢提出後要等待行政院的回復。行政院會針對質詢內容提出回答，不過這回答有沒有實際意義，就見仁見智了。臨時提案則一週只能提案一次（因為五、二視為一次會），且須有10個以上的委員連署[3]。通常臨時提案在總質詢期間會於每週二中午13時50分，在無總質詢時為下午15時進行處理，一般來說會作成「函請行政院研處」的結論，若有委員反對，那提案就會被退回表示該案尚不成立。

　　只是提出這些案子時，委員也要小心。通常在對重大爭議案提出書面質詢稿或要求行政院做相關處理時，不會從單一個案的角度去寫，因為並不是所有人都適合用同樣的方式處理。從個案出發，搞不好你會發現從個案延伸的結果會讓95%的人受益，卻讓另外5%受害或甚至只有5%的人受益。所以要能全面、整體性地探討制度性問題。

　　若碰到重大議題，如地方污染等，行政院卻沒有積極處理，委員可能會把狀況擴大，送到媒體召開記者會或藉由開委員會的機會來質詢相關部會首長。行政單位會回應委員，但有時這些回應根本辭不達意或實問虛答。這種情況下委員可能就會把議題擴大，或乾脆當面質詢再追問下去。有些委員會要求助理寫很多質詢稿，一天就要生出一篇。有時會因為要急著應付鄉親父老的要求，所以時間很趕。有些時候，因為委員需要的案子量太大、太趕了，助理應付不過來，用字遣詞就變得不夠精緻，這會顯得委員不夠專業。質詢稿跟臨時提案究竟是要以質取勝？還是以量取勝？是每個委員辦公室都必須考量的問題。

3　參看《立法院議事規則》第9條規定。

　　調資料會是委員辦公室對行政部門的一項武器。如果委員不滿意政府官員，想要找出他施政上的弊病，要發現這些弊病最好的地方就是資料。公部門都很喜歡說「自己做了什麼事」，但透過資料，委員可以發現他們少做或是沒做什麼事。要資料的時候不能傻傻的直接告訴行政部門說你要什麼編號幾號的文件，而是要丟問題給他，讓他不知道你要什麼資料。那他只好把相關的資料整理給你。

　　如前面所講，行政部門會有題庫去應對委員所提出的問題。當助理拿到資料之後，可以自己去分析，找出政策中的破綻，突然丟出行政方想不到的提問！當然提問題要有憑有據，不是隨便亂丟。能丟出好問題的助理，將能贏得行政部門的尊重。即便是掌握了某些資料，也不是說用就用，而是要判斷政治時機。要看什麼時候拋出去議題比較可能獲得關注。

　　　　　　　　　臨時提案參考　　　　　　　　　

立法院議案關係文書

臨時提案：臨-090012

案由：本案委員蔣乃辛等18人，有鑑於農曆年前台南發生規模6.4級大地震造成嚴重損失，另根據內政部營建署統計發現，全國屋齡超過30年以上老舊房舍已超過368萬戶，占所有建物比例44%，這些老屋幾乎都無法承受規模6級以上地震，且全台「低耐震」與「未經耐震設計」的房屋更高達425萬戶，一旦發生規模6級大地震，屋舍都有全倒的可能，死傷更無法估計。國家地震中心已經發出警訊，如果台北遭遇此次台南的規模6.4級地震，將會倒掉4千多棟房子，死亡人數恐達上萬。台灣位處環太平洋地震帶，發生地震頻率極高，為防微杜漸，減少震災損失，本席等要求行政院：1.立即針對全台「私有公用」建物進行調查，尤其是賣場、百貨公司或電影院等住商混合建築即刻展開耐震安全維修，確保其耐震能力；2.針對私有30年以上老屋進行安全體檢，並提供老屋拆除重建與修繕經費補貼；3.盡速通過修正「建築法」與「都市更新條例」，落實「建築安全履歷」、杜絕「一屋建設公司」及加速「防災型都更」進行，確保民眾住宅安全；4.採納專家學者建議，建案監造人除建築師外，也應納入結構技師共同監造，維護房屋建造品質才能有效減緩地震災害損失。是否有當？請公決案。

五、新聞稿與媒體公關

委員有時候會針對某些事情召開記者會，因為委員還是需要適度的媒體曝光：一方面鄉親們想在電視上看到委員的消息，另一方面知名度高對選舉總是有幫助。開記者會發新聞稿就是爭取曝光的有效手段。

新聞稿詳細來說可分為三類：

（一）採訪通知信函

採訪通知信函只是要引起記者的興趣。記者會要開什麼不能全部告訴記者，不然他就不會來了。記者會始終是希望記者要來採訪，而不是寄東西給他複製貼上。

（二）新聞稿

新聞稿要能把會議的重點告訴記者，讓記者快速抓到會議目的與訴求，減少做筆記的時間，甚至可能會被直接引用！

（三）會後新聞稿

因無法預估受邀的團體或專家學者的意見為何，因此在會議後必須幫團體和專家的發言重點做摘要，並發送給媒體。

為什麼委員辦公室需要準備新聞稿？寫新聞不是記者的工作嗎？

立法院中，同樣時段裡可能會有很多場公聽會、記者會，所以為了使記者能儘快瞭解整個記者會舉辦的目的與相關資訊，就要準備好新聞稿。新聞稿最重要的是簡單明瞭，佐證的資料要清楚！訴求要明確！有些委員則很注重要在新聞稿上突顯出自己的名字。例如標題上，會寫針對XX議題，某某委員表示如何。

立法院的記者會一天可能有幾十場，有黨團的、有個別立委的，所以並不見得搏得到版面，有時記者甚至連來都不想來。開在六、日由於其他新聞比較少，所以容易見報，但禮拜六開記者會見報時間是禮拜天，有人習慣週日不看報，那就會錯失掉這些人。所以開記者會最好的時間是禮拜天，禮拜一見報之後，由於公部門有上班，記者還可以去追相關議題。記

者會也不適合開在禮拜三，因為那天是壹週刊發刊日，注意力會被吸走。

　　當然，記者會並不是委員說開就開。開記者會之前必須要判斷主打的議題媒體喜不喜歡。記者跟媒體也有他們的經營考量，所以在刊登新聞時會有所偏好。開記者會當然就要投其所好。只是，過度跟市場偏好妥協，也可能會變得太煽情，反而對社會公益沒多大幫助，所以還是要找出平衡點。

　　如果記者不關注你的議題，就是要靠熱忱，開一次沒人關注，就再開第二次。或是透過質詢和其他管道把議題延續下去。同時記者會要「有梗」！議題要引人關注、發言要有內容，最好還要能給出新的資訊。如果記者開始關注委員的議題，也能讓行政機關感到壓力，而採取比較積極的作為。

　　有些委員口條很好，有些表達能力不是那麼強，但口語表達只是新聞畫面而已。重點還是在新聞稿，文字寫得好比較重要。同時記者會的現場可能會製作背板或海報；能夠想出吸引人的slogan，或製作吸引人的圖表也是助理需具備的能力。

　　新聞重不重要是相對的，它是跟「當天」的其他新聞作比較。就算再重要的新聞，如果有更大的事件（比方說碰到颱風、飛機失事）也不會被注意到。這也是為什麼記者會要避開壹週刊，壹週刊往往能成功的創造話題，跟颱風一樣把觀眾的目光吸走。

　　為了增加媒體曝光率，立委助理都會設法多認識一些記者，想辦法跟他們混熟。而且要知道哪些記者是跑立法院線的，甚至在比較大的媒體中，立法院內的不同政黨會由不同記者來跑。有些助理會在下午請記者到辦公室坐坐，喝杯咖啡，交換資訊。平常跟記者的關係打好，在記者沒有稿子的時候，他還可能會主動跟委員辦公室問有什麼議題想要上版面，有時甚至會讓委員辦公室直接提供新聞內容。

六、委員的化妝師：形象塑造

　　為什麼形象對一個立委很重要？形象除了關係到民眾對委員問政的評價，還會影響到選舉的成敗。助理要幫委員塑造形象，白話來說就是幫委員做口碑。通常，委員最被注重的，就是委員的問政表現。比方說是走理性風格或是擅長展現情緒。再來，民眾很關切委員的清廉或貪腐。但台灣有個特殊的現象就是藍綠對立，民眾可能認為自己支持的一方就是清廉的，對手就是貪腐的。

　　相對於男委員，女性委員會較傾向塑造出柔和的形象，強調自己的社會關懷。議題上也比較注重軟性議題：像是楊瓊瓔委員就較注重教育、文化跟青年等議題。當然也有例外，有些女委員就是以強悍的形象著稱。

　　當一個立委被稱為「環保立委」、「教育立委」，就是已經建立起了專業形象。專業形象一上任時就要建立，跟廣告一樣要密集的強打。當委員成功地在某領域樹立起自己的專業形象，之後有相關問題記者都會跑來問你。當曝光機會多，之後進行媒體公關工作時就會更順暢。

　　委員的小故事、日常生活都會是塑造形象的素材。比方說周守訓前委員常常打籃球，打久了，熱愛運動的形象自然會傳開。有些委員喜歡爆料，這不見得是件壞事，有些爆料可以幫民眾瞭解公部門的真實運作。有些委員每天上政論節目。有些委員非常愛開記者會，只要有人陳情就會開記者會。陳情者常常是某些事件的受害者，經常幫受害者開記者會可以展現出站在弱勢一方的形象。有委員喜歡搶第一個到立法院報到，藉此表現他問政很認真。有些委員喜歡在質詢時拿很多道具製造新聞話題，例如之前李敖戴改裝的V怪客面具噴瓦斯，阻止軍購案的通過[4]。但道具可能給人太深的印象，反而讓人忘了他的問政內容是什麼。

　　只是再怎麼說，公關能做的始終有限，有些委員名聲實在太壞，助理怎麼樣都救不回來。最後，還是要回到委員本身的專業。

4　蘋果日報，2006。〈李敖噴瓦斯〉。《蘋果日報》2006/10/25。http://www.appledaily.com.tw/appledaily/article/headline/20061025/2981446/。2016/05/23。

最容易見到立委的地方，可能就是你家的電視機。民眾透過媒體會知道委員表達上的習慣，比方說肢體動作多不多、服裝搭配、髮型等等。喜歡化濃妝也會成為委員的形象。媒體無疑地是委員跟民眾溝通的管道，然而，也因為電子媒體的影響，有些委員質詢時所考量的僅是記者想要什麼畫面，而非問政的品質。質詢稿的內容變得沒有手上的道具重要。

如果委員所屬的委員會剛好發生熱門議題，那上電視的機會就很高，這時委員就需要設計畫面，透過質詢等場合積極表現、爭取曝光。可能是質詢內容特別犀利或是拿出了效果很好的小道具。但當然不是只有畫面就可以，比方說委員會的質詢有十幾分鐘，除了要有畫面給媒體拍之外，還是得有真材實料的質詢稿。

有時媒體會刻意把委員塑造成媒體想要的形象。有些委員私底下是很溫柔的，卻被媒體呈現得非常犀利、非常兇悍。這種刻意的塑造方式會模糊掉實際的問政內容與議題，而只突顯出媒體塑造的形象。

平面與電子媒體會有差別。平面媒體較會詳細瞭解事件的始末，電子媒體則很容易拍到畫面之後就跑。電子媒體甚至會挖洞給立委跳，會問你非常不好回答的問題。有些問題無論贊成、反對都可以拿來挑毛病！問這些問題的媒體只是想要拿來做文章。所以有時候看到媒體報出立委有不當發言，不見得是立委的錯，也可能是媒體刻意設計的結果。

現在透過iVOD（隨選視訊系統）能直接瞭解委員的形象。透過現場議事的實況轉播可避免媒體的斷章取義。如果完整去看iVOD就會發現：有些委員花了十幾分鐘但什麼都沒講到，但有些委員五分鐘就能切入要害。在公督盟的評鑑中，其中有一項為號召民眾進行iVOD的評鑑，民眾對於理性問政、內容專業者往往會給予較高的評價。

「危機」往往會影響到形象。比方說緋聞案，如果立委這時勇敢的出來面對民眾，民眾搞不好反而認為這個人有擔當。但若處理得不好，就會因為私德影響到委員在公領域上的評價，而且這種事情可能會被記很久，或喪失立委職務。簡肇棟立委因為車禍肇事而逃逸，在輿論壓力下，請辭

立委一職[5]；黃顯洲立委深陷桃色風暴，最後遭選民唾棄。現在是個「全民狗仔」的時代，做了某些不符合民眾期待的事情，都可能會被記錄下來。講錯一句話就可能被散播、擴大，所以危機的處理對委員來說非常重要。碰到選區發生災難的時候也一樣，如果委員的表現不符合民眾期待，比方說出國、不積極關心，就會對形象造成很大傷害。

過往有些民眾會認為委員離自己很遙遠，如今網路就成為拉近與民眾距離的方式。有些委員為顯示自己很認真，會把問政內容放在網路上，例如Youtube上就可以看到不少委員問政的影片。Facebook竄紅之後，很多委員跑去申請帳號。

不過實際上，有些委員自己不太會用Facebook，是由助理模仿委員的口氣去回話。這些委員實際上並沒有使用網路工具的習慣，使用的目的主要是為了拉攏年輕選民。也有委員是真的很會用，隨身帶著智慧型手機，看到什麼就拍下來。有委員專門聘任一個助理負責拍照上網，因為發新聞稿不見得大家都會看，但一張照片，比方說委員去牽老人的手，就很容易獲得迴響。

整體來說，網路的效果目前仍然有限。問政內容太複雜，民眾點開來看的意願不高；在非都會區會使用Facebook的選民也沒那麼多。這些網路工具目前只是選戰的基本配備，不能不用，但用了也不見得能加多少分。當然此種趨勢，隨著網路世代的人口愈來愈多時，其影響力將會愈來愈大。在網路議事直播院會與委員會的問政之後，可預期將來網路的影響力將愈形增加。

5　蘋果日報，2011。〈撞死人 簡肇棟肇逃〉。《蘋果日報》2011/09/14。http://www.appledaily.com.tw/appledaily/article/headline/20110914/33665892/。2016/05/23。

七、預算把關很重要！

（一）預算書怎麼看

　　現在強調資訊公開，在主計總處可以下載到政府部門的預算書[6]。可是說實話，包括立委辦公室在內，看預算書不是那麼容易的一件事。看預算書要有些技巧，首先，要看它的結構。結構是指不同施政項目上預算分配的比重。例如：今天總統喊出要重視文化發展，文化預算要達到4%。那就要去看文化方面的預算是不是真的達到4%。也可以反過來，從預算分配的百分比，去看政府是否偏重於某些施政項目。所以一拿到預算書，雖然它厚到讓人不想看，還是得先把它翻個幾遍，以瞭解預算結構。

　　其次，可以看不同年度的變化。觀察不同年度間，是不是某些施政項目的預算變多或某些變少。這可反應政府在施政上的偏好。委員就可以詢問政府說：為何有這樣的偏好出現？

　　最後，還可以跟其他國家作比較。例如，比較不同國家的預算中，各學科領域的科學研發經費之比例。比方說社會科學占多少、自然科學占多少。台灣的研發預算中，社科的比例較北歐國家低很多。也可比較同一預算項中，用在北部跟南部的比例是否有明顯有差異，也就是是否有南北失衡的情形？

　　從格式上看，預算書裡會分總說明、主要表跟附屬表。從主要表跟附屬表裡面可以知道科目與款、項、目、節如何編列？這些科目下面是否還有分支計畫？一般來說會先看主要表，如果覺得有疑問，再去看附屬表，從附屬表裡可以看到更細的資訊。預算表上附有「說明欄」，能提供更詳細的預算用途。如果連說明都看不明白，那就只能向行政單位追問。

　　主計處每年都會出決算報告，此外還會出半年度的結算報告。這些都是審查預算時的參考資料。助理也可參考行政院院長的施政方針。看所謂的施政方針有沒有落實在預算上。

---

[6] 行政院主計總處的網址為：http://www.dgbas.gov.tw/mp.asp?mp=1。

　　當預算案被行政院送進來之後，財政委員會先研擬總預算案審查日程以及審查分配表，然後提報院會，若無異議，院會會將審查分配表及審查日程（參看下方框框）交付財政委員會，再由該委會交付給各委員會審查，這相當於送交分組討論。因為每個委員會有不同的專業，所以會針對跟該委員會相關的部會進行審查。但日程表只是預定的審查流程圖，立法院的運作不見得會照財政委員會規劃的去走。日程表的後面會有審查會分配表，記載了委員會所負責的部會，例如內政委員會就負責審查內政部、客委會、陸委會、中選會、蒙藏委員會、海巡署等等機關。這可透過立法院首頁的「議事日程暨公報系統」進行查詢。委員會因為所屬的委員會不同，所以要看的預算書會不一樣。

　　預算裡面除了關係到各部會的公務預算以外，還有非營業基金、營業基金等部分。這些預算書都是一箱一箱進來，委員要能夠在跟山一樣高的預算書中找出自己負責審查的部分。

❖　中央政府總預算案審查日程　❖

中華民國105年度中央政府總預算案（含附屬單位預算及綜計表－營業及非營業部分）審查日程草案

工作項目	日程
中華民國105年度中央政府總預算案（含附屬單位預算及綜計表－營業及非營業部分）審查分配表及審查日程提報院會後，院會將審查分配表及審查日程交付財政委員會，並由議事處函達財政委員會。	104/9/22（二）以前
財政委員會發函通知各委員會進行審查。	9/23（三）以前
各委員會進行審查公務預算部分。	10/1（四）～10/26（一）
各委員會擬具公務預算部分之審查報告，並送財政委員會彙總。	10/28（三）以前

工作項目	日程
各委員會進行審查附屬單位預算營業及非營業部分。	10/29（四）～ 11/25（三）
財政委員會核算、彙總、整理公務預算部分各委員會之審查報告，並擬具審查總報告。	10/29（四）～ 11/5（四）
公務預算部分審查總報告送交印刷所付印。	11/6（五）
財政委員會舉行全體委員會議討論公務預算部分審查總報告，並提報院會。	11/9（一）
各委員會擬具附屬單位預算營業及非營業部分之審查報告，並送財政委員會彙總。	11/27（五）以前
財政委員會核算、彙總、整理各委員會附屬單位預算之審查報告，並擬具營業及非營業部分審查總報告後，送交印刷所付印。 （本項日程授權財政委員會視公務預算部分之院會協商及二、三讀、各委員會實際審查進度及審查報告提送情形，彈性調整。）	12/1（二）～ 12/21（一）
財政委員會舉行全體委員會議討論附屬單位預算營業及非營業部分審查總報告並提報院會。 （本項日程授權財政委員會視公務預算部分之院會協商及二、三讀、各委員實際審查進度及審查報告提送情形，彈性調整。）	105/3/31（一）以前

說明：

1. 因停會、加開院會或其他影響總預算案審查時程之事由，致本審查日程須配合順延時，授權財政委員會修正，並通函其他委員會知照。

2. 各委員會對於所審查之公務、營業及非營業預算，若有提前審竣之部分，請先將該部分之審查報告送財政委員會彙總。

資料來源：立法院第八屆第八會期第二次會議關係文書，2015年9月18日，頁6。

（二）如何撰寫預算提案？

　　預算提案的時機點有二：第一個是審查會的預算提案，第二個會是院長協商。當預算案被交到各委員會後（也叫審查會），各委員會各自會邀請相關部會首長來做該年度的預算報告。預算報告後，才進入實質預算審查。實際審查就是指委員開始提出預算提案並進行討論。內政委員會的委員就會針對內政部、海巡署、陸委會、中選會、蒙藏委員會等單位的預算進行提案。如果說他想去其他委員會提案，就需要別的委員幫忙代提。

　　當預算在委員會審查完送到院會時，會先宣讀審查報告，接著進入院長協商。這時委員也可以提案。此時可以針對所有部會的預算提案，不限於委員所屬的委員會。這時提案注重的是特定資源的配置，例如要求爭取交通建設。比方說，一個委員可能提案說要做主決議或預算的刪減、凍結，藉此要求交通部應該在台中市開發某條道路。另一種提案純粹是為了選民服務或其他個別因素。還有一種狀況是委員用來做形象，例如油電雙漲，委員可能提案說要電價凍漲或修正油價浮動公式。又或許委員可能出身自特定團體，他就會幫這些團體提案。例如社福團體出身的委員，他的預算提案背後可能就關係到社會團體的訴求。

　　在撰寫預算提案時，可以參考行政院長對立法院提出的施政方針報告。委員跟助理要從施政報告中找出跟所屬委員會有關的部會，看施政報告中提到哪些東西？接著檢視部會的預算有沒有落實報告中的內容？如果沒有預算、沒有錢，怎麼可能做事。

　　另外，每個會期各部會首長都會到委員會做業務報告，業務報告中也會提到該部會在這個會期或這一年中要推動哪些業務。透過施政方針與業務報告，可以檢視施政目標有沒有反應在預算中，還是只是信口開河、隨便講講。

　　檢視預算的時候，首先是看預算配置，就是顯現在預算書裡的數字是不是跟施政方針一致。再來可以進行跨年度檢視。通常看預算書不會單看一個年度，立法院國會圖書館裡有預決算查詢系統，可針對特定的預算科目作查詢。譬如政府說要補助中小企業每年100億，就可從執政的每一年度去看是不是真的有補助。如果沒有，就把跨年度的預算整理好做成簡

表，在寫中小企業相關提案時，就會是很好的說明資料。

現在財政困難，政府把很多錢，甚至把公務預算的錢藏在非營業基金。所以如果是要找特定案子，除公務預算外，也可以找非營業基金的預算書，看預算配置是不是真的跟施政方針相符。在審查時也可以將公務預算跟非營業基金放在一起審，以便合併檢視。例如可以同時看陸委會預算跟其所主管的中華發展基金，好知道陸委會預算整體是如何分配。

審查時應留意相關的法令規範，例如某個議題或事件跟憲法有直接關聯，那憲法跟大法官解釋就可應用在提案中。國會助理都會有立法委員手冊，後面會有跟立法院相關的大法官解釋。如果讀熟這本手冊，對照回預算案的時就會知道哪些是在憲法層次有規範的部分。此外，還要注意《預算法》以及程序性的中央政府總預算案審查程序。《預算法》規定預算審查的相關程序，因此審查預算時必須要熟悉該法。有時候，還需要知道一些特別法，比方說《教育經費編列與管理法》中，有教育部預算的相關規定。此外，委員所提出的主決議或附帶決議也可能會違法。比方說曾有主決議要求行政機關將已經發包的工程重新發包，這違反《行政程序法》。所以助理須熟悉相關法規以免違法。

當完全不知道怎麼提案時，主決議其實就是提案通過「後」的樣子，可以參考過去別人是如何提案的，或是從中觀察這個部會大概有哪些問題。提案時要清楚列出這筆預算的款、項、目、節，換句話說就是要讓人知道你到底是要刪哪一筆預算。如果提案時能有附表作為佐證，看起來會比較專業。提案中會有些常用字詞，像是：「查，惟、實非合理」可以記下來。案由要寫得很清楚，因為審議時案由會被念出來，大家都聽得到。一份提案要處理的包括錢在哪裡？問題在哪裡？打算怎麼做？都要很清楚表達。

有些數字不會表現在預算書上，我們一般看得到的是屬於「一級用途支出」，可以請主計處提供更細的「二級用途支出」，可以看出像是水電費之類的運用。透過資料的搜尋，或透過委員發文索取資料，彙整之後將資料做成一個簡表。在記者會、質詢或提案時，簡表都可以拿來使用。已經被查出來的弊案、缺失也可以彙整起來用在提案上。

❖　　　　　　預算相關法規小提醒　　　　　　❖

1. 憲法第70條明定：預算審議，不得為增加支出之提議。實務上就是某個科目編了多少錢，不能提出要增加這項科目的預算，也就是不能提出增加歲出。

2. 大法官解釋第391號：各機關所編列之預算數額，不得在款項目節間移動增減並追加或削減原預算之項目。換句話說提案不能將A科目的預算，挪到B科目。

3. 預算法第52條：法定預算附加條件或期限者，從其所定。但該條件或期限為法律所不許者，不在此限。根據預算法，可以透過預算主決議對法定預算附加條件或期限。本條前段就是在講預算主決議。

4. 預算法第22條：立法院刪減之預算，除法定經費獲經同意者外，不得動支預備金。這是說立委可以進行「指定刪除」，也就是指定某一科目需要刪除。三讀通過之後，被砍掉的部分不能使用預備金。根據這條，立委可以提案刪除單一科目下的特定計畫預算。

5. 可參考中央政府總預算編制作業手冊，手冊裡面有規定各政府單位該如何編製預算，什麼東西可以、不可以。

　　通過法定預算後，必須按月或按計畫執行預算。各部會通常直接將預算除以十二個月平均分配，但因為通過預算的時間往往是到年底或1月，這造成上半年執行效率不好。因此立委可以去主計處將上半年度的結算資料調出來，觀察上半年度的結算情形；或是去調審計部所做的前一年度的決算。主計處與審計部的資料可以呈現預算編列了多少，實際執行的有多少。藉此可看出執行率與未執行率，執行率乃是預算刪減時的依據。預算通過後，委員還是要追蹤，方能真正的監督預算是否適當的執行。

　　以上提到的這些資料都放在網路上，一般民眾也可以看。所以要監督政府也不一定僅靠立委；民眾或是社會團體，也可以用這些資料來檢視政府的效能。

審預算的參考資料哪裡找？

1. 立法院預算中心的評估報告。預算中心的評估報告是非常重要的參考資料。評估報告分成兩種，第一種是配合行政院院長到立法院報告，預算中心會針對行政院提出的預算案，提出一份總體評估。另一種是針對各委員會對各單位或各基金預算進行審查時，所提出的個體評估。除了預算評估報告之外，預算中心也會出決算的評估報告。決算的評估報告會告訴委員：行政單位執行前一年預算時有什麼缺失。

2. 黨團也會出總體評估報告，但黨團出的報告跟預算中心的重點不太一樣。預算中心著重於制度面上的檢討。黨團報告則注重如何從政治面進行攻擊。

3. 立法院「國會圖書館」網站中有「中央政府總預決算查詢及統計資料庫」、「預決算資料調閱系統」。透過此可以找到過去各年度的原始預算案、法定預算及統計數字。還可以透過資料庫進行交叉分析。

4. 在審計部、主計處可以找到結算與決算的資料。

5. 針對重大的公共建設，公共工程委員會與經建會的網站會有相關資料。

6. 如果本來就對特定議題比較熟悉，可以從這些議題出發去關注相應之預算案。比方說，較注重性別議題的委員，會著重於觀察推動性別平等相關的預算。

7. 決算報告跟結算報告：對新手助理來說，即使是用翻的，也最好能翻一遍。從決算跟結算可看出預算分配下去後究竟執行了多少。也可以藉此反推「未執行率」。如果發現未執行率過高，就可以質詢行政部門為何如此。

8. 可以請教各部會的國會聯絡人。問該部會有哪些施政重點和相關提案。一個部會會有不同單位，有時可以刻意去問這些單位對彼此的意見，比方說a單位對b單位有什麼看法。用這類技巧性的問話蒐集情報，再根據這些情報，回頭去翻預算書。

9. 閱讀過去的預算審查紀錄。從這些審查紀錄可看到過去幾年其他委員提過的修正案。有些預算會被行政單位反覆提出，比方說國防部一直想買F16CD型，但又一直買不到，所以這筆預算反覆的被凍結。很多預算都是這樣，行政單位重複提出，問題卻也重複出現，委員只好重複的修正。

10. 監察院的公報，會指出公部門在預算執行上的缺失。

11. 關注媒體報導，例如官員可能會在訪問中談到主要的施政方向，那便可以去看施政方向是否有落實在預算上。

12.可以跟助理同事討論。

13.充實自己！多讀點書，多瞭解實務運作。

立法委員審預算時會面對許多壓力：

1. 行政機關的壓力：當你提了預算刪減案，會有很多國會聯絡人來辦公室拜訪，希望你撤回提案。

2. 委員辦公室間競爭的壓力：如果別的委員辦公室提的預算案比較多，就會有業績壓力。就是同業競爭，提案量不能輸給其他委員。

3. 黨團關切的壓力：這比較會發生在執政黨的委員身上。行政機關可能會透過黨團來拜託，希望不要提出刪減或凍結案。

4. 利益團體的壓力：如果委員提出的刪減預算與某些利益團體有很大的相關，也可能會面臨來自利益團體的遊說。

 八、如果你想當立委助理

（一）擔任助理要注意什麼？

國會助理這工作很適合有正義感、想改變社會的人。當你發現政府運作中存在著不當之處，助理可以追根究底、報告給委員，讓它變成議題受到關注。換句話說，助理有時可以影響政策或讓大眾開始關注起某些議題，進而讓社會改變。當然不會是巨大的改變，但可造成些微的調整，讓社會往比較理想的方向前進。助理能直接跟政府單位對話，故能幫助民眾或公益團體解決一些問題，在這種時候會很有成就感。但相對地，也會很容易有挫折感，因為有時民眾的要求確實因為制度上的限制無法達成。

前面提到助理工作是一份「位低權重」的工作。「位低」是因為流動率高，這職位難以累積自己的威信。「權重」則是因為會有與所有官員對話的機會。但要記得自己「位低」，要謙卑、低調，不要毫無理由的把「砍預算」之類的話掛在嘴邊，藉此威脅行政部門。虛張聲勢只會顯示出

自己不專業，也無法真正贏得行政部門對你的尊重。

　　當基層民眾有所請託時，不能什麼都替委員一口答應，畢竟有些事情是做不到的。助理要能從委員的立場去思考能提供什麼樣的協助。同時，委員的判斷不見得總是對的，因此要能獨立思考、獨立判斷，協助委員做出正確的抉擇。

　　有時委員對助理會有臨時的要求，因此工作時間不固定，還可能成為老闆的出氣筒。許多工作不注重於求「好」，而是求「快」、求「有」。不是追求把事情做到100分，而是要在最短時間內生出60分的東西。因此當助理的人必須具備高度的抗壓性。

　　助理的嘴巴要緊。在立法院會有很多八卦可以聽，有些是關於立委、官員的私生活，有些會涉及黨團的機密。但千萬不要刻意去傳這些八卦。另外，要多跟辦公室以外的人互動，要與不同領域的人交往，遇到專業議題時才有人可以討論。助理要試著建立自己的小智庫，碰到問題的時候就知道要打電話問誰。或著是讓自己成為別人的智庫，讓圈內人知道，這方面的問題問你就對了。好的人際關係也可讓助理有往其他領域發展的機會。

　　在美國，國會助理是很崇高、很有理想性的工作，但在台灣則不見得。原因在於台灣的助理流動太快，無法累積行政部門的信任跟自身的專業。同時台灣的國會助理錢少、事多、壓力大。這份工作要花很多的時間跟精力，沒有熱情是做不下去的。所以一定要有熱情。

　　寫履歷與自傳時必須用心，在平常時就須培養相關的能力，老闆通常會希望你是多功能的，服務、法案與選區經營等都要能做，什麼議題都要會一點。新人往往需要資深助理來教，也就是所謂的「師徒制」。碰到不會的要問，助理工作要在「做中學」。千萬不要當上助理就自以為了不起，老助理要教你也不聽。絕大多數能力必須在工作中培養，有老助理當師父會是成長的捷徑。

　　要當法案助理的人，當然要能看懂法案在寫什麼。同時要有寫作能力。老闆可能每天都會要你生800個字的專業文稿，很多東西都可以到立法院再學，但文字能力不行。在學時就要培養把想法化成文字的能力。尤

其是當你的老闆口才不好的時候，文字能力就更重要。

助理要關心時事，從新聞中找到議題。同時要具有分析研究的能力，並能提出資料作為佐證。這跟寫論文很像，有些助理能自行做研究，從個案發展出議題，再從議題轉化為法律案或預算案。自己能發掘議題、產出法案的助理會特別受到委員的器重。助理對立法院的議事流程與議事規則也要夠清楚。有些委員他自己可能不是那麼懂，就必須由助理來掌握法案的進度。

同時，法案助理要非常善於使用網路搜尋，有時要在半分鐘之內找出某個部長講了什麼話或掌握新聞事件的背後脈絡。會上Google，不代表善於找出問題的答案，搜尋需要技巧。助理要能快速、精準的幫委員的疑問找出答案。如果老是一問三不知，那大概就要打包走路了。

助理要有批判的能力，看到問題的時候要懂得問「為什麼？」有些政策乍看之下很合理，但仔細思考之後，會發現長遠來看會出問題。必須要對政策帶著問號，找出問題，才能提供委員修改的建議。

助理要如何評量自己的專業能力夠不夠呢？很簡單，就是看有沒有人想要來把你挖走。

若要當助理的話，儘量找資深、地位重要的委員，像常在委員會當召委的委員。這些委員由於地位高，故對助理的要求也會較高，有要求才會有進步。這畢竟是份政治工作，應徵時，多少會問一下政治立場，但多數辦公室會比較重視應徵者的專業。比起政黨的忠誠度，委員更要求對立委個人的忠誠度。但如果想當助理，最好還是找政治理念相符的委員，以免工作跟與自身信念產生衝突。

整體來說，助理工作的相關制度並不完備，但可拿到一定水準的薪資。當然薪資高低會隨著市面上的工作行情而有波動。助理是勞動者，所以跟一般勞工一樣，享有勞保等保障。助理加班通常沒有加班費的，這是責任制工作。除在立院上班之外，還要幫委員跑行程，可說是全年無休。助理的工作時間可能很長，但只要努力有被老闆感受到，還是能得到應有的回報。

當然，這跟老闆也有關，有些人很摳、有些人大方，還有人沒什麼金

錢概念。有些委員手頭緊，有些非常有錢。除此之外，助理會有很大的發揮空間，並在工作中可接觸到各式各樣的人，有助於人脈的累積。

（二）助理工作的發展前景

　　曾有助理後來高升到部會首長，像羅文嘉原本是陳水扁的助理，後來當到客委會主委。蘇俊賓則是從徐中雄的助理當到新聞局長。也有去當民意代表的，例如謝長廷的助理卓榮泰後來自己也成為立委，並於民進黨執政時任行政院秘書長以及總統府副秘書長、林濁水的助理段宜康還有李文忠的助理吳思瑤現在都為立法委員。民進黨第九屆立委擔任過國會助理的不少，段宜康跟過洪奇昌、蕭美琴跟過呂秀蓮、李俊俋跟過張俊雄，蔡其昌跟過田再庭與邱太三，現在更成為副院長。新科立委張宏陸曾經擔任過蘇貞昌的助理、賴瑞隆擔任過賴勁麟的助理、吳思瑤跟過李文忠。根據媒體調查，民進黨68位立委中，有24位曾經擔任過國會助理[7]。顯然，對於政治這條路有興趣的年輕人，擔任國會助理，不失為一條途徑。

　　在國民黨方面，前國安會副秘書長楊永明、前國民黨組發會主委蘇俊賓都曾擔任立委助理。蘇俊賓曾擔任徐中雄的助理，因為機緣參與馬英九總統選舉，有機會在政壇更上一層樓。楊永明曾經是林志嘉的國會助理，後來出國深造，之後轉往馬英九競選陣營，參與國安會重要職務。

　　經由助理而有機會到地方參選，甚至到地方政府或中央政府歷練的，例子不少。但是如何從眾多助理中脫穎而出，還是要靠自己的努力經營。平常對於政治的觀察要有足夠的敏銳度，快速掌握議題，能比別人先思考問題要如何處理。

　　助理可能因為幫過民間企業、財團的忙，而被酬庸去該機構任職。有些壓力團體會希望推動修法，這些團體會希望找當過助理的人，去從事遊說的工作及協助推動法案。有些公司也會找當過國會助理的人，專職跟立委、議員溝通，希望透過民意代表讓行政流程能比較快速的進行。

---

[7] 參看曾韋禎，2016。〈國會新勢力！ 民進黨團最大派系「助理系」〉。《自由時報》2016/02/13。http://news.ltn.com.tw/news/focus/paper/957749。2016/04/30；白喬茵、林文富、邱瑞陽，2016。〈新國會「助理系」最大！民進黨24名立委都當過助理〉。《三立新聞網》2016/02/17。http://www.setn.com/News.aspx?NewsID=124496。2016/04/30。

　　當助理的人要有規劃，是一輩子當幕僚，還是希望另圖發展？國會助理的工作經驗跟民間企業有很大差距，因此換跑道時不見得能因此加分。但這份工作還是能創造很多機會，因為你可以見到各式各樣的人，有官員、企業主，以及來找你幫忙的選民。這端看自己怎麼經營。所以要當助理，必須對未來三至五年的職場生涯有比較清楚的規劃，同時要有自己的政治理念，在政治工作中，才會做得開心。

　　助理會擁有一些權力，有機會影響政策，也有機會參與議題設定。一個助理只要能做好本分，不去做違背良心的事，就可以對社會有貢獻。如果你是助理，有時候公部門會給你一些方便，但這要有分寸，因為拿的畢竟是公家的錢，不該濫用自己的權力。助理的權力應該用在幫助別人。有時不是助理自己想濫用權力，而是委員交代了一些處於法律灰色地帶的任務；當助理的就得小心保護自己，以免觸犯法律。

第 10 章

結　論

　　《認識立法院》一書，從構思到完成，事實上至少花了四、五年的功夫。由於立法院內部本身是一個變動的過程，不僅相關的規則經常變動，議場內的互動更是變化萬千，因此在撰寫過程中總是兢兢業業，隨時要注意局勢的發展，以免漏掉新的東西。

　　民主國家的國會是一國正當性的象徵，所有的法律案與預算案都需要經過立法院審查。它也是各種政治實力的展現與角力場所。在過去戒嚴時期，立法院被譏為是行政院的「立法局」，然而現在立法院已是政治舞台的中心。太陽花運動期間，它更是全球矚目的焦點。身為民主國家的公民，對立法院以及立法委員職責的認識，有其必要。

　　本書第一章首先對立法院作一簡單的介紹，先從立法院院區開始，接著探討立法院的憲政角色以及職權，然後讓讀者瞭解所謂「立法院開議」是指什麼，以及立法院運作經常要用到的法規簡單的介紹。第二章開始探討立法院的組織，一個組織的運作一定要有各種結構的互動，內容包括正、副院長、院會與委員會的組織以及立法院各業務單位。本書特別對歷年來正、副院長的選舉加以著墨，這也反映出當時的政治局勢與實力。

　　第三章則將焦點放在立法委員選制的發展以及立法委員本身。立法委員是立法院最主要的組成，但是我們是否注意到，我們選出的立法委員到底是哪些人，其在性別、年齡、教育程度的分布為何。太陽花學運之後，雖然讓愈來愈多的年輕人開始關心政治和參與政治，但是根據本書分析，選上立委的年輕人還是少數，畢竟要選上立委還是需要有一番歷練的。

　　接下來第四章則討論我們選出來的立委都在做什麼，包括憲法所賦予的職權以及法律所授與的職權等，這些職權絕大多數都在《立法院職權行使法》中呈現。憲法規定立法委員對行政院院長以及各部會首長有質詢

權、有審議法案和審議預算之權、對總統或行政院院長提名的人選行使同意權、對行政院院長提出不信任案、處理總統提出之覆議案、對總統提出彈劾與罷免、條約案的批准、提出憲法修正案、領土變遷的同意、緊急命令權之追認、副總統缺位的補選、還有並未載明於憲法而是經由大法官解釋的文件調閱或調查權。最後，還有既未在憲法也未在法律規定的選民服務。希望本書的呈現方式，除了讓讀者得以瞭解各項立委職權之外，亦可瞭解在過去幾十年來，該項權力行使的歷史發展。

第五章將焦點完全放在法案是如何審查的，法案的審查是立法委員最重要的工作之一，從提案到三讀通過有很多的關卡可能被阻擋，包括程序委員會、一讀會、委員會、黨團協商、二讀會、三讀會，甚至三讀通過後都會有人提出復議。因此唯有瞭解每一個關卡所面臨的情況，才有機會讓法案通過。而任何一個法案的通過與否，可能牽涉到各個政黨的角力，因此第六章討論立法院內的政黨對決，特別是執政黨與在野黨的交鋒。要呈現政黨之間的角力與對決並不容易，必須是對立法院內部有充分的瞭解。

第七章探討立委另外一個重要的職權——預算審查，預算牽涉到國家的政策走向與資源配置，因此也是各政黨角力的場所。本書討論哪些預算需要送到立法院審查、如何審查預算、審查預算時要注意哪些法規。立委可以利用預算提案、主決議、凍結案等方式來刪減預算、要求行政部門達成某些條件、或暫時凍結某些預算，逼行政部門就範。

第八章探討立委的選區經營。有人說，國會議員生活在兩個不同的世界裡，一個是每天西裝筆挺在立法院質詢、審查法案、審查預算與各黨派或與行政部門討價還價的世界。另外一個世界則是在選區二十四小時不打烊的服務，白天告別式，晚上喝喜酒，每天馬不停蹄。前者是憲法與法律賦予立委的職權，後者則既未出現於憲法，也未規定於任何法律，但是立委卻非做不可，他們無法冒不做任何服務的後果與風險。與選民接觸，瞭解民眾的需求，有助於立法，但是立委若都留在選區服務，則無法盡到立委的職責，如何取得平衡是很重要的。也希望讀者看完該章後能好好思考，把立委當里長來使用究竟是否恰當？

最後則是討論國會議員的左右手——國會助理，這一章是寫給對擔任

國會助理有興趣者。讓讀者瞭解公費助理的由來，也瞭解成功的委員背後是有著辛苦的團隊，以及助理如何協助委員審查法案、撰寫質詢稿、審查預案、召開公聽會與記者會、塑造良好的形象等。並提醒想要擔任助理應該具備的條件與注意的事情。

　　立法院已經愈來愈透明化，從2017年2月開始，公視將會負責轉播立法院內各式會議，包括院會、常設委員會、程序委員會，甚至一向被批評為黑箱的黨團協商將透過電視或網路直播，它將成為全國最透明化的政府機構。民眾未來亦可以透過網路，經過連署來提案，這些改變都將使立法院愈來愈親民。相信在愈多的民眾監督之下，立法院的品質會愈來愈提升。

附錄一 ▶▶▶
立法院組織法

修正日期：民國105年12月7日

第 1 條 本法依憲法第七十六條制定之。

第 2 條 立法院行使憲法所賦予之職權。前項職權之行使及委員行為之規範，另以法律定之。

第 3 條 立法院設院長、副院長各一人，由立法委員互選產生；其選舉辦法，另定之。

立法院院長、副院長不得擔任政黨職務，應本公平中立原則行使職權，維持立法院秩序，處理議事。

第 4 條 立法院會議，以院長為主席。全院委員會亦同。院長因事故不能出席時，以副院長為主席；院長、副院長均因事故不能出席時，由出席委員互推一人為主席。

第 5 條 立法院會議，公開舉行，必要時得開秘密會議。

行政院院長或各部、會首長，得請開秘密會議。

除秘密會議外，立法院應透過電視、網路等媒體通路，全程轉播本院會議、委員會會議及黨團協商實況，並應全程錄影、錄音。秘密會議應予速記、錄音，不得公開。但經院會同意公開者，不在此限。

有關透過電視轉播事項，編列預算交由財團法人公共電視文化事業基金會辦理，不受電波頻率不得租賃、借貸或轉讓之限制。議事轉播應逐步提供同步聽打或手語翻譯等無障礙資訊服務，以保障身心障礙者平等參與政治與公共生活之權利。

第 6 條 立法院臨時會，依憲法第六十九條規定行之，並以決議召集臨時會之特定事項為限。停開院會期間，遇重大事項發生時，經立法委員四分之一以上之請求，得恢復開會。

第 7 條 立法院設程序委員會，其組織規程，另定之。

第 8 條 立法院設紀律委員會，其組織規程，另定之。

第 9 條　立法院依憲法增修條文第十二條之規定，得設修憲委員會，其組織規程，另定之。

第 10 條　立法院依憲法第六十七條之規定，設下列委員會：

一、內政委員會。

二、外交及國防委員會。

三、經濟委員會。

四、財政委員會。

五、教育及文化委員會。

六、交通委員會。

七、司法及法制委員會。

八、社會福利及衛生環境委員會。

立法院於必要時，得增設特種委員會。

第 11 條　（刪除）

第 12 條　立法院各委員會之組織，另以法律定之。

第 13 條　立法院院長、副院長之任期至該屆立法委員任期屆滿之日爲止。立法院院長綜理院務。立法院院長因事故不能視事時，由副院長代理其職務。

第 14 條　立法院置秘書長一人，特任；副秘書長一人，職務列簡任第十四職等，均由院長遴選報告院會後，提請任命之。秘書長承院長之命，處理本院事務，並指揮監督所屬職員。副秘書長承院長之命，襄助秘書長處理本院事務。

第 15 條　立法院設下列各處、局、館、中心：

一、秘書處。

二、議事處。

三、公報處。

四、總務處。

五、資訊處。

六、法制局。

七、預算中心。

八、國會圖書館。

九、中南部服務中心。

十、議政博物館。

第 16 條　秘書處掌理下列事項：

一、關於文書收發、分配、繕校及檔案管理事項。

二、關於文稿之撰擬、審核及文電處理事項。

三、關於印信典守事項。

四、關於研究發展及管制考核事項。

五、關於國會外交事務事項。

六、關於公共關係事項。

七、關於新聞之編輯、發布及聯絡事項。

八、關於新聞資料之蒐集、分析、整理及保管事項。

九、關於本院視聽媒體之規劃、設計及運用事項。

十、關於新聞媒體之聯繫及委員活動之報導事項。

十一、其他有關秘書業務事項。

十二、不屬其他處、局、中心、館之事項。

第　17　條　議事處掌理下列事項：

一、關於議程編擬事項。

二、關於議案條文之整理及議案文件之撰擬事項。

三、關於本院會議紀錄事項。

四、關於會議文件之分發及議場事務之管理事項。

五、關於議案文件之準備、登記、分類及保管事項。

六、其他有關議事事項。

第　18　條　公報處掌理下列事項：

一、關於本院會議及委員會會議之錄影錄音及轉播事項。

二、關於本院會議及委員會會議之速記事項。

三、關於公報編印及發行事項。

四、關於各類文件之印刷事項。

五、關於錄影錄音之複製及發行事項。

六、其他有關公報事項。

第　19　條　總務處掌理下列事項：

一、關於事務管理事項。

二、關於款項出納事項。

三、關於公產、公物之保管事項。

四、關於委員會館管理事項。

五、關於醫療服務事項。

六、關於營繕、採購事項。

七、關於車輛管理事項。

　　　　　　　　八、關於警衛隊之管理事項。

　　　　　　　　九、關於民眾服務事項。

　　　　　　　　十、其他有關一般服務事項。

第 19-1 條　　資訊處掌理下列事項：

　　　　　　　　一、關於立法資訊系統之整體規劃、系統分析、設計、建置及維護事項。

　　　　　　　　二、關於委員服務資訊系統之整體規劃、系統分析、設計、建置及維護事項。

　　　　　　　　三、關於行政資訊系統之整體規劃、系統分析、設計、建置及維護事項。

　　　　　　　　四、關於網路、網站之整體規劃、設計、建置及維護事項。

　　　　　　　　五、關於資訊訓練之規劃與執行事項。

　　　　　　　　六、其他有關資訊服務事項。

第 20 條　　　法制局掌理下列事項：

　　　　　　　　一、關於立法政策之研究、分析、評估及諮詢事項。

　　　　　　　　二、關於法律案之研究、分析、評估及諮詢事項。

　　　　　　　　三、關於外國立法例及制度之研究、編譯及整理事項。

　　　　　　　　四、關於法學之研究事項。

　　　　　　　　五、其他有關法制諮詢事項。

第 21 條　　　預算中心掌理下列事項：

　　　　　　　　一、關於中央政府預算之研究、分析、評估及諮詢事項。

　　　　　　　　二、關於中央政府決算之研究、分析、評估及諮詢事項。

　　　　　　　　三、關於預算相關法案之研究、分析、評估及諮詢事項。

　　　　　　　　四、其他有關預、決算諮詢事項。

第 22 條　　　國會圖書館掌理下列事項：

　　　　　　　　一、關於立法書刊光碟資料之蒐集、管理及運用事項。

　　　　　　　　二、關於立法報章資料之蒐集、管理及運用事項。

　　　　　　　　三、關於立法資料之分析、研究、檢索及參考事項。

　　　　　　　　四、關於立法出版品之編纂及交換事項。

　　　　　　　　五、關於國會圖書館館際合作事項。

　　　　　　　　六、其他有關圖書館研究、發展及服務事項。

第 22-1 條　　中南部服務中心掌理下列事項：

　　　　　　　　一、關於本院與行政院暨其所屬機關中南部單位及辦公室間業務聯繫事

　　　　　　項。

二、關於本院受理及協調中南部民眾陳情請願事項。

三、關於本院中南部委員服務及聯繫事項。

四、關於中南部服務中心秘書及庶務等事項。

五、關於中南部服務中心員工訓練進修事宜。

六、其他有關中南部民眾服務事項。

第 22-2 條　議政博物館掌理下列事項：

一、關於議政史料之蒐集、整理、典藏及展覽事項。

二、關於議政史料之分析、研究及運用事項。

三、關於議政史料數位化及服務事項。

四、其他有關議政資料之聯繫服務事項。

第 23 條　立法院置顧問一人至二人，職務列簡任第十三職等至第十四職等，掌理議事、法規之諮詢、撰擬及審核事項；參事十二人至十四人，職務列簡任第十二職等至第十三職等，掌理關於法規之撰擬、審核及院長指派之事項。前項員額中，參事七人出缺不補。

第 24 條　立法院置處長五人，職務列簡任第十二職等至第十三職等；副處長五人，職務列簡任第十一職等至第十二職等；秘書十人，職務列簡任第十職等至第十二職等；編審十人、高級分析師二人至三人、主任一人，職務列簡任第十職等至第十一職等；科長三十一人至三十四人，職務列薦任第九職等；專員二十八人至三十三人、技正二人至三人、編譯三人至五人、分析師三人，職務均列薦任第七職等至第九職等；編輯六人至八人、設計師五人至六人、管理師七人至八人、藥師一人，職務均列薦任第六職等至第八職等；護士長一人、技士四人至六人、科員五十二人至六十三人、速記員四十人至六十人，職務均列委任第五職等或薦任第六職等至第七職等；助理管理師九人、操作員七人至八人、護士二人至四人、藥劑生二人、檢驗員一人、病歷管理員一人、校對員十二人至十六人、技佐六人至八人，職務均列委任第四職等至第五職等，其中助理管理師五人、操作員四人、護士二人、藥劑生一人、檢驗員一人、校對員八人、技佐四人，職務得列薦任第六職等；辦事員二十二人至二十八人，職務列委任第三職等至第五職等；書記三十五人至三十九人，職務列委任第一職等至第三職等。本法修正施行前依雇員管理規則進用之現職書記，其未具公務人員任用資格者，得占用前項書記職缺繼續僱用至離職為止。

第 25 條　法制局置局長一人，職務列簡任第十二職等至第十三職等；副局長一人，職務列簡任第十一職等至第十二職等；組長五人，由研究員兼任；研究員十一人至十七人，職務均列簡任第十職等至第十二職等；副研究員十三人至十九人，職務列簡任第十職等至第十一職等；助理研究員十三人至十九人，職務列薦任第八職等至第九職等；科員一人，職務列委任第五職等或薦任第六職等至第七職等；辦事員一人，職務列委任第三職等至第五職等；書記一人，職務列委任第一職等至第三職等。

第 26 條　預算中心置主任一人，職務列簡任第十二職等至第十三職等；副主任一人，職務列簡任第十一職等至第十二職等；組長五人，由研究員兼任；研究員十一人至十七人，職務均列簡任第十職等至第十二職等；副研究員十三人至十九人，職務列簡任第十職等至第十一職等；助理研究員十三人至十九人，職務列薦任第八職等至第九職等；科員一人，職務列委任第五職等或薦任第六職等至第七職等；操作員一人，職務列委任第三職等至第五職等；辦事員一人，職務列委任第三職等至第五職等。

第 27 條　國會圖書館置館長一人，職務列簡任第十二職等至第十三職等；副館長一人，職務列簡任第十一職等至第十二職等；秘書一人、編纂二人至四人，職務均列簡任第十職等至第十二職等；編審三人至四人，職務列簡任第十職等至第十一職等；科長三人，職務列薦任第九職等；專員五人，職務列薦任第七職等至第九職等；編輯八人至九人，職務列薦任第六職等至第八職等；科員九人至十二人，職務列委任第五職等或薦任第六職等至第七職等；辦事員九人至十二人，職務列委任第三職等至第五職等；書記三人至七人，職務列委任第一職等至第三職等。

第 27-1 條　中南部服務中心置主任一人，職務列簡任第十二職等至第十三職等；副主任一人，職務列簡任第十一職等至第十二職等；秘書一人，職務列簡任第十職等至第十二職等；編審二人，職務列簡任第十職等至第十一職等；科長三人，職務列薦任第九職等；專員五人，分析師一人，職務均列薦任第七職等至第九職等；管理師一人，職務列薦任第六職等至第八職等；科員十人，技士一人，職務均列委任第五職等或薦任第六職等至第七職等；辦事員三人，職務列委任第三職等至第五職等；書記二人，職務列委任第一職等至第三職等。

第 27-2 條　議政博物館置館長一人，職務列簡任第十二職等至第十三職等；副館長一人，職務列簡任第十一職等至第十二職等；秘書一人，編纂一人，職務均列簡任第十職等至第十二職等；科長二人，職務列薦任第九職等；

專員二人，職務列薦任第七職等至第九職等；編輯三人，職務列薦任第六職等至第八職等；科員三人，職務列委任第五職等或薦任第六職等至第七職等；辦事員二人，職務列委任第三職等至第五職等；書記二人，職務列委任第一職等至第三職等。

第　28　條　第二十五條及第二十六條所列之研究員、副研究員、助理研究員，必要時得依聘用人員聘用條例之規定聘用之。前項聘用人員之待遇，除依相關規定外，得由立法院另定之。

第　29　條　立法院設人事處，置處長一人，職務列簡任第十二職等至第十三職等；副處長一人，職務列簡任第十一職等至第十二職等，依法辦理人事管理事項；其餘所需工作人員，就本法所定員額內派充之。

第　30　條　立法院設會計處，置會計長一人，職務列簡任第十二職等至第十三職等；副會計長一人，職務列簡任第十一職等至第十二職等，依法辦理歲計、會計並兼辦統計事項；其餘所需工作人員，就本法所定員額內派充之。

第　31　條　總務處警衛隊，置隊長一人、副隊長二人、督察員一人、警務員一人、分隊長四人、小隊長十二人至十四人、警務佐一人、隊員一百二十人至一百五十人，掌理本院安全維護與警衛事宜。前項警衛隊員警，由內政部警政署派充之。本法修正施行前僱用之駐衛警，得繼續僱用至離職時止。本院安全維護遇有特殊情況時，得商請內政部警政署增派人員。

第　32　條　立法委員每人得置公費助理八人至十四人，由委員聘用；立法院應每年編列每一立法委員一定數額之助理費及其辦公事務預算。公費助理與委員同進退；其依勞動基準法所規定之相關費用，均由立法院編列預算支應之。前項立法委員辦公事務等必要費用之項目及標準如附表，自中華民國一百零二年一月一日施行。

第　33　條　每屆立法委員選舉當選席次達三席且席次較多之五個政黨得各組成黨團；席次相同時，以抽籤決定組成之。立法委員依其所屬政黨參加黨團。每一政黨以組成一黨團為限；每一黨團至少須維持三人以上。未能依前項規定組成黨團之政黨或無黨籍之委員，得加入其他黨團。黨團未達五個時，得合組四人以上之政團；依第四項將名單送交人事處之政團，以席次較多者優先組成，黨（政）團總數合計以五個為限。前項政團準用有關黨團之規定。各黨團應於每年首次會期開議日前一日，將各黨團所屬委員名單經黨團負責人簽名後，送交人事處，以供認定委員所參加之黨團。黨團辦公室由立法院提供之。各黨團置公費助理十人至

十六人，由各黨團遴選，並由其推派之委員聘用之；相關費用依前條之規定。前項現職公費助理於中華民國八十七年三月一日至九十四年六月三十日間，由各黨團遴選並由其推派之委員或各該政黨聘用，並實際服務於黨團之助理年資，得辦理勞動基準法工作年資結清事宜。

第 33-1 條　本法第二十七條之一、第二十七條之二所需人員，優先自臺灣省諮議會移撥，其中原依雇員管理規則僱用之現職雇員，其未具公務人員任用資格者，得占用第二十七條之一、第二十七條之二書記職缺，繼續僱用至離職時為止。

第 33-2 條　為配合第七屆立法院委員會組織調整及人員精簡，立法院任職滿二十年，年滿五十歲任用、派用之人員，得准其自願退休，擇領或兼領月退休金或支領　次退休金，不受公務人員退休法第四條第一項第二款規定之限制。前項自願退休人員之職稱及數額，依下列各款規定，並依申請順序核准之：

一、參事以上或同陞遷序列職稱者共七人。

二、秘書或同陞遷序列職稱者或單位副主管共四人。

三、編審或同陞遷序列職稱者共四人。

四、科長或同陞遷序列職稱者共四人。

五、專員或同陞遷序列職稱者共四人。

六、編輯、科員、校對員、書記或同陞遷序列職稱者共四人。

前項第一款至第五款之人員自願退休，不得再行遞補或進用之職缺，為參事、委員會秘書、編審、科長、專員。自中華民國九十七年二月一日起，依第一項辦理自願退休者，最高得一次加發七個月之慰助金，每延後一個月退休者，減發一個月之慰助金，實施日期至中華民國九十七年八月三十一日止。但於實施期間屆齡退休者，依提前退休之月數發給慰助金。

前項慰助金指俸額、技術或專業加給及主管職務加給。

支領慰助金人員，於退休生效之日起七個月內再任有給公職者，應由再任機關追繳扣除退休月數之慰助金。

依第一項辦理自願退休之人員，除符合規定得請領公教人員保險養老給付或勞工保險老年給付者外，其損失之公教人員保險或勞工保險已投保年資，準用公教人員保險法第十四條或勞工保險條例第五十九條規定之給付基準，發給補償金。所領之補償金，於其將來再參加各該保險領取養老或老年給付時，應繳回立法院；其所領之養老或老年給付金額較原

補償金額低時，僅繳回與所領之養老或老年給付同金額之補償金。

第　34　條　　立法院處務規程，由立法院秘書長擬訂，經院長核定，報告院會後施行。

第　35　條　　本法自公布日施行。

本法中華民國九十六年十一月三十日及十二月七日修正之條文，自立法院第七屆立法委員就職日起施行。

立法院職權行使法

修正日期：民國107年11月21日

第一章　總則

第　1　條　本法依立法院組織法第二條第二項制定之。

　　　　　本法未規定者，適用其他法令之規定。

第　2　條　立法委員應分別於每年二月一日及九月一日起報到，開議日由各黨團協商決定之。但經總統解散時，由新任委員於選舉結果公告後第三日起報到，第十日開議。

　　　　　前項報到及出席會議，應由委員親自爲之。

第　3　條　立法院每屆第一會期報到首日舉行預備會議，進行委員就職宣誓及院長、副院長之選舉。

第　4　條　立法院會議，須有立法委員總額三分之一出席，始得開會。

　　　　　前項立法委員總額，以每會期實際報到人數爲計算標準。但會期中辭職、去職或亡故者，應減除之。

第　5　條　立法院每次會期屆至，必要時，得由院長或立法委員提議或行政院之請求延長會期，經院會議決行之；立法委員之提議，並應有二十人以上之連署或附議。

第　6　條　立法院會議之決議，除法令另有規定外，以出席委員過半數之同意行之；可否同數時，取決於主席。

第二章　議案審議

第　7　條　立法院依憲法第六十三條規定所議決之議案，除法律案、預算案應經三讀會議決外，其餘均經二讀會議決之。

第　8　條　第一讀會，由主席將議案宣付朗讀行之。政府機關提出之議案或立法委員提出之法律案，應先送程序委員會，提報院會朗讀標題後，即應交付有關委員會審查。但有出席委員提議，二十人以上連署或附議，經表決

通過，得逐付二讀。

立法委員提出之其他議案，於朗讀標題後，得由提案人說明其旨趣，經大體討論，議決交付審查或逐付二讀，或不予審議。

第 9 條 第二讀會，於討論各委員會審查之議案，或經院會議決不經審查逐付二讀之議案時行之。

第二讀會，應將議案朗讀，依次或逐條提付討論。

第二讀會，得就審查意見或原案要旨，先作廣泛討論。廣泛討論後，如有出席委員提議，十五人以上連署或附議，經表決通過，得重付審查或撤銷之。

第 10 條 法律案在第二讀會逐條討論，有一部分已經通過，其餘仍在進行中時，如對本案立法之原旨有異議，出出席委員提議，二十五人以上連署或附議，經表決通過，得將全案重付審查。但以一次為限。

第 10-1 條 第二讀會討論各委員會議決不須黨團協商之議案，得經院會同意，不須討論，逐依審查意見處理。

第 11 條 第三讀會，應於第二讀會之下次會議行之。但如有出席委員提議，十五人以上連署或附議，經表決通過，得於二讀後繼續進行三讀。第三讀會，除發現議案內容有互相牴觸，或與憲法、其他法律相牴觸者外，祇得為文字之修正。

第三讀會，應將議案全案付表決。

第 12 條 議案於完成二讀前，原提案者得經院會同意後撤回原案。

法律案交付審查後，性質相同者，得為併案審查。

法律案付委經逐條討論後，院會再為併案審查之交付時，審查會對已通過之條文，不再討論。

第 13 條 每屆立法委員任期屆滿時，除預（決）算案及人民請願案外，尚未議決之議案，下屆不予繼續審議。

第 14 條 立法委員提出之憲法修正案，除依憲法第一百七十四條第二款之規定處理外，審議之程序準用法律案之規定。

第 15 條 總統依憲法增修條文第二條第三項之規定發布緊急命令，提交立法院追認時，不經討論，交全院委員會審查；審查後提出院會以無記名投票表決。

未獲同意者，該緊急命令立即失效。

總統於立法院休會期間發布緊急命令提交追認時，立法院應即召開臨時會，依前項規定處理。

總統於立法院解散後發布緊急命令，提交立法院追認時，立法院應於三日內召開臨時會，並於開議七日內議決，如未獲同意，該緊急命令立即失效。但於新任立法委員選舉投票日後發布者，由新任立法委員於就職後依第一項規定處理。

第二章之一　聽取總統國情報告

第 15-1 條　依中華民國憲法增修條文第四條第三項規定，立法院得於每年集會時，聽取總統國情報告。

第 15-2 條　立法院得經全體立法委員四分之一以上提議，院會決議後，由程序委員會排定議程，就國家安全大政方針，聽取總統國情報告。

總統就其職權相關之國家大政方針，得咨請立法院同意後，至立法院進行國情報告。

第 15-3 條　總統應於立法院聽取國情報告日前三日，將書面報告印送全體委員。

第 15-4 條　立法委員於總統國情報告完畢後，得就報告不明瞭處，提出問題；其發言時間、人數、順序、政黨比例等事項，由黨團協商決定。

就前項委員發言，經總統同意時，得綜合再做補充報告。

第 15-5 條　立法委員對國情報告所提問題之發言紀錄，於彙整後送請總統參考。

第三章　聽取報告與質詢

第 16 條　行政院依憲法增修條文第三條第二項第一款向立法院提出施政方針及施政報告，依下列之規定：

一、行政院應於每年二月一日以前，將該年施政方針及上年七月至十二月之施政報告印送全體立法委員，並由行政院院長於二月底前提出報告。

二、行政院應於每年九月一日以前，將該年一月至六月之施政報告印送全體立法委員，並由行政院院長於九月底前提出報告。

三、新任行政院院長應於就職後兩週內，向立法院提出施政方針之報告，並於報告日前三日將書面報告印送全體立法委員。

立法院依前項規定向行政院院長及行政院各部會首長提出口頭質詢之會議次數，由程序委員會定之。

第 17 條　行政院遇有重要事項發生，或施政方針變更時，行政院院長或有關部會首長應向立法院院會提出報告，並備質詢。

前項情事發生時，如有立法委員提議，十五人以上連署或附議，經院會議決，亦得邀請行政院院長或有關部會首長向立法院院會報告，並備質詢。

第 18 條　立法委員對於行政院院長及各部會首長之施政方針、施政報告及其他事項，得提出口頭或書面質詢。

前項口頭質詢分為政黨質詢及立法委員個人質詢，均以即問即答方式為之，並得採用聯合質詢。但其人數不得超過三人。

政黨質詢先於個人質詢進行。

第 19 條　每一政黨詢答時間，以各政黨黨團提出人數乘以三十分鐘行之。但其人數不得逾該黨團人數二分之一。

前項參加政黨質詢之委員名單，由各政黨於行政院院長施政報告前一日向秘書長提出。

代表政黨質詢之立法委員，不得提出個人質詢。

政黨質詢時，行政院院長及各部會首長皆應列席備詢。

第 20 條　立法委員個人質詢應依各委員會之種類，以議題分組方式進行，行政院院長及與議題相關之部會首長應列席備詢。議題分組進行質詢，依立法院組織法第十條第一項各款順序。但有委員十五人連署，經議決後得變更議題順序。

立法委員個人質詢，以二議題為限，詢答時間合計不得逾三十分鐘。如以二議題進行時，各議題不得逾十五分鐘。

第 21 條　施政方針及施政報告之質詢，於每會期集會委員報到日起至開議後七日內登記之。

立法委員為前項之質詢時，得將其質詢要旨以書面於質詢日前二日送交議事處，轉知行政院。但遇有重大突發事件，得於質詢前二小時提出。

委員如採用聯合質詢，應併附親自簽名之同意書面。

已質詢委員，不得再登記口頭質詢。

第 22 條　依第十七條及第十八條提出之口頭質詢，應由行政院院長或質詢委員指定之有關部會首長答復；未及答復部分，應於二十日內以書面答復。

但質詢事項牽涉過廣者，得延長五日。

第 23 條　立法委員行使憲法增修條文第三條第二項第一款之質詢權，除依第十六條至第二十一條規定處理外，應列入議事日程質詢事項，並由立法院送交行政院。

行政院應於收到前項質詢後二十日內，將書面答復送由立法院轉知質詢

委員，並列入議事日程質詢事項。但如質詢內容牽涉過廣者，答復時間得延長五日。

第　24　條　質詢之提出，以說明其所質詢之主旨為限。

質詢委員違反前項規定者，主席得予制止。

第　25　條　質詢之答復，不得超過質詢範圍之外。

被質詢人除為避免國防、外交明顯立即之危害或依法應秘密之事項者外，不得拒絕答復。

被質詢人違反第一項規定者，主席得予制止。

第　26　條　行政院院長、副院長及各部會首長應親自出席立法院院會，並備質詢。因故不能出席者，應於開會前檢送必須請假之理由及行政院院長批准之請假書。

第　27　條　質詢事項，不得作為討論之議題。

第　28　條　行政院向立法院提出預算案編製經過報告之質詢，應於報告首日登記，詢答時間不得逾十五分鐘。

前項質詢以即問即答方式為之。但經質詢委員同意，得採綜合答復。審計長所提總決算審核報告之諮詢，應於報告日中午前登記；其詢答時間及答復方式，依前二項規定處理。

行政院或審計部對於質詢或諮詢未及答復部分，應於二十日內以書面答復。

但內容牽涉過廣者，得延長五日。

第 28-1 條　立法院對於行政院或審計長向立法院提出預算案編製經過報告及總決算審核報告，其涉及國家機密者，以秘密會議行之。

第 28-2 條　追加預算案及特別預算案，其審查程序與總預算案同。但必要時，經院會聽取編製經過報告並質詢後，逕交財政委員會會同有關委員會審查，並提報院會處理。

前項審查會議由財政委員會召集委員擔任主席。

第四章　同意權之行使

第　29　條　立法院依憲法第一百零四條或憲法增修條文第五條第一項、第六條第二項、第七條第二項行使同意權時，不經討論，交付全院委員會審查，審查後提出院會以無記名投票表決，經超過全體立法委員二分之一之同意為通過。

第　30　條　全院委員會就被提名人之資格及是否適任之相關事項進行審查與詢問，

由立法院咨請總統通知被提名人列席說明與答詢。

全院委員會於必要時，得就司法院院長副院長、考試院院長副院長及監察院院長副院長與其他被提名人分開審查。

第　31　條　同意權行使之結果，由立法院咨復總統。如被提名人未獲同意，總統應另提他人咨請立法院同意。

第五章　覆議案之處理

第　32　條　行政院得就立法院決議之法律案、預算案、條約案之全部或一部，經總統核可後，移請立法院覆議。

第　33　條　覆議案不經討論，即交全院委員會，就是否維持原決議予以審查。全院委員會審查時，得由立法院邀請行政院院長列席說明。

第　34　條　覆議案審查後，應於行政院送達十五日內提出院會以記名投票表決。如贊成維持原決議者，超過全體立法委員二分之一，即維持原決議；如未達全體立法委員二分之一，即不維持原決議；逾期未作成決議者，原決議失效。

第　35　條　立法院休會期間，行政院移請覆議案，應於送達七日內舉行臨時會，並於開議十五日內，依前二條規定處理之。

第六章　不信任案之處理

第　36　條　立法院依憲法增修條文第三條第二項第三款之規定，得經全體立法委員三分之一以上連署，對行政院院長提出不信任案。

第　37　條　不信任案應於院會報告事項進行前提出，主席收受後應即報告院會，並不經討論，交付全院委員會審查。

全院委員會應自不信任案提報院會七十二小時後，立即召開審查，審查後提報院會表決。

前項全院委員會審查及提報院會表決時間，應於四十八小時內完成，未於時限完成者，視為不通過。

第　38　條　不信任案於審查前，連署人得撤回連署，未連署人亦得參加連署；提案人撤回原提案須經連署人同意。

前項不信任案經主席宣告審查後，提案人及連署人均不得撤回提案或連署。

審查時如不足全體立法委員三分之一以上連署者，該不信任案視為撤回。

第　39　條　　不信任案之表決，以記名投票表決之。如經全體立法委員二分之一以上
　　　　　　　贊成，方爲通過。

第　40　條　　立法院處理不信任案之結果，應咨送總統。

第　41　條　　不信任案未獲通過，一年內不得對同一行政院院長再提不信任案。

第七章　彈劾案之提出

第　42　條　　立法院依憲法增修條文第四條第七項之規定，對總統、副總統得提出彈
　　　　　　　劾案。

第　43　條　　依前條規定彈劾總統或副總統，須經全體立法委員二分之一以上提議，
　　　　　　　以書面詳列彈劾事由，交由程序委員會編列議程提報院會，並不經討
　　　　　　　論，交付全院委員會審查。
　　　　　　　全院委員會審查時，得由立法院邀請被彈劾人列席說明。

第　44　條　　全院委員會審查後，提出院會以無記名投票表決，如經全體立法委員三
　　　　　　　分之二以上贊成，向司法院大法官提出彈劾案。

第七章之一　罷免案之提出及審議

第 44-1 條　　立法院依憲法增修條文第二條第九項規定提出罷免總統或副總統案，經
　　　　　　　全體立法委員四分之一之提議，附具罷免理由，交由程序委員會編列議
　　　　　　　程提報院會，並不經討論，交付全院委員會於十五日內完成審查。
　　　　　　　全院委員會審查前，立法院應通知被提議罷免人於審查前七日內提出答
　　　　　　　辯書。
　　　　　　　前項答辯書，立法院於收到後，應即分送全體立法委員。
　　　　　　　被提議罷免人不提出答辯書時，全院委員會仍得逕行審查。
　　　　　　　全院委員會審查後，即提出院會以記名投票表決，經全體立法委員三分
　　　　　　　之二同意，罷免案成立，當即宣告並咨復被提議罷免人。

第八章　文件調閱之處理

第　45　條　　立法院經院會決議，得設調閱委員會，或經委員會之決議，得設調閱專
　　　　　　　案小組，要求有關機關就特定議案涉及事項提供參考資料。
　　　　　　　調閱委員會或調閱專案小組於必要時，得經院會之決議，向有關機關調
　　　　　　　閱前項議案涉及事項之文件原本。

第　46　條　　調閱委員會或調閱專案小組之設立，均應於立法院會期中爲之。但調閱

文件之時間不在此限。

第 47 條　受要求調閱文件之機關，除依法律或其他正當理由得拒絕外，應於五日內提供之。但相關資料或文件原本業經司法機關或監察機關先爲調取時，應敘明理由，並提供複本。如有正當理由，無法提供複本者，應提出已被他機關調取之證明。

被調閱文件之機關在調閱期間，應指派專人將調閱之文件送達立法院指定場所，以供查閱，並負保管責任。

第 48 條　政府機關或公務人員違反本法規定，於立法院調閱文件時拒絕、拖延或隱匿不提供者，得經立法院院會之決議，將其移送監察院依法提出糾正、糾舉或彈劾。

第 49 條　調閱委員會所需之工作人員，由秘書長指派之。

調閱專案小組所需之工作人員，由立法院各委員會或主辦委員會就各該委員會人員中指派之。

調閱委員會及調閱專案小組於必要時，得請求院長指派專業人員協助之。

第 50 條　立法院所調取之文件，限由各該調閱委員會、調閱專案小組之委員或院長指派之專業人員親自查閱之。

前項查閱人員，對機密文件不得抄錄、攝影、影印、誦讀、錄音或爲其他複製行爲，亦不得將文件攜離查閱場所。

第 51 條　調閱委員會或調閱專案小組應於文件調閱處理終結後二十日內，分向院會或委員會提出調閱報告書及處理意見，作爲處理該特定議案之依據。

第 52 條　文件調閱之調閱報告書及處理意見未提出前，其工作人員、專業人員、保管人員或查閱人員負有保密之義務，不得對文件內容或處理情形予以揭露。

但涉及外交、國防或其他依法令應秘密事項者，於調閱報告及處理意見提出後，仍應依相關法令規定保密，並依秘密會議處理之。

第 53 條　調閱委員會或調閱專案小組未提出調閱報告書及處理意見前，院會或委員會對該特定議案不得爲最後之決議。但已逾院會或各該委員會議決之時限者，不在此限。

前項調閱專案小組之調閱報告書及處理意見，應經該委員會議決後提報院會處理。

第九章　委員會公聽會之舉行

第 54 條　各委員會爲審查院會交付之議案，得依憲法第六十七條第二項之規定舉行公聽會。如涉及外交、國防或其他依法令應秘密事項者，以秘密會議行之。

第 55 條　公聽會須經各委員會輪値之召集委員同意，或經各委員會全體委員三分之一以上之連署或附議，並經議決，方得舉行。

第 56 條　公聽會以各委員會召集委員爲主席，並得邀請政府人員及社會上有關係人員出席表達意見。

前項出席人員，應依正反意見之相當比例邀請，並以不超過十五人爲原則；其人選由各委員會決定之。

應邀出席人員非有正當理由，不得拒絕出席。

第 57 條　舉行公聽會之委員會，應於開會日五日前，將開會通知、議程等相關資料，以書面送達出席人員，並請其提供口頭或書面意見。

同一議案舉行多次公聽會時，得由公聽會主席於會中宣告下次舉行日期，不受五日之限制，但仍應發出書面通知。

立法院對應邀出席人員，得酌發出席費。

第 58 條　委員會應於公聽會終結後十日內，依出席者所提供之正、反意見提出公聽會報告，送交本院全體委員及出席者。

第 59 條　公聽會報告作爲審查該特定議案之參考。

第十章　行政命令之審查

第 60 條　各機關依其法定職權或基於法律授權訂定之命令送達立法院後，應提報立法院會議。

出席委員對於前項命令，認爲有違反、變更或牴觸法律者，或應以法律規定事項而以命令定之者，如有十五人以上連署或附議，即交付有關委員會審查。

第 61 條　各委員會審查行政命令，應於院會交付審查後三個月內完成之；逾期未完成者，視爲已經審查。但有特殊情形者，得經院會同意後展延；展延以一次爲限。

前項期間，應扣除休會期日。

第 62 條　行政命令經審查後，發現有違反、變更或牴觸法律者，或應以法律規定事項而以命令定之者，應提報院會，經議決後，通知原訂頒之機關更正或廢止之。

前條第一項視爲已經審查或經審查無前項情形之行政命令，由委員會報
請院會存查。

第一項經通知更正或廢止之命令，原訂頒機關應於二個月內更正或廢
止；逾期未爲更正或廢止者，該命令失效。

第　63　條　　各委員會審查行政命令，本章未規定者，得準用法律案之審查規定。

第十一章　請願文書之審查

第　64　條　　立法院於收受請願文書，應依下列規定辦理：

一、秘書處收受請願文書後，應即送程序委員會。

二、各委員會收受請願文書後，應即送秘書處收文。

三、立法院會議時，請願人面遞請願文書，由有關委員會召集委員代表
　　接受，並於接見後，交秘書處收文。

四、請願人向立法院集體請願，面遞請願文書有所陳述時，由院長指定
　　之人員接見其代表。

前項請願人，包括經我國認許之外國法人。

第　65　條　　立法院收受請願文書後，應先由程序委員會審核其形式是否符合請願法
規定，其有不符或文字意思表示無法瞭解者，通知其補正。

請願文書之內容明顯非屬立法職權事項，程序委員會應逕行移送權責機
關處理；其屬單純之行政事項，得不交審查而逕行函復，或委託相關委
員會函復。如顯有請願法第三條、第四條規定情事，依法不得請願者，
由程序委員會通知請願人。

第　66　條　　請願文書應否成爲議案，由有關委員會審查；審查時得先函請相關部會
於一個月內查復。必要時得派員先行瞭解，或通知請願人到會說明，說
明後應即退席。

請願文書在審查未有結果前，請願人得撤回之。

第　67　條　　請願文書經審查結果成爲議案者，由程序委員會列入討論事項，經大體
討論後，議決交付審查或逕付二讀或不予審議。

請願文書經審查結果不成爲議案者，應敘明理由及處理經過，送由程序
委員會報請院會存查，並通知請願人。但有出席委員提議，十五人以上
連署或附議，經表決通過，仍得成爲議案。

第十二章　黨團協商

第　68　條　為協商議案或解決爭議事項，得由院長或各黨團向院長請求進行黨團協商。

立法院院會於審議不須黨團協商之議案時，如有出席委員提出異議，十人以上連署或附議，該議案即交黨團協商。

各委員會審查議案遇有爭議時，主席得裁決進行協商。

第　69　條　黨團協商會議，由院長、副院長及各黨團負責人或黨鞭出席參加；並由院長主持，院長因故不能主持時，由副院長主持。

前項會議原則上於每週星期三舉行，在休會或停會期間，如有必要時，亦得舉行，其協商日期由主席通知。

第　70　條　議案交由黨團協商時，由該議案之院會說明人所屬黨團負責召集，通知各黨團書面簽名指派代表二人參加，該院會說明人為當然代表，並由其擔任協商主席。但院會說明人更換黨團時，則由原所屬黨團另指派協商主席。

各黨團指派之代表，其中一人應為審查會委員。但黨團所屬委員均非審查會委員時，不在此限。

依第六十八條第二項提出異議之委員，得向負責召集之黨團，以書面簽名推派二人列席協商說明。議案進行協商時，由秘書長派員支援，全程錄影、錄音、記錄，併同協商結論，刊登公報。

協商結論如與審查會之決議或原提案條文有明顯差異時，應由提出修正之黨團或提案委員，以書面附具條文及立法理由，併同協商結論，刊登公報。

第　71　條　黨團協商經各黨團代表達成共識後，應即簽名，作成協商結論，並經各黨團負責人簽名，於院會宣讀後，列入紀錄，刊登公報。

第 71-1 條　議案自交黨團協商逾一個月無法達成共識者，由院會定期處理。

第　72　條　黨團協商結論於院會宣讀後，如有出席委員提議，八人以上之連署或附議，得對其全部或一部提出異議，並由院會就異議部分表決。黨團協商結論經院會宣讀通過，或依前項異議議決結果，出席委員不得再提出異議；逐條宣讀時，亦不得反對。

第　73　條　經協商之議案於廣泛討論時，除經黨團要求依政黨比例派員發言外，其他委員不得請求發言。

經協商留待院會表決之條文，得依政黨比例派員發言後，逐行處理。

前二項議案在逐條討論時，出席委員不得請求發言。

第　74　條　　程序委員會應依各委員會提出審查報告及經院會議決交由黨團協商之順序，依序將議案交由黨團協商。

議案有時效性者，負責召集之黨團及該議案之院會說明人應優先處理。

第十三章　附則

第　75　條　　符合立法院組織法第三十三條規定之黨團，除憲法另有規定外，得以黨團名義提案，不受本法有關連署或附議人數之限制。

第　76　條　　立法院議事規則另定之。

第　77　條　　本法自公布日施行。

本法中華民國九十六年十一月三十日修正之條文，自立法院第七屆立法委員就職日起施行。

附錄 三▶▶▶
立法委員行為法

修正日期：民國91年1月25日

第一章　總則

第 1 條　為維護國會尊嚴，確立立法委員倫理風範及行為準則，健全民主政治發展，依立法院組織法第二條制定本法。
本法未規定者，適用其他法律之規定。

第 2 條　本法所稱立法委員關係人，係指下列人員：
一、立法委員之配偶及其直系親屬。
二、立法委員之公費助理。

第二章　倫理規範

第 3 條　立法委員代表人民依法行使立法權，應恪遵憲法，效忠國家，增進全體人民之最高福祉。

第 4 條　立法委員應努力貫徹值得國民信賴之政治倫理。如有違反公共利益及公平正義原則，應以誠摯態度面對民眾，勇於擔負政治責任。

第 5 條　立法委員從事政治活動，應符合國民期待，公正議事，善盡職責，不損及公共利益，不追求私利。

第 6 條　立法委員對院會通過之決議，應切實遵守。

第 7 條　立法委員應秉持理性問政，共同維護議場及會議室秩序，不得有下列行為：
一、不遵守主席依規定所作之裁示。
二、辱罵或涉及人身攻擊之言詞。
三、發言超過時間，不聽主席制止。
四、未得主席同意，插言干擾他人發言而不聽制止。
五、破壞公物或暴力之肢體動作。
六、佔據主席台或阻撓議事之進行。

七、脅迫他人為議事之作為或不作為。

八、攜入危險物品。

九、對依法行使職權議事人員做不當之要求或干擾。

十、其他違反委員應共同遵守之規章。

違反前項各款情事之一者，主席得交紀律委員會議處。

第三章　義務與基本權益

第　8　條　立法委員應依法公開宣誓，並遵守誓詞，未經依法宣誓者，不得行使職權。

第　9　條　院會及委員會之會議主席主持會議應嚴守中立。

第　10　條　立法委員依法參加秘密會議時，對其所知悉之事項及會議決議，不得以任何方式，對外洩漏。

第　11　條　立法委員不得兼任公營事業機構之職務。

第　12　條　立法委員在院內依法行使職權所為之議事行為，依憲法規定，享有免責權。

第　13　條　立法委員待遇之支給，比照中央部會首長之標準。

第　14　條　立法委員因行使職權，而受他人強暴、脅迫或恐嚇，致其本人或關係人之生命、身體、自由、名譽或財產受有危害之虞時，得通知治安機關予以保護，治安機關亦應主動予以保護。前項保護辦法，由行政院會同立法院定之。

第四章　遊說及政治捐獻

第　15　條　立法委員受託對政府遊說或接受人民遊說，在遊說法制定前，依本法之規定。

前項所稱對政府遊說，指為影響政府機關或公營事業決策或處分之作成、修正、變更或廢止所從事之任何與政府機關或公營事業人員之直接或間接接觸及活動；所稱接受人民遊說，指人民為影響法律案、預算案或其他議案之審議所從事之任何與立法委員之直接或間接接觸及活動。

第　16　條　立法委員受託對政府遊說或接受人民遊說，不得涉及財產上利益之期約或授受。

第　17　條　立法委員不得受託對進行中之司法案件進行遊說。

第　18　條　立法委員非依法律，不得收受政治捐獻。立法委員收受政治捐獻，另以

法律定之。

第五章　利益之迴避

第 19 條　本章所稱之利益，係指立法委員行使職權不當增加其本人或其關係人金
　　　　　錢、物品或其他財產上之價值。

第 20 條　立法委員行使職權所牽涉或辦理之事務，因其作為獲取前條所規定之利
　　　　　益者，應行迴避。

第 21 條　立法委員行使職權時，不得為私人承諾，或給予特定個人或團體任何差
　　　　　別對待。

第 22 條　立法委員行使職權就有利益迴避情事之議案，應迴避審議及表決。

第 23 條　立法委員應行迴避而不迴避時，利害關係人得向立法院紀律委員會舉
　　　　　發；紀律委員會亦得主動調查，若調查屬實者，得請其迴避。

第 24 條　立法院紀律委員會處理有關利益迴避情事時，應要求立法委員列席說
　　　　　明。立法委員亦得主動向紀律委員會提出說明。

第六章　紀律

第 25 條　立法院紀律委員會審議本法所規定之懲戒案。
　　　　　紀律委員會召集委員按月輪值。

第 26 條　立法院紀律委員會審議懲戒案件時，被移付懲戒之立法委員得提出說
　　　　　明。紀律委員會委員對關係其個人本身之懲戒案，應自行迴避。

第 27 條　立法院紀律委員會應每月定期開會一次，必要時得召開臨時會議，處理
　　　　　下列事項：
　　　　　一、院會主席裁示交付之懲戒案件。
　　　　　二、院會議決交付之懲戒案件。
　　　　　三、委員會主席裁決移送院會議決交付之懲戒案件。
　　　　　紀律委員會召集委員或委員不依前項規定開會處理懲戒案件者，應停止
　　　　　其出席院會四次；本項之處分，報告院會即生效。

第 28 條　立法院紀律委員會審議懲戒案，得按情節輕重提報院會決定為下列之處
　　　　　分：
　　　　　一、口頭道歉。
　　　　　二、書面道歉。
　　　　　三、停止出席院會四次至八次。

　　　　　四、經出席院會委員三分之二以上同意，得予停權三個月至半年。
　　　　前項停權期間之計算及效力範圍如下：
　　　　一、停權期間自院會決定當日起算，不扣除休會及停會期間。
　　　　二、停權期間禁止進入議場及委員會會議室。
　　　　三、停權期間停發歲費及公費。
　　　　四、停權期間不得行使專屬於立法委員之選舉權與被選舉權。

第　29　條　立法院紀律委員會對應行審議之懲戒案，未能於三個月內完成審議並提
　　　　　　報院會者，懲戒案不成立。

第　30　條　立法委員違反本法有關規定者，由立法院紀律委員會主動調查、審議，
　　　　　　作成處分建議後，提報院會決定之。紀律委員會不依前項規定進行調
　　　　　　查、審議者，依第二十七條第二項之規定辦理。

第七章　附則

第　31　條　本法自公布日施行。

立法院議事規則

修正日期：民國105年11月11日

第一章　總則

第 1 條　本規則依立法院職權行使法第七十六條規定訂定之。

第 2 條　本院會議，除憲法、立法院組織法、立法院各委員會組織法、立法院職權行使法及立法委員行為法另有規定外，依本規則行之。

第 3 條　立法委員席次於每屆第一會期開議三日前，由院長召集各黨團會商定之。

席次如有變更時亦同。

前項席次於開議前一日仍未商定者，由委員親自抽籤定之。

第 4 條　立法委員因事故不能出席本院會議時，應通知議事處請假，未請假者列為缺席。

第 5 條　本院會議，祕書長應列席，祕書長因事故不能列席時，由副祕書長列席，並配置職員辦理會議事項。

第 6 條　本院會議出席者及列席者，均應署名於簽到簿。

第二章　委員提案

第 7 條　議案之提出，以書面行之，如係法律案，應附具條文及立法理由。

第 8 條　立法委員提出之法律案，應有十五人以上之連署；其他提案，除另有規定外，應有十人以上之連署。

連署人不得發表反對原提案之意見；提案人撤回提案時，應先徵得連署人之同意。

第 9 條　出席委員提出臨時提案，以亟待解決事項為限，應於當次會議上午十時前，以書面提出，並應有十人以上之連署。每人每次院會臨時提案以一案為限，於下午五時至六時處理之，提案人之說明，每案以一分鐘為限。

臨時提案之旨趣，如屬邀請機關首長報告案者，由主席裁決交相關委員會。其涉及各機關職權行使者，交相關機關研處。

法律案不得以臨時提案提出。臨時提案如具有時效性之重大事項，得由會議主席召開黨團協商會議，協商同意者，應即以書面提交院會處理。

第　10　條　經否決之議案，除復議外，不得再行提出。

第　11　條　修正動議，於原案二讀會廣泛討論後或三讀會中提出之，並須經十人以上之連署或附議，始得成立。

修正動議應連同原案未提出修正部分，先付討論。

修正動議之修正動議，其處理程序，比照前二項之規定。對同一事項有兩個以上修正動議時，應俟提出完畢並成立後，就其與原案旨趣距離較遠者，依次提付討論；其無距離遠近者，依其提出之先後。

第　12　條　修正動議在未經議決前，原動議人徵得連署或附議人之同意，得撤回之。

第三章　議事日程

第　13　條　議事日程應按每會期開會次數，依次分別編製。

第　14　條　議事日程應記載開會年、月、日、時，分列報告事項、質詢事項、討論事項或選舉等其他事項，並附具各議案之提案全文、審查報告暨關係文書。

由政府提出之議案及委員所提法律案，於付審查前，應先列入報告事項。

經委員會審查報請院會不予審議之議案，應列入報告事項。但有出席委員提議，十五人以上連署或附議，經表決通過，應交付程序委員會改列討論事項。

第　15　條　本院會議審議政府提案與委員提案，性質相同者，得合併討論。

前項議案之排列，由程序委員會定之。

第　16　條　議事日程由祕書長編擬，經程序委員會審定後付印；除有特殊情形外，至遲於開會前二日送達。

第　17　條　遇應先處理事項未列入議事日程，或已列入而順序在後者，主席或出席委員得提議變更議事日程；出席委員之提議，並應經十五人以上之連署或附議。

前項提議，不經討論，逕付表決。

第　18　條　議事日程所定議案未能開議，或議而未能完結者，由程序委員會編入下

次議事日程。

第四章　開會

第　19　條　本院每屆第一會期首日舉行預備會議，依下列程序進行之：

一、委員報到。

二、就職宣誓。

三、推選會議主席。

四、院長選舉：

（一）投票。

（二）開票。

（三）宣布選舉結果。

五、副院長選舉：

（一）投票。

（二）開票。

（三）宣布選舉結果。

前項第四款及第五款之選舉，如第一次投票未能選出時，依序繼續進行
第二次投票。

第一項會議之時程，由祕書長定之。

第　20　條　本院會議於每星期二、星期五開會，必要時經院會議決，得增減會次。

本院會議超過一日者，經黨團協商之同意，得合併若干日爲一次會議。

第　21　條　本院舉行會議時，出席委員不得提出更正議事錄、臨時提案、會議詢
問、權宜問題、秩序問題或其他程序之動議，但得以書面爲之。

第　22　條　本院會議開會時間爲上午九時至下午六時。但舉行質詢時，延長至排定
委員質詢結束爲止。

出席委員得於每次院會時間上午九時起，就國是問題發表意見，時間不
得逾一小時；依其抽籤順序，每人發言三分鐘，並應遵守立法委員行爲
法第七條第一項之規定。發言時間屆至，應即停止發言，離開發言台。

前項委員發言之順序，應於每次院會上午七時至八時四十分登記，並於
上午八時四十分抽籤定之。

已屆上午十時，不足法定人數，主席得延長之，延長兩次，仍不足法定
人數時，主席即宣告延會。

第　23　條　議事日程所列報告事項，按次序報告之。

報告事項內程序委員會所擬處理辦法，如有出席委員提議，八人以上連

署或附議，得提出異議，不經討論，逕付表決。如在場委員不足表決法定人數時，交程序委員會重新提出。

前項出席委員提出異議時，不足連署或附議人數，依程序委員會所擬處理辦法通過。

第 24 條　報告事項畢，除有變更議程之動議外，主席即宣告進行討論事項。

第 25 條　院會進行中，主席得酌定時間，宣告休息。

第 26 條　議事日程所列之議案議畢，或散會時間已屆，主席即宣告散會。

會議進行中，出席委員得提出散會之動議，經十五人以上連署或附議，不經討論，由主席逕付表決。

第 27 條　散會時間已屆而議事未畢，主席得徵詢出席委員同意，酌定延長時間。

第五章　討論

第 28 條　主席於宣告進行討論事項後，即照議事日程所列議案次序逐案提付討論。

第 29 條　出席委員請求發言，應親自向主席台議事處簽名登記，並依登記順序發言，如經雙方同意者，得互調發言順序。

登記發言之委員，經主席唱名三次仍不在場者，視為棄權。

主席得於討論適當時間，宣告截止發言之登記。

第 30 條　委員發言之時間，由主席於發言前宣告之。

超過前項時間者，主席得中止其發言。

第 31 條　除下列情形外，每一委員就同一議題之發言，以一次為限：

一、說明提案之要旨。

二、說明審查報告之要旨。

三、質疑或答辯。

第 32 條　預備會議時，出席委員提出權宜問題、秩序問題、會議詢問或其他程序之動議時，主席應為決定之宣告。

院會時，出席委員提出權宜問題、秩序問題、會議詢問或其他程序之動議時，應以書面提出，由主席逕為決定之宣告。

前二項宣告，如有出席委員提出異議，經十五人以上連署或附議，不經討論，主席即付表決。該異議未獲出席委員過半數贊成時，仍維持主席之宣告。

第 33 條　主席對於議案之討論，認為已達可付表決之程度時，經徵得出席委員同意後，得宣告停止討論。

　　　　　　　出席委員亦得提出停止討論之動議，經十五人以上連署或附議，不經討論，由主席逕付表決。

第六章　表決

第 34 條　　討論終結或停止討論之議案，出席委員有異議時，主席得提付表決。如當場不能進行第三十五條第一項第二款至第五款之表決時，主席應即宣告定期表決及表決日期，並於表決前三日通知之。

第 35 條　　本院議案之表決方法如下：
　　　　　　　一、口頭表決。
　　　　　　　二、舉手表決。
　　　　　　　三、表決器表決。
　　　　　　　四、投票表決。
　　　　　　　五、點名表決。
　　　　　　　前項第一款至第四款所列方法之採用，由主席決定宣告之。第五款所列方法，經出席委員提議，二十五人以上之連署或附議，不經討論，由主席逕付表決。
　　　　　　　但有關人事問題之議案，不適用記名或點名表決方法。採用表決器記名表決，須經出席委員十五人以上之連署或附議。

第 36 條　　表決，應就可否兩方依次行之。
　　　　　　　用口頭方法表決，不能得到結果時，改用舉手或其他方法表決。
　　　　　　　用舉手或表決器方法表決，可否兩方均不過半數時，應重行表決；重行表決時，以多數為可決。
　　　　　　　用投票或點名方法表決，可否兩方均不過半數時，本案不通過。

第 37 條　　修正動議討論終結，應先提付表決；表決得可決時，次序在後之同一事項修正動議，無須再討論及表決。修正動議提付表決時，應連同未修正部分合併宣讀。

第 38 條　　主席宣告提付表決後，出席委員不得提出其他動議。但與表決有關之程序問題，不在此限。

第 39 條　　出席委員對於表決結果提出異議時，經十五人以上連署或附議，得要求重付表決。但以一次為限。
　　　　　　　用投票或點名方法表決，非有足以明顯影響表決結果之重大瑕疵者，不得要求重付表決。

第 40 條　　表決之結果，應當場報告，並記錄之。

第 41 條　院會進行中，出席委員對於在場人數提出疑問，經清點不足法定人數時，不得進行表決。

第七章　復議

第 42 條　決議案復議之提出，應具備下列各款：

一、證明動議人確為原案議決時之出席委員，而未曾發言反對原決議案者；如原案議決時，係依表決器或投票記名表決或點名表決，並應證明為贊成原決議案者。

二、具有與原決議案不同之理由。

三、二十人以上之連署或附議。

第 43 條　復議動議，應於原案表決後下次院會散會前提出之。但討論之時間，由主席徵得出席委員同意後決定之。

第 44 條　對於法律案、預算案部分或全案之復議，得於二讀或三讀後，依前兩條之規定行之。

第 45 條　復議動議經表決後，不得再為復議之動議。

第八章　秘密會議

第 46 條　本院秘密會議，除討論憲法第六十三條所定各案，或經行政院院長、各部會首長請開者外，應於本院定期院會以外之日期舉行。但有時間性者，不在此限。

在公開會議進行中，有改開秘密會議之必要時，除法律另有規定外，得由主席或出席委員提議改開秘密會議，不經討論，逕付表決；出席委員之提議，並應經十五人以上之連署或附議。

第 47 條　本院舉行秘密會議時，除立法委員及由主席指定之列席人員暨會場員工外，其他人員均不得入場。

立法委員憑出席證入場。列席人員及會場員工憑特別通行證入場。

秘密會議開始前，祕書長應將列席人員及會場員工人數、姓名、職別，一併報告。

第 48 條　秘密會議中之秘密文件，由祕書處指定專人蓋印、固封、編定號數，分送各委員簽收；其有收回必要者，當場分發，當場收回，不得攜出會場。

關於繕印、保管、分發秘密文件之手續，及指定負責辦理此等事項員工

　　　　　　之管理，由祕書處另定辦法，嚴格執行。

第　49　條　　秘密會議議事日程中，政府首長報告案，必要時得列入報告事項第一案。

第　50　條　　秘密會議之紀錄及決議，立法委員、列席人員及本院員工，不得以任何方式，對外宣洩。

　　　　　　關於秘密會議，如須發表新聞時，其稿件應經院長核定之。

第　51　條　　秘密會議文件，除法令另有規定者外，於全案通過，總統公布後，得予公開。但有關國防、外交及其他機密文件已失秘密時效者，得由院長於每會期終了前，報告院會解密之。

第　52　條　　立法委員違反本規則第五十條規定者，應付紀律委員會議處；本院員工違反者，由院長依法處分之；列席人員違反者，由本院函各該主管機關依法辦理。

第九章　議事錄

第　53　條　　議事錄應記載下列事項：

　　　　　　一、屆別、會次及其年、月、日、時。

　　　　　　二、會議地點。

　　　　　　三、出席者之姓名、人數。

　　　　　　四、請假者之姓名、人數。

　　　　　　五、缺席者之姓名、人數。

　　　　　　六、列席者之姓名、職別。

　　　　　　七、主席。

　　　　　　八、記錄者姓名。

　　　　　　九、報告及報告者姓名、職別，暨報告後決定事項。

　　　　　　十、議案及決議。

　　　　　　十一、表決方法及可否之數。

　　　　　　十二、其他事項。

第　54　條　　每次院會之議事錄，於下次院會時，由祕書長宣讀，每屆最後一次院會之議事錄，於散會前宣讀。

　　　　　　前項議事錄，出席委員如認為有錯誤、遺漏時，應以書面提出，由主席逕行處理。

第　55　條　　議事錄應印送全體委員，經宣讀後，除認為秘密事項外，並登載本院公報。

第 56 條　院會中出席委員及列席人員之發言，應由速記人員詳為記錄，並將速記錄印送全體委員。

第十章　附則

第 57 條　各種委員會會議關於連署或附議人數，應依本規則所定人數五分之一比例行之。

各種委員會會議得不適用本規則第三十一條之規定。

第 58 條　各種委員會會議列席委員得就議案發表意見或詢問。但不得提出程序問題及修正動議。

第 59 條　符合立法院組織法第三十三條規定之黨團，除法律另有規定外，得以黨團名義提案，不受本規則有關連署或附議人數之限制。

第 60 條　各種委員會委員發言之登記，由委員於開會前一小時起，親自登記於該委員會登記簿；該委員會委員在開會前登記者，得優先發言。

第 61 條　各種委員會開會時，除出、列席、會務工作人員及持本院核發採訪證人員外，其餘人員經會議主席同意後，始得進入旁聽。

第 62 條　本院會議旁聽規則、採訪規則，由院長訂定，報告院會後施行。

第 63 條　本規則由本院會議通過後施行。

本規則中華民國九十六年十一月三十日院會通過之條文，自立法院第七屆立法委員就職日起施行。

立法院各委員會組織法

修正日期：民國98年1月23日

第 1 條 　本法依立法院組織法第十二條制定之。

第 2 條 　各委員會審查本院會議交付審查之議案及人民請願書，並得於每會期開始時，邀請相關部會作業務報告，並備質詢。

第 3 條 　立法院各委員會席次至少為十三席，最高不得超過十五席。

第 3-1 條 　每一委員以參加一委員會為限。各委員會於每年首次會期重新組成。

第 3-2 條 　未參加黨團或所參加黨團之院會席次比例於各委員會不足分配一席次之委員，應抽籤平均參加各委員會；其抽籤辦法另定之。

前項院會席次，以每屆宣誓就職之委員數計之；如有異動，於每年首次會期開議日重計之。

第 3-3 條 　各黨團在各委員會席次，依政黨比例分配。分配算式如下：

$$\frac{各黨團人數}{院會席次 - 第三條之二委員總數} \times (13 - 依第三條之二抽籤分配至各委員會委員席次)$$

依前項算式分配席次如有餘數，且所屬委員尚未分配完竣之黨團，由餘數總和較大者，依序於未達最低額之委員會選擇增加一席次；各委員會席次均達最低額時，得於未達最高額之委員會中選擇之，至所分配總席次等於各黨團人數止。

各黨團應於前條委員抽籤日後二日內，提出所屬委員參加各委員會之名單。逾期未提出名單或僅提出部分名單者，就未決定參加委員會之委員，於各該黨團分配席次抽籤決定之。前項抽籤辦法另定之。

第一項院會席次之計算，依第三條之二第二項規定。

第 3-4 條 　立法院各委員會置召集委員二人，由各委員會委員於每會期互選產生；其選舉辦法另定之。

第 4 條 　各委員會會議，以召集委員一人為主席，由各召集委員輪流擔任。但同一議案，得由一人連續擔任主席。

第 4-1 條　各委員會之議程，應由輪值召集委員決定之。

第 5 條　各委員會會議，於院會日期之外，由召集委員隨時召集之。各委員會三分之一以上之委員，得以書面記明討論之議案及理由，提請召開委員會議。召集委員應於收到書面後十五日內定期召集會議。

第 6 條　各委員會會議須有各該委員會委員三分之一出席，方得開會。

第 6-1 條　各委員會召集委員，應於每會期共同邀請各該委員會委員擬定該會期之立法計畫。必要時，得邀請相關院、部、會人員列席說明。

第 7 條　各委員會審議案件，須經初步審查者，由委員若干人輪流審查，必要時得由召集委員推定委員若干人審查。

第 8 條　各委員會開會時，應邀列席人員，得就所詢事項說明事實或發表意見。

第 9 條　各委員會會議，公開舉行。但經院會或召集委員會議決定，得開秘密會議。

在會議進行中，經主席或各該委員會委員五分之一以上提議，得改開秘密會議。

應委員會之請而列席之政府人員，得請開秘密會議。

第 10 條　各委員會之議事，以出席委員過半數之同意決之；可否同數時，取決於主席。但在場出席委員不足三人者，不得議決。

第 10-1 條　各委員會於議案審查完畢後，應就該議案應否交由黨團協商，予以議決。

第 10-2 條　出席委員對於委員會之決議當場聲明不同意者，得於院會依立法院職權行使法第六十八條第二項提出異議。但缺席委員及出席而未當場聲明不同意者，不得異議，亦不得參與異議之連署或附議。

第 11 條　各委員會審查議案之經過及決議，應以書面提報院會討論，並由決議時之主席或推定委員一人向院會說明。

第 12 條　各委員會會議結果，應製成議事錄，經主席簽名後印發各委員。

第 13 條　各委員會所議事項，有與其他委員會相關聯者，除由院會決定交付聯席審查者外，得由召集委員報請院會決定與其他有關委員會開聯席會議。

第 14 條　聯席會議，由主辦之委員會召集之。

第 15 條　聯席會議之主席，由主辦之委員會召集委員擔任之。

第 16 條　聯席會議之紀錄與其他事務，由主席於各該委員會職員中指定若干人擔任之。

第 17 條　（刪除）

第 18 條　各委員會各置專門委員一人，職務列簡任第十二職等至第十三職等，擔

任議案及人民請願書之研究編撰及草擬事項。

第　19　條　各委員會各置主任秘書一人，職務列簡任第十二職等至第十三職等，處理各委員會事務。

第　20　條　各委員會置秘書十二人，職務列簡任第十職等至第十二職等；編審十二人，職務列簡任第十職等至第十一職等；科長十二人，職務列薦任第九職等；專員十二人，職務列薦任第七職等至第九職等；科員二十四人至三十二人，職務列委任第五職等或薦任第六職等至第七職等；辦事員八人，職務列委任第三職等至第五職等；書記八人，職務列委任第一職等至第三職等。

前項員額中秘書四人、編審四人、科長四人、專員四人出缺不補。

本法修正施行前依雇員管理規則進用之現職書記，其未具公務人員任用資格者，得占用第一項書記職缺繼續僱用至離職時止。

第一項人員，由院長視各委員會事務之繁簡配用之。

第　21　條　各委員會會議，除本法規定者外，得準用立法院組織法、立法院職權行使法、立法委員行爲法及立法院議事規則有關條文之規定

第　22　條　本法自公布日施行。

本法中華民國九十六年十一月三十日及十二月七日修正之條文，自立法院第七屆立法委員就職日起施行。

本法中華民國九十八年一月十三日修正之條文，自中華民國九十八年二月一日起施行。

中央政府總預算案審查程序

修正時間：中華民國98年5月1日

資料來源：植根法律網http://www.rootlaw.com.tw/

第 1 條　中央政府總預算案之審查，依本程序之規定。

第 2 條　總預算案函送本院後，定期由行政院院長、主計長及財政部部長列席院
　　　　會，分別報告施政計畫及歲入、歲出預算編製之經過。

　　　　立法委員對於前項各首長報告，得就施政計畫及關於預算上一般重要事
　　　　項提出質詢；有關外交、國防機密部分之質詢及答復，以秘密會議行
　　　　之。

第 3 條　總預算案由各委員會分別審查，其分配如下：

　　　　一、內政委員會：

　　　　（一）內政部（不含社會司及兒童局）、中央選舉委員會、蒙藏委員
　　　　　　　會、行政院大陸委員會、行政院原住民族委員會、行政院客家委
　　　　　　　員會、行政院海岸巡防署預算案。

　　　　（二）前目各機關之所屬機關、特種基金及其捐助之財團法人預算案。

　　　　（三）行政院、臺灣省政府、臺灣省諮議會、福建省政府預算案。

　　　　二、外交及國防委員會：

　　　　（一）外交部、僑務委員會、國防部、行政院國軍退除役官兵輔導委員
　　　　　　　會預算案。

　　　　（二）前目各機關之所屬機關、特種基金及其捐助之財團法人預算案。

　　　　（三）國家安全局預算案。

　　　　三、經濟委員會：

　　　　（一）經濟部、行政院農業委員會、行政院經濟建設委員會、行政院公
　　　　　　　平交易委員會預算案。

　　　　（二）前目各機關之所屬機關、特種基金及其捐助之財團法人預算案。

　　　　四、財政委員會：

（一）財政部、中央銀行、行政院金融監督管理委員會、行政院主計
　　　處、審計部預算案。

（二）前目各機關之所屬機關、特種基金及其捐助之財團法人預算案。

（三）災害準備金、第二預備金及其他不屬於各委員會審查之預算案。

五、教育及文化委員會：

（一）教育部、行政院文化建設委員會、國立故宮博物院、行政院新聞
　　　局、行政院青年輔導委員會、行政院體育委員會、中央研究院、
　　　行政院國家科學委員會、行政院原子能委員會預算案。

（二）前目各機關之所屬機關、特種基金及其捐助之財團法人預算案。

六、交通委員會：

（一）交通部、行政院公共工程委員會、國家通訊傳播委員會預算案。

（二）前目各機關之所屬機關、特種基金及其捐助之財團法人預算案。

七、司法及法制委員會：

（一）法務部、行政院研究發展考核委員會、行政院人事行政局預算
　　　案。

（二）司法院、考試院預算案。

（三）前二目各機關之所屬機關、特種基金及其捐助之財團法人預算
　　　案。

（四）總統府、國史館及其所屬機關、國家安全會議預算案。

（五）立法院、監察院預算案。

八、社會福利及衛生環境委員會：

（一）行政院衛生署、行政院環境保護署、內政部社會司及兒童局、行
　　　政院勞工委員會、行政院消費者保護委員會預算案。

（二）前目各機關之所屬機關、特種基金及其捐助之財團法人預算案。

總預算案提報院會前，應由財政委員會研擬年度總預算案審查日程，並
依前項規定研擬年度總預算案審查分配表併同總預算案提報院會後，交
付財政委員會依分配表及日程將預算書分送各委員會審查。

第　4　條　各委員會審查總預算案，有關外交、國防機密部分，以秘密會議行之。

第　5　條　各委員會審查總預算案時，得邀請有關機關首長列席報告、備詢及提供
　　　　　　有關資料，並進行詢答、處理。

第　6　條　各委員會審查總預算案完竣後，應將審查報告函送財政委員會。財政委
　　　　　　員會應於院會決定之時限內，依各委員會審查報告彙總整理提出年度總
　　　　　　預算案審查總報告提報院會；如發現各委員會審查意見相互牴觸時，應

　　　　　　　　　　將相互牴觸部分併列總報告中。

第　7　條　　年度總預算案審查總報告提報院會時，由各委員會各推召集委員一人出席說明；有關外交、國防機密部分，以秘密會議行之。

第　8　條　　追加預算案及特別預算案，其審查程序與總預算案同，但必要時經院會聽取編製經過報告並質詢後，得逕交財政委員會會同有關委員會審查並提報院會。

　　　　　　　　　　前項審查會議由財政委員會召集委員擔任主席。

第　9　條　　本程序經院會通過後施行。

　　　　　　　　　　本程序中華民國九十六年十二月七日院會通過之條文，自立法院第七屆立法委員就職日起施行。

國家圖書館出版品預行編目資料

認識立法院／黃秀端，陳中寧，許孝慈著.
－－二版.－－臺北市：五南圖書出版股份
有限公司, 2022.07
面；　公分
ISBN 978-626-317-952-3（平裝）

1.CST: 立法院

573.66　　　　　　　　　111009197

1PAP

認識立法院

作　　　者 ― 黃秀端（303.8）、陳中寧、許孝慈

發 行 人 ― 楊榮川

總 經 理 ― 楊士清

總 編 輯 ― 楊秀麗

副總編輯 ― 劉靜芬

責任編輯 ― 黃郁婷

封面設計 ― 姚孝慈

出 版 者 ― 五南圖書出版股份有限公司

地　　　址：106台北市大安區和平東路二段339號4樓

電　　　話：(02)2705-5066　　傳　真：(02)2706-6100

網　　　址：https://www.wunan.com.tw

電子郵件：wunan@wunan.com.tw

劃撥帳號：01068953

戶　　　名：五南圖書出版股份有限公司

法律顧問　林勝安律師事務所　林勝安律師

出版日期　2017年 3 月初版一刷
　　　　　2022年 7 月二版一刷

定　　　價　新臺幣420元

經典永恆・名著常在

五十週年的獻禮——經典名著文庫

五南，五十年了，半個世紀，人生旅程的一大半，走過來了。

思索著，邁向百年的未來歷程，能為知識界、文化學術界作些什麼？

在速食文化的生態下，有什麼值得讓人雋永品味的？

歷代經典・當今名著，經過時間的洗禮，千錘百鍊，流傳至今，光芒耀人；

不僅使我們能領悟前人的智慧，同時也增深加廣我們思考的深度與視野。

我們決心投入巨資，有計畫的系統梳選，成立「經典名著文庫」，

希望收入古今中外思想性的、充滿睿智與獨見的經典、名著。

這是一項理想性的、永續性的巨大出版工程。

不在意讀者的眾寡，只考慮它的學術價值，力求完整展現先哲思想的軌跡；

為知識界開啟一片智慧之窗，營造一座百花綻放的世界文明公園，

任君遨遊、取菁吸蜜、嘉惠學子！